TEACH YOURSELF
HELP YOUR CHILD SUCCEED AT SCHOOL

自助育儿宝典

★★★ 入学期 ★★★

[英] 乔纳森·汉考克（Jonathan Hancock） 著

秦倩 颜方明 译

北京师范大学出版集团
BEIJING NORMAL UNIVERSITY PUBLISHING GROUP
北京师范大学出版社

北京市版权局著作权合同登记图字01-2012-4491

图书在版编目(CIP)数据

入学期／[英]汉考克著；秦倩，颜方明译.—北京：北京师范大学出版社，2014.1
（自助幼儿宝典）
ISBN 978-7-303-17082-1

Ⅰ．①入…　Ⅱ．①汉…　②秦…　③颜…　Ⅲ．①儿童教育－家庭教育　Ⅳ．①G78

中国版本图书馆 CIP 数据核字(2013)第 216595 号

营销中心电话　010-58805072 58807651
京师心悦读新浪微博　http://weibo.com/bjsfpub
RUXUEQI
出版发行：北京师范大学出版社 www.bnupg.com
北京新街口外大街 19 号
邮政编码：100875
印　　刷：北京京师印务有限公司
经　　销：全国新华书店
开　　本：148 mm × 210 mm
印　　张：12.25
字　　数：240 千字
版　　次：2014 年 1 月第 1 版
印　　次：2014 年 1 月第 1 次印刷
定　　价：35.00 元

策划编辑：谢雯萍　　　　责任编辑：尹莉莉
美术编辑：袁　麟　　　　装帧设计：红杉林文化
责任校对：李　菡　　　　责任印制：陈　涛

HELP YOUR CHILD SUCCEED
AT SCHOOL

致谢

我由衷地感谢父母给了我丰富、快乐的童年，感谢他们一直以来给我的爱和支持。

感谢每一个帮助我让这本书最终写成的人，尤其是维多利亚·罗达姆和她在霍德教育中心的团队；感谢我的经纪人马丁·托斯兰和学习能力基金会鼓舞人心的总裁卡罗琳·肖特。

很多教师在本项目的各个阶段提供了建议和指导。在此我要向他们全体表示感谢，尤其是布莱顿大学的沙蓉·哈里斯和凯文·福瑟。很幸运我所在的学校卓有远见并对我大力支持，我要感谢波茨莱德圣玛丽小学的乔伊斯·琼斯和所有工作人员、所有孩子和父母。

我自己的孩子诺亚和埃维也非常了不起。他们为本书提供了很多例子并帮我对书中的活动和游戏进行测试。他们快乐地学习让我每天都深受鼓舞。

我的妻子露西：非常感谢你始终如一的爱，你的智慧和创意，以及帮我分担照顾孩子们的辛劳。

HELP YOUR CHILD SUCCEED AT SCHOOL

目录

第2章　在校篇：帮助孩子轻松应对小学的学习 /165

第6节　轻松学习语文和数学 /167

第7节　轻松学习其他学科的知识和技能 /217

自序

欢迎来到《自助育儿宝典——入学期》!

我是无数幸运儿中的一个。我的父母用了很多很多的方法在学习上帮助我:带我去图书馆找各种主题的书;每周检查我的拼写;关注我的家庭作业。他们关心我在学校的表现,并让我明白他们随时会给我提供帮助。

但是当我回首童年,我才意识到父母为我做的比这多得多。从我出生的那一天起,他们就在用一些重要的方法努力增加我在校内外取得成功的几率,这些方法在我们的家庭生活中也无处不在。他们并不是固执己见,或者培养"温室花朵"类型的家长,完全不是。他们从来没有将自己的理想强加于我,或者给我施加成功的压力。他们仅仅只是做了那些成功和快乐孩子的父母经常做的事情。他们教会我一些核心技能,把我培养成为一个自信、快乐的学习者,并且使学习在家里成为生活的一个不可或缺的部分。他们通过跟我交谈、白天一起外出旅游、跟我玩各种游戏，帮我开发了必要的技能、培养了积极的态度，这一切对我的学校生活帮助很大。他们的确给我看过识字卡，让我练过乘法表，还给我买过化学实验设备，但是我确信，是日常活动对我的学习产生了最深远的影响，特别是我认识到自己首先是一个学习者的时候。

要想在学校获得成功，孩子们需要很多东西。但说到底只有一点，就是最关心他们的人的支持。

我写这本书的目的就是要给家长提供一些策略去帮助他们的孩子。本书将探讨一些被其他家长证明了很有用的方法，解释老师们在学校里用到的一些效果很好的技巧，跟大家分享关于如何提高孩子的成功机会的最新研究成果。本书所关心的问题如下：哪一种育儿方式对学习产生最大的影响？一个有助孩子成长的家庭生活的主要特征是什么？当孩子在学校已经表现很好时，大人们之前是如何帮助他们茁壮成长的？

每一个孩子都是独一无二的，但是他们都有权用他们自己的方式取得成功。我希望本书确实展示了我们可以做很多的事情来帮助他们进步，丰富他们各个方面的发展，并培养其对学习的热爱，因为学习是一辈子的事情。

乔纳森·汉考克

于布莱顿 2010

一分钟热身阅读

　　小学时期既提供了极好的机会，也存在巨大的挑战。孩子们在一系列不同课程中有些任务需要单独完成，有些要与他人合作。他们需要合理安排自己的时间和精力，要表现自我、参与竞争和应付各种的评估和考试。他们要想立于不败之地并脱颖而出，需要创造性和灵活性。要想充分发挥潜力，他们需要为成功做准备，而这一切要靠你。

　　孩子们需要学会一套思维和学习技能。他们必须充分使用他们的整个大脑，结合逻辑性思维和创造性思维，通过看、听和动手多种方式进行学习，使每堂课成为丰富多彩的和令人难忘的亲身体验。他们需要采取策略来巩固知识，并用有趣的新方法将这些知识加以运用。除了获取知识、理解力和技能外，他们在学校的活动必须还要以塑造聪明的大脑为目的，以迎接人生以后的挑战。

　　你孩子上学的时候应该表现得活跃而自信，同时尊重他人并沉着冷静。他们必须要学会自我激励，认真听讲，听从教导，还要能够长时间集中精力来完成高质量的工作。他们要学会利用自己的特殊天赋和天生的学习特点，这一点对他们至关重要。同时，他们还要注重开发学习能力之外的其他方面的智力。这其中最重要的是良好的沟通能力。

　　良好的日常饮食、健康的运动和适量的休息和睡眠都会有助于孩子们在学校表现出色。家庭生活要能提供那些能让他们产生幸福感和安全感的东西，有助于塑造他们的思维方式、谈话方式和行为方式，并让他们做好充分准备，利用好学校的每一分、每一秒。

五分钟热身阅读

智力塑造

　　学习技能的形成在妈妈肚子里就开始了。当孩子一出生，你就可以充当积极的角色，努力塑造他们的智力。通过刺激感官、激活沟通技巧、提供一个安全可靠的环境以供探索，你这样就是在帮助他们塑造大脑，面对未来的挑战。智力有许多不同的方面，给孩子们创造机会充分发挥自己的潜能。你的孩子可能有一种自己更喜欢的学习方式，但你可以训练他们使用各种不同的策略对信息进行收集、探索和记忆。

学习方式

　　寻找刺激儿童视觉学习的方式，帮助他们从所看到的图像和文字中得到最大的收获。培养孩子的听力技巧，以帮助他们收集所有能听到的信息。孩子们可以边动手边学习，所以你可以鼓励他们通过摸、拿和感觉去探索知识。

沟通

在学校里，与他人合作将给孩子带来机遇和挑战。孩子们需要主动去尝试，从内心里有获得全新体验的渴望，并且准备好处理与他人一起学习带来的各种复杂问题。这其中最为关键的是沟通技巧。孩子们要能够理解指令，能与大人和同学讨论各种活动，并且能够用多种方式传达自己的知识和技能。

媒介

电视、电影、游戏和互联网都对孩子们的学习产生巨大影响，包括正面的和负面的。你不仅要监督和限制孩子对这些媒介的访问，也要让这些媒介带来的益处最大化。这将激发他们的想象力并有助于训练他们的记忆力、注意力和解决问题的能力。

语言和数字

当孩子逐渐开发他们重要的识字和算数能力的时候，父母的帮助是至关重要的。交谈、游戏、体验和活动都有利于对他们发育过程每个阶段的培养。

对于识字，孩子需要对读、说、听、写四个方面充满信心。一个有文化的家庭非常看重语言。要让孩子能快乐地使用语言，并能抓住每一个机会，很好地使用语言。要学好数学，孩子需要理解一些核心概念，比如：数字、模式、形状和度量。你可以帮助他们让数学充满精彩和乐趣，并用它来激发孩子的思维技能。

社交生活

现代的小学课程内容丰富又各不相同。你的孩子需要灵活的技巧，以便能在每个方面都学得好，并找到方法将分散的学习内容联系起来。他们也需要树立对学校的良好态度。让他们学会尊重教师和养成正确的行为模式，在这些方面你起着重要作用。孩子们需要自信并善于交际，而且要知道自己在学校的角色定位，以及责任和权利。

健康的童年

饮食对孩子们在学校的成就有很大影响。大脑需要关键的营养素来维持正常发育和保持工作的最佳状态。体育锻炼促进心智发育，体育和游戏能帮助孩子自我教育以及教会他如何与他人一道很好地工作。良好的睡眠也很重要，所以家长需要帮孩子形成良好的睡眠习惯，让身体和大脑得到必要的休息。

家庭

家庭生活最能反映思维和学习过程。抓住每一个机会去激发孩子们的兴趣，激励他们开发知识的新领域和新技能。和他们谈谈自己的想法和感受，并鼓励他们思考大脑可以做些什么，以及如何更好地使用自己的大脑。

测试

现在孩子们的评估和测试比以往任何时候都更多。只要采取适当策略，有条不紊地去做，再加上家庭的实际支持，孩子们完全有可能消除测试带来的压力。你要确保自己知道他们在做什么，以及他们进展如何，而且要通过测试结果和报告单来帮助他们规划自己的下一步。

新的挑战

将要上中学可能会令他们有些害怕，但你可以采取很多的办法来缓解过渡期的这种紧张情绪。孩子能利用自己的思维技能帮助他自己收集相关信息，帮助自己积极行动起来应对这种负面情绪。你要帮助他们思考如何均衡地安排每一天，并为自己长远的成就和幸福而采取负责任的态度。

共同成功

孩子的成功表现在各种与人合作的过程中：与父母、朋友、学校和所有他们所处的学习群体。本书提供了细致的指导、实用的支持、丰富的机会，还有孩子们最需要的爱和安全。这些都是为了让孩子能在学校充分发挥潜力。

十分钟热身阅读

聪明的大脑

老师很容易就能发现那些聪明的孩子们。这类孩子虽然有各不相同的背景、来自于各种各样的家庭、他们有不同的个性、兴趣和技能，但是就他们所说的和所做的，都有证据表明：家庭对他们帮助很大。

聪明的孩子有很强的沟通技能。他们的特殊天赋可能表现在谈话、写作、运用手语或者画画中，但重要的是，他们能清晰而恰当地沟通，为了能适应不同形势和观众他们会调整自己的表达方式。

成功的孩子往往有很强的想象力。他们利用敏锐的感官来激活自己的创造力，他们也抓住每一个机会进行模仿表演。他们借用书本、电影、喜剧还有电脑游戏激发自己的想象力。

但是这些孩子也能进行逻辑思考。他们用自己所理解的结构和顺序来组织他们的思维，将自己的想法排出先后顺序，并清楚地衔接起来。他们用这些来解释和维护自己的观点。

他们关键的技能在于能同时调动左右脑，把无组织的创造性思维与详尽的分析和逻辑思维结合起来。

学习技能

成功的孩子有自己最喜欢的学习方法，但他们并不受限于这些方法。他们通过创建自己记得住的影像加强他们的视觉学习；他们通过编童谣和歌曲，为自己的记忆添加声音线索，使听觉学习方式得到更广泛的应用；通过触摸物体、构建模型，他们利用一切机会进行实物学习。

在学校表现出众的孩子知道如何转换他们的学习方式。他们的家庭生活有那么一些有助于安排记忆并展示记忆的传统习惯。在学校里，他们用自己的记忆技巧，依照指令，发挥个性的同时提高各方面的学习。

聪明的孩子能与他人一起合作。他们会充分利用自己的个性，知道如何明确定位自己的角色，但他们也会培养自己性格的各个方面，并尝试在团队中担任新的角色。有时，他们是领导者，指导团队、分配工作、策划项目。

不同的思考者和学习者

天生的难题解答者都非常积极地去寻找答案，并得到答案。他们喜欢追求明确的答案，而且当别人想放弃的时候，他们往往能使团队继续努力向前。

有些孩子非常喜欢调查。他们在校外兴趣广泛，喜欢与他人分享自己的激情。

许多聪明的孩子有富有远见的想法，他们期望成年人重视他们。他们常常会提出宏大理论，并让自己的团队去追求宏伟的计划。

天生的建筑师喜欢建造东西，而且总是在手工活动中起带头作用。他们在家里有很多动手的机会，而且学会了很多手工技能。

对于其他一些优秀的孩子，写作是他们的最爱。班里的故事讲述者是伴着书本一起长大的，他们爱阅读，也爱听故事，能够用自己对事情顺序和模式的理解安排自己的思维并负责小组工作。

他们可能有些叛逆性格，但在学校成绩很好。叛逆性思考者用富于想象力的方式解决问题，给团队带来了刺激和幽默。

有些孩子的天才在于他们有表演能力和取悦观众。他们通常在家里有大量的机会唱歌、跳舞和表演，他们喜欢在学校面对观众。

优秀的谈话者爱分享他们的想法，喜欢询问和回答问题并讨论出最佳方法去完成每一个工作。

有些孩子是天生的企业家。他们曾经因为自己的辛勤工作而受到奖励，他们也积极响应学校的奖励机制。他们的竞争精神推动他们成就一系列的任务。

　　无论是单独工作还是与人合作，孩子们的优秀表现出不同的形式。他们的天赋可能表现在音乐、体育或艺术上。为了充分实现其潜能，他们需要利用其天赋帮助自己应付学校里各种不同的挑战。

学校的成功

　　聪明的孩子甚至在入学前就有很强的识字能力。他们在家里有很多的书籍可供阅读。父母已经培养了他们的阅读技能。当他们尝试理解某个文本时，父母会鼓励他们使用一切可用的线索。他们也有足够的机会去写东西，比如：日记、明信片、购物清单、电子邮件。他们利用想象力来创作自己的故事。

　　成功的孩子从小到大对数学都很自信。他们的家庭重视算术，通过在日常生活中讨论数字、形状和尺寸，帮助他们积累一套关于数学语言的核心词汇。

　　事实上，他们的校外生活为他们教育的各个方面都做了准备。通过讨论自己对周围世界的看法，他们就已经是小小科学家了。家人帮助他们寻找答案，探索他们有关科学的所有想法。

　　他们对于ICT（信息和通信技术）已经充满自信，可以用一系列的设备做实验。在家里，家长们也信任他们使用电脑、相机和其他电子产品。

成功的孩子对地理有兴趣，对地方和人也有充分的了解。他们清楚地知道自己住在哪里和自己想去哪里。

家庭生活也为他们学习历史做了准备。他们常常谈论过去，现在和未来。他们有机会参观历史建筑，去看、去听和直接接触历史材料。

有艺术细胞的孩子受到鼓励去尝试不同的素材与风格。他们的家庭重视艺术，常常让他们欣赏图画和照片，并选择不同形式和功能的东西。

他们也懂得设计和建造。他们入学的时候就有良好的手工技巧和高超的精细运动。他们已经开始考虑物体如何运动，讨论他们的设计理念，而且现在他们正准备在学校展示自己的本领啦。

家庭生活也要培养孩子的音乐兴趣和音乐才能。当孩子听了歌曲，玩了一些简单的乐器，或演奏了不同风格的音乐，而且得到鼓励去讨论他们所喜欢的和不喜欢的音乐的时候，他们就已经准备好要在学校音乐课上好好表现了。

学校的体育成绩很大程度上也依赖于家庭活动。孩子们需要有机会玩他们感兴趣的体育活动和游戏，或者尝试全新的活动。在家中谈论健康与健身的孩子已经准备好充分利用学校里一切锻炼身体的机会。

有些孩子在家里说几种语言，或者有机会去国外练习过外语技能。在学校学习一门新的语言，要求孩子有灵活的思维和自信的交流，善于运用他们的想象力并且不惧怕挑战。

优秀的孩子还表现在对宗教、信仰与哲学的探索能力上。他们已经能进入其他群体并受到鼓励尊重每个人的思想和信仰。他们在家里所体验到的同情和理解远远比不上在学校所经历的人际关系体验，这能帮助他们发展牢固的友谊。

走向成功

聪明的孩子会适应他们面对的每个任务。他们能在课堂、作业、测试和考试中运用自己的思维技能和学习技能。他们没有焦虑，没有压力，做好准备尽自己的努力去学习；他们会留出时间和空间去改进；他们有组织，有计划，也具备了很强的学习能力，让学习过程中的每一步都变得容易而有趣。

孩子的高成就得益于一个健康的生活方式。毫无疑问，他们携带的午餐食品营养丰富，或者他们选择的学校午餐也同样如此。他们知道为什么早餐很重要，也记得在一天中要喝水才能使他们保持注意力集中。他们喜欢运动，因为运动使他们感觉良好，运动对他们来说是实现自我、表现自我的机会，也是了解自我和他人的机会。

成功的孩子有良好的睡眠。他们来到学校的时候，精力充沛、思维敏捷。他们从小就有正常的作息时间和晚上的放松活动，他们也期待着在忙碌的一天结束时睡意的到来。

　　有些孩子在学校表现很好并不是偶然的。无论他们的家庭情况如何，不管有多少金钱、时间和空间，但是他们的家庭一定采用了各种积极的方式去激励他们，使他们快乐。他人的爱与支持，加上他们自己对成功的渴望，使小学成为他们终生幸福和成功的助推起点。

引言

　　孩子成功的唯一最重要因素就是你。你比任何人都更加了解他们的需要，也更关心他们的未来，你是最适合帮助他们发挥全部潜力的人。从出生开始，他们就有渴望学习的先天机制。他们渴望探索身边的世界，渴望获得茁壮成长所需要的知识和技能。但在这个长期探索的过程中，他们如何取得进步，则取决于身边的大人。

　　这方面的科学证据已经存在几十年了。一项20世纪60年代的研究测试了5000名8岁、11岁和15岁的孩子。研究调查了学校表现与家庭背景还有家教方式的关系，研究结论清楚地证明了这一点。对孩子成绩最显著的影响是他们从父母那儿得到的关注度，父母对他们的期望值，还有父母自己的生活方式。

　　最近英国举行的一个"数数"活动揭示了为什么父母能让一切变得不同。这个为期12周的活动旨在给数学功课差的学生提供帮助。虽然由教师给孩子们一对一辅导，但是老师们的做法更像是一个负责任的父母的做法。比如：

- 一对一教学，而不是面对32个学生的班级；
- 讨论数学，并分享自己的个人想法；
- 玩有趣的数字游戏；
- 使用孩子们能碰、能拿的小道具；
- 唱数字歌；
- 找到将数学进行应用的真实情境，像存钱、花钱。

研究结果相当令人瞩目，在全英国都引起了轰动。32%的孩子的"数学智力年龄"增加了6~11个月，教师和家长也反映孩子对于数学的能力、兴趣和信心突飞猛进。

对于很多孩子来说，12周的单独辅导就让他们赶上了同龄人，并使他们具备了将状态保持下去的学习技能。我们虽然现在就可以对这个活动的长期效用做出评价，但其前期成果就足以让人惊叹了，以至于其他几个类似的项目都在全国范围推广开来。他们所展示的都是近距离、实用的、趣味性教学所产生的效果。而父母是最适合给孩子进行这种教学辅导的人选。

孩子只有15%的时间在学校。教师尽心竭力给他们所应接受的教育，但他们更应该得到自己最亲的人从兴趣、方向和实践等方面的帮助，因为最亲的人随时都在他们身边。

新的研究表明这种帮助十分重要。孩子的家庭对他们非常关爱并细心培养，他们在学校总是表现很好。那么究竟是什么使得这类家庭的孩子能取得成功呢？

从出生之前开始，孩子们就已经在学习如何学习了。他们的大脑已经形成了非常复杂的机制，其中的电子脉冲和化学反应一起作用，进行着神奇的信息管理和数据处理。先天智力、后天培育和每一次挑战新的学习内容，都在共同塑造大脑的物理结构和心理机制。你的孩子已经发展了一套自己的方法，进行探索、尝试、记忆以及运用知识和技能。他们为自己独特的大脑设计了自己的学习方式，而且这种方式将伴随他们一生。

但是最初几年是最重要的。因为这时候是学习技能培养最关键的时候。也正是这个时候的家庭生活和学校经历有可能使每个孩子一辈子都能自信地、创造性地、持之以恒地学习。

本书的目的就是帮助孩子们和他们的家庭最大限度地利用这一丰富而令人激动的时间段。现代小学学校能提供极好的学习机会。通过课外生活的帮助和强化，孩子们能打好各门功课的基础，掌握最重要的社交和人际沟通技能。同时还能培养他们形成一种有助于面对将来的一切挑战的思维方式。

孩子们爱学习，虽然他们可能并不总是愿意承认这一点。从出生第一天开始，他们就在对身边的世界进行研究，积累那些与生存、成长和游戏相关的知识。他们甚至会对自己进行测试。哪个孩子不愿意靠着墙走？他们只是想看看自己行不行；每个孩子都乐意努力保持最高的砖塔不倒；在他们玩射门、调度汽车或是躲避路面裂缝游戏的时候，谁会不乐意给自己打个分呢？提供适当的帮助，你的孩子就会以他们的知识和技能为荣，为自己设置最高目标，并开始为他们不断的成功而努力。

学习需要伙伴：比如与其他孩子、与学校同学、与家里人一起，或在其他的群体中。有一些著名的例子很能说明这一点。

沃尔夫冈·阿玛多伊斯·莫扎特的父亲就对他帮助很大，他把莫扎特送到欧洲的宫廷学习音乐，而且在情感和学习上对他给予了支持和帮助，使他尽可能地开发自己的天赋。列奥纳多·达·芬奇依靠资助者和老师们的帮助，使自己很多非凡的创意得以实现。玛丽·居里对科学最初的兴趣则源自于父亲给她看自己实验中的设备。而阿尔伯特·爱因斯坦的父母很早就发现了他的天赋并帮助他面对学校的挫折。跟你一样，这些家长知道他们的孩子是独一无二的，并想帮助他们寻找取得成功、实现自我的最佳途径。

几个世纪以来，我们对成功的看法和对于孩子们学习中重点的看法可能已经发生改变，但这些著名的例子给我们提供的价值，在于说明什么才是优秀以及如何将孩子培养得优秀。他们那灵活而富有创造力又积极进取的心智因为得到情感和实践两方面的支持而得以茁壮成长。今天你孩子的天赋也同样可以得到发现，得到支持并得到充分开发。

成为团队中的一员带来的好处，绝不仅仅是分享孩子成功所产生的自豪感。家长在与老师讨论课程表上排得满满的课程的时候，很可能存在一些障碍，尤其是时间上不便，而且家里的事本来就已经很忙了。正是考虑到这一点，本书所研究的发现、建议和活动都着眼于充分利用每一次学习体验，而不是给孩子加压。本书旨在提供一个实用指南，帮助小学儿童的父母知道今天学校发生了什么，以及他们可以做些什么来帮助和丰富孩子们的学校生活。乘车、吃饭、睡觉、度假，我们有无数的机会去激发和丰富这些学习技能。

即使是年纪小的孩子，也要试试让他们用不同的方式运用大脑。一旦开始上小学，甚至在他们出门之前，可能就要负责自己的校服、书包、饭盒、体育装备和参加俱乐部的钱。在早餐俱乐部，他们可能同年龄较大的孩子和不熟悉的大人打交道。走进教室，甚至教学活动还未开始时，他们有要上交的信，还有个人物品要安排。一旦开始上学，你孩子将学习很多的课程，其中有的是单独开设的，有些是综合课，还有的内容有重复。有时他们要独立做功课，有时和别人搭档做，有时是小组或整个班级一起做。做功课要求他们调查研究、解决难题、开展讨论和辩论、制订计划和草案，并进行修改和评估等。对于要做什么和如何做，他们需要做出选择。他们的作业会以各种书面报告或口头报告形式提交，有时是在一群观众前，有时是作为评估和测试的一部分。他们的学习甚至包括学校的演出排练，外出参观或者是接待来访者，履行作为班长或者课代表的职责，数学俱乐部午休时间的活动，放学后练足球，做家庭作业，给家长签意见信，然后收钱——第二天又重复这些活动。

每一天，学校都针对这么多不同领域的知识和技能尝试提高他们并对他们进行测验，所以没有哪个地方是父母不能帮忙的。

小学的"核心"科目是语文、算术和科学，ICT（信息和通信技术）现在也受到了特别的关注。花在这些科目上的时间，以及PE（体育课）和RE（宗教教育）课程，都有明确的规定。当然，具体的细节在不同地域有所差异。其他方面的学习中，"基础"科目包括美术、设计和工艺（DT）、音乐、历史、地理和PSHE（个人、社会和健康、及公民权利课）。

学校可能是不同类型的"信仰的学校"，受到不同宗教组织和教派的支持和影响。很明显，这会影响到学校的特色和校风。当然，学校历史也对此有影响。此外，学校校长、员工、主管部门和周围的大社区也产生影响。当然也包括某个特定时期那些特别的孩子及其家庭的影响。

学校是动态的组织，教育政策也处于不断变化之中。指导学校的教学内容和教学方法的规则和方针总是在变化，它们进行监测和评估的过程也是如此。学校总是面临竞争的压力，应付各种检查，达到政府要求，还要在学校之间的竞赛中取得好成绩。同时，表现优异的学校被赋予更多的自由来进行教学大纲的调整和尝试新的教学理念。随着学校重新获得权利针对那些有特别才能的孩子选择自己的教学方式，现在教学越来越注重灵活性。在许多小学，这涉及重新回到类似于先前的"主题"教学方法。选择好主题，一教就是半个学期甚至整个学期，个别学校的一些科目教学更有创意，而且还具有连贯性。与"罗马""巧克力"或"非洲"等有关的主题教学可能涉及语文、科学、历史、艺术、音乐等，所有这些都融合在一起，放在具体语境之中让孩子们非常兴奋，而且理解得更深刻。

一些学校已经完全消除了各科之间的界限。其他一些学校正在尝试只教少数科目或对某些年龄组做特别试验，也仍然有学校按照国家设计的大纲分别教授所有的科目。现在的小学相互之间差异更大了，跟以前完全不一样。

现在父母尤其需要了解孩子在学校都干了些什么。对孩子们来说，要想能应付不断变化的需求并最大限度地利用那些遇到的令自己兴奋的机会，至关重要的一点就是要有坚定不移而又机动灵活的方法。

理想状态的学习让人既高度兴奋又专心致志。你可以用孩子们能记住而且会应用的方式，教给他们有意义的知识和技能。这种理想的学习状态还向我们展示了如何学习，如何继续着从母亲肚子里自己就开始在进行的精细过程。

要成为一个自信而成功的学习者，孩子需要学会一套对自己行之有效的思维技能。排在最前面的是组织力、创造力和交际能力。即使是年幼的孩子也要求：

- 做细节方面的决定
- 评价自己和其朋友的学习
- 讨论复杂的伦理、道德和哲学问题

他们越早可以自信地面对这些不同的挑战，他们就越能更好地塑造自己的思维——他们的学习也就更加积极，理想更远大。

效率高的学习者有幸福感和成就感。他们知道什么会跟家人和朋友分享，而且会支持自己的团队。他们充分利用学校所提供的一切机会。每一次成功又推动他们继续前进。

甚至在孩子开始上学前，你就可以帮助他们准备好应对将来会面临的挑战。一旦他们到达教室，家庭生活的每一部分都能对他们的学习生涯起到帮助。真的没必要觉得这是什么难事。根据自己的经验，我知道带孩子很累人，但作为一个老师，我也意识到，如果一个孩子的家庭生活能培养他们的学习方式，这会造成巨大差异。本书中的游戏和活动都设计得很有趣，大家都能参与。思维能力和学习技能的培养在此成为日常家庭生活的一部分。围绕着孩子，我们有许多实用而有效的方法来实现家庭与学校间的紧密协调。

本书的第一部分是关于启动孩子的学习技能，帮助他们为上学做准备。本部分是整个大脑和全部思维能力的热身，解释了如何发现孩子的天赋和那些需要提高的方面；本部分还探讨了最新的关于学习风格的理论，并列出了把孩子塑造成全面发展学习者的有效技巧；本部分又提供了一些提高孩子注意力的策略，包括一些帮助孩子学会主动学习的方法，这些方法甚至对最小的孩子都有用。

第二部分是关于学校各科目的详细指南。提供一些可在家尝试的补充性活动，和一系列见效快且容易的策略，能对孩子的学习予以帮助并加以深化；还有一些关于行为管理、增强信心的技巧，以及在孩子们担当新的角色和责任时，如何帮助他们的技巧。

第三部分探讨了家庭生活对学校成功的总体影响。介绍了有关营养和心理表现的最新研究，也介绍了一些促进身体健康和良好睡眠的活动。这些练习使整个家庭参与到孩子的学习之中，以及与更大的群体建立密切的联系。有一些关于应对小学阶段的最后挑战的建议，包括测试和考试，还有一些如何缓解从小学教育过渡到中学教育的点子。

本书为你和孩子一起设计的各种活动、实验和游戏贯穿全书。其中一些是为特定的心理年龄组设计的，但大多数都是适合你使用，只要你认为它们可能会有帮助。你是最了解孩子的，这本书给你提供了许多机会去更好地了解他们，尤其是了解他们如何思考和学习的。你越是近距离参与他们的思维过程，你越能发现他们性格的主要方面。你会认识到他们哪些方面需要帮助，以及哪些特别的天赋可以在校内外得到充分挖掘。

尝试任何你认为可以帮助孩子的活动，做适当修改以适合他们的年龄和能力。一个看起来似乎幼稚的游戏可以变成一个很好的方法来鼓励大一些的孩子讨论自己的学习和探索思维的全新角度。年纪较小的孩子们经常会发现这些活动令人兴奋，能让他们的眼界拓展而超越自己的能力范围。鼓励孩子和你讨论这些活动：什么有用，什么没用，他们喜欢什么，以及他们想跟你一起玩的任何想法。

要想在学校脱颖而出，孩子们在学习上必须灵活、自信，能够自我激励，追求自己的兴趣，并能运用他们的技能和知识应对诸多的挑战和机遇——其中有很多现在还根本想不到。

互联网已经改变了我们对知识的理解方式。现在要找到事实材料和相关数据是很容易的事。维多利亚时期所看重的死记硬背的方式现在已经不再适用于那些精微技术。那些精微技术对无限多信息的评估、操控和应用都只要我们用手指来完成。

家庭结构也发生了变化。就像每一个孩子都与众不同一样，家庭和家庭成员也是各不相同。许多核心原则适用于每个人，但肯定没有"适合所有人"的学习方法。你可以用本书提供的建议和练习去发现什么最适合你的孩子和家庭。记住，养育孩子是一个双向过程。仔细观察、倾听，给他们所需要的时间和关怀，他们也会让你明白很多最重要的育儿道理。

坚持写日记是个很有用的办法，还会给你留下他们的童年趣事。也可以为你自己和孩子记笔记，记下他们的学习是怎么提高的，那些对他们影响最大的活动，那些他们向你展示新技能和重大新发现的时刻，以及一路走来你所有的观察和感受。

在身边人的理解和帮助下，每个孩子都能有一个快乐、丰富和很有收获的小学时期。在这个过程中，不但他们自己将逐步获得优异学生所需要的灵活、自信的思维技能，而且父母也能从他们身上学到一些东西。

第1章

HELP YOUR CHILD
SUCCEED AT SCHOOL

校前篇：
提前充分准备，
培养天才宝贝

第1节

充分开发孩子的智力潜能

在本节你将会学到：

- 孩子的智能如何发展
- 刺激孩子感官的重要性
- 培养核心思维能力的策略
- 提高孩子记忆力的方法
- 如何吸引孩子自我学习

开发孩子的智能需要多方面因素的合力。他们携带的遗传基因是智能的基础，也决定了思维能力和学习能力的一些方面。为了有效应对日后的各种挑战，孩子们在出生之前家长们就已经和孩子共同在设计并塑造他们的智能了。这对家长来说既是一个巨大的责任也是一个不应当放过的难得机会。

学习是如何起步的?

研究表明,婴儿在母亲的肚子里就有能力学习了。有一项研究让家长们给他们还未出生的婴儿重复播放某些曲子,婴儿出生以后,科学家们发现他们对以前听过的音乐做出了不同的反应。

这似乎说明:为了生存,我们的孩子天生就准备好了去学习,去探索他们周围的人和环境的一些具体信息。

在只有一个月大的时候,婴儿就能区分不同的面孔。当他们看到曾经见过的人时,会注视得久一些。就在这个"看"的过程中,他们就在塑造自己的智能,并且支配着智能结构如何发展。他们在学习如何学习。

孩子们最早期的生活经历对他们日后的思维能力有很大的影响。这是一个需要家长们参与其中并给予帮助的好时机。

> **感 悟**
>
> 在我们一生中,前3年比任何时候学东西都要学得快学得多。这个时候我们学习的内容和方法对日后发展起着至关重要的作用。虽然说我们的记忆力一开始就很活跃,伴随着我们的成长,记忆力还会迅速提高。

2个月大的时候,婴儿可以记住一件事,但是最多只能记得两三天。

到1岁时，他们能记住一位重要的人或者一件重要的事情，并记好几个月，还能够模仿一些只见过一次的东西。

2岁的时候，孩子们就有能力回忆起事情的更多细节。比如：谁？做了什么事？什么时间？什么地点？根据各自的语言能力，他们能描述那一天所发生的很多事情。

3岁的孩子把语言当做记忆和学习的主要工具，这是一个意义重大的进步。语言的灵活性使他们能以更细微的方式储存信息，有序地组织这些信息以便可以随时从大脑中提取调用。

到4岁时，我们的孩子已经意识到自己是学习者。他们能明确运用自己的智能去学习新东西，还能够说出他们所知道的和所忘记的东西。但是现在短期记忆储备还是有限的，这个系统还在建设当中。看来，最初几年的强化正在使他们获得对于生存最有用的长期知识和技能。

5岁小孩的智能要更擅长于结合新旧知识，并且还能把不同的记忆联系在一起。对于我们成年人认为是理所当然的事情，他们却能表现出更多的灵活性。但是这只能通过开发智能才能实现，而这个过程从出生的时侯就开始了。

6岁的时候，孩子们知道演练和重复可以巩固记忆。他们能够有意识地学习，测试自己并找出巧妙的办法提高自己的记忆力。

一个7岁的小孩，经历了心智发展的这些阶段，稳步前进，是能够用一种既有条理又有创意的方法去记忆的。他们的记忆以复杂的方式得以储存，信息被并入相互联系的类别之中。他们能运用他们所掌握的知识虚构故事、解决问题、做出决定、包括决定下一步的学习从哪里开始。

所以，成为一个自觉自信的学习者，这个历程开始于孩子们的DNA，但之后就受到他们在最初几年里所遇到的人和事或好或坏的影响，而最关键的影响来自于他们是怎么运用自身智能的。这种智能为应对将来所有的挑战做准备，帮助他们发展并很好地运用这种智能就是本书所要讲的内容。

出生几个月：刺激感官、开发智力

最初几个星期或者几个月的重点应该是激活婴儿的感官，并且给他们提供安全和稳固的环境开始学习。你的小婴儿急切地想要了解他所来到的世界，但是他们探索世界的方式非常有限。帮助他们最大程度地利用感官能够刺激他们的思维，开发他们的智能。

婴儿能够看清大约20厘米远的物体，刚好能看到抱着他的人的脸，所以父母很快就学会把东西放在距离适当的地方让他们看。

> **感 悟**
>
> 颜色鲜明和形状清晰是让婴儿能看清楚的关键所在。科学家们发现婴儿需要通过看父母的发际线（即脸的顶端）才能够对这张脸进行加工并记下来。

市场上有非常适合婴儿的黑白颜色的形状书。一串简易的风铃，上面悬挂了各种颜色鲜明，形状清晰的物件，就能让婴儿高兴并全神贯注。注视着风铃在头顶摇晃、旋转的时候，孩子们的视力得到强化，同时也提高了他们的大脑对形状和图案处理加工的能力。

大多数父母在对孩子们说话和唱歌的时候，调子通常比平时高。有个原因很能说明这一点。那就是，高频段的声音最容易被孩子听到。为了防止母亲的心跳把他们震聋，孩子们的内耳少了一根把低音传送到大脑的小骨头。实际上，他们的听力总体上较弱这一点也能保护他们不受自己哭声的伤害。因此应该尝试用不同声音来刺激你的孩子去开发对声音的感知能力，如嘎嘎声、玩具声、音乐盒、自然界的风声、水声和鸟叫声以及不同人的嗓音。如果他们在妈妈肚子里的时候就能记住音乐，那么在出生后第一个月，他们就能够通过听曲调和歌曲形成大脑的记忆结构。

触觉，从出生第一天开始也是很重要的。婴儿需要通过身体接触才能安心，他们喜欢轻抚和按摩。刚出生时，他们对于轻柔的触觉可能没什么反应，但随着伸手去抓、去戳、去感觉身边物体的能力不断增长，他们的敏感度得到迅速提高。给他们一些针织物去摸索会培养他们感受不同事物的能力，还有他们开始整理用细微的方式得到的感觉。

随着婴儿们变得越来越协调、灵活，他们很快在味觉和嗅觉上进步。我们可以给他们一些安全的东西放到嘴里，促进他们这一关键的发展阶段。

感觉负荷过量是很容易看出来的，只要观察你的小宝宝是否有被刺激过度的迹象。但是只要你不去主导他们，你就会发现他们是多么热切地去学习各种面孔、形状，去听各种柔和的声音，并且把所有这些通过摸、闻、尝，跟自己的世界联系起来。但是所有这一切必须是在一个安静和安全的环境里面。从第一天刺激孩子的感官开始，你就是在帮助他们建设自己的感觉信息数据库了。他们会学会如何把接收到的信息分类和进行挑选，学会如何做决定，学会如何记忆他们亲身经历的一些细节。他们正在开发自己学习的能力，并且发展一种审美感官，从长远来看，这对他们的学习至关重要。

语言和学习

孩子的语言能力很重要，同样重要的是我们还要培养他们对于使用语言的自信心。3个月大的时候，婴儿们变得非常健谈，咿咿呀呀地和靠近他们的人交换着各种声音。为了能够成为一个自信的思考者和学习者，孩子们需要很好的沟通技能，这既能帮助他们和其他人的沟通，也有助于和自己的沟通。家长们在一开始就起着至关重要的作用。

孩子们在发展他们的语言表达能力之前就在大脑中开发自己关键的语言结构了，为他们日后的读、说、思考打下基础。当你对着宝宝说话、唱歌的时候，你就在教他们节奏和音调，帮助他们辨别不同的声调和音高。也是在鼓励他们回应你，塑造和强化他们自己的语言系统。

成功的孩子会和他们的父母聊天。他们运用语言来表达自己的感受，探究自己的思想，还有帮助自己学习。和他们交谈，用一种适合他们年龄和能力的方式，并且形成一种非常自然的家庭生活方式。这种活动越早开始越好。

在孩子们体验新事物的时候，教他们一些词汇去描述发生了什么事。重复这些词汇，将这些词汇与任何能够帮助他们理解和记忆这些词汇的感官建立清晰的联系。比如说："多么诱人的香蕉啊！颜色这么黄（舔舔你的嘴唇）。我打赌它吃起来肯定很甜很美味。闻起来也很新鲜。当我把它捣成泥时，这个香蕉好软啊！你喜欢香蕉吗？宝贝，你能说'香蕉'吗？"

很明显，你不会总是像这样说话！做父母是很辛苦的，而且你也需要自己的时间和空间去想自己的事情，有自己的说话方式。不过，听听各种各样的说话方式，这对孩子也很好。但是当你真的采用这样的方式时，你要精心安排。他们会觉得非常特别，你也会清楚地体会到自己在帮助孩子们提高他们的语言能力和学习能力。而这两种能力是相互联系，相互促进的。

当孩子说了一些非常有价值的话时，这样回应他："是的，你说得对。今天是个太阳天！"不但强调他的想法，还做出一些补充："这么大的太阳，我想我们需要戴上帽子，是不是呀？"鼓励他们的小脑袋瓜想得更多一点，既看到其中的逻辑联系，又看到一些创意，"我们需要帽子来防晒，但是今天你想戴什么颜色的帽子呢？"

随着孩子语言的发展，时不时地换一换他们的用词，用一种有助于自信的方式，提高他们的准确性。比如：

★ *孩子："托米有热。"*

★ *大人："是的，托米有点热。托米因为热所以要脱衣服。"*

★ *孩子："妈咪，我们咋后天做过那个。"*

★ *大人："你说得对！我们前天做过，那是在星期三……"*

韵律和歌曲

一些经典韵律操，比如"一只可爱小小猪"，对于婴幼儿来说是非常好的教语言的方法。固定的节拍，容易记住的韵脚，还有伴随着声音的碰一碰和挠痒痒动作都有助于形成既开心又有效的学习体验。这些迷你艺术作品远比它所看起来复杂得多，而且非常有意义。

像"拍蛋糕，拍蛋糕，叫个人来烤面包"这类拍手歌能帮助孩子理解声音如何构成词，进而构成词组的方式。拍掌声表明了有些词要比另外一些词要重要些。孩子的大脑通过词语所押的韵把它们分类，通过细致的观察，找出它们的不同。他们正积极地运用记忆技能，使大脑适应这些节奏和模式，提高身体的协调性

（即使你只是轻轻拍他们的手掌），与他们亲爱的爸爸妈妈一起体验学习的乐趣。

这些韵律歌是我们宝贵的财富，已经传了无数代。大人和小孩对它们都很熟悉，听到这些韵律歌让他们感觉很舒畅。这一点让我们意识到，不断重复的东西（词语、事件和传统等）是让我们情感上觉得安全、安定的重要原因。孩子们不但喜欢谈论日常琐事（如洗衣服之类的事情），还喜欢讨论那些重大的仪式（如圣诞节早晨这类不常见的特殊时刻的仪式）。这对孩子们的心智发展来说是非常重要的一部分。

和孩子们谈论你正在做的事情。对于咿呀学语的婴儿和蹒跚学步的幼儿来说，你可以充分利用洗澡的时间、布置餐桌的时间或者每周定期的购物时间。和他们聊聊这些事情发生的顺序，还有这些事情的逻辑。回忆一下上次你们一起做过的事情，然后想想下次会怎么做。通过交谈来帮助孩子建立他们的心智结构，他们将因此而成为一个擅长计划、信心十足的学习者和思维能力很强的人。

交谈对于拓展孩子们的能力也非常重要。通过一些巧妙的问题，家长们能够了解孩子们的想法。同时，通过使用与思考本身相关的语言还可以让他们能想得更深入。比如：

★ "还记得什么时候你……？"

★ "对于……你的好办法是什么呢？"

★ "你是如何得知……的呢？"

★ *"你是这样想……的吗？"*

这个过程叫做"元认知"或者"关于思考的思考"。就是描述、讨论并且评价你头脑中所发生的事情。对于孩子在学校的成就，元认知发挥着重要的作用。小学教育越来越多地让孩子们参与到学习过程中，让他们去挑战一些具体的思维技巧，从而决定如何使用他们的大脑去解决某些问题，并且评价和讨论他们的成功。他们越多地意识到自己的思考技能，就能越好地发展并运用一些有用的策略进行计算、想象、记忆和学习。

通过刺激他们的感官，提高他们的语言技巧并提供机会让他们探索自己的思维，你就在塑造着孩子的智力发育方式。这些主题在这本书中将反复出现，因为这些主题在孩子的一生中都至关重要。

7岁的孩子应该不需要你给他们无毒塑料玩具来放进嘴巴里，他们需要的是体验不同的感受。9岁的孩子不会跟着你去唱："一，二，系鞋带。"但要是有人创造性地用容易记忆的方式帮助他们整理数字概念，他们肯定很欢迎。11岁的孩子为了对付测试和考试要会用一套策略，原因在于从他们记事起就一直在为思考而思考。

下面的活动都是针对各个年龄孩子的开始阶段所设计的。他们都能回溯到不同阶段并重新组织以适应孩子的需要。大一些的孩子经常喜欢再参加那些他们过去就记住的活动。你对他们正在进行的思考活动也会越来越清楚。

第一年：让解决问题变得有趣

提问在学习过程中起着非常重要的作用。提问会刺激孩子们用某些方式去思考并做出反应，能让他们取得进步。作为一名老师，我确实注意到了孩子们理解和解决问题的能力各不相同。有些孩子被问题吓倒了，马上就不知所措，也完全不知道去哪里找答案了。这类孩子往往自己表现不好，而且也不会处理跟同伴的关系，他们不会问自己到底发生了什么事情，也不知道想办法使得事情变好。

但是其他一些孩子则养成了喜欢接受提问挑战的习惯，他们的大脑习惯于对所有问题进行研究。他们相信在不同的情形下寻找问题的答案既让他们觉得很享受也会让他们受益。

所以，当你和一岁大的宝宝面对一个问题时，把它当做机会，一起解决问题。给孩子看看你解决问题时所用的一些技巧，创立也能适用于他们的策略模式。

我们可以从一个夸张、迷惑的表情开始。你不妨瞪大眼睛，张开嘴巴，耸起肩膀，还有摊开两只手说道："哦，亲爱的，现在的问题是，我们要做点什么呢？"孩子会根据你的面部表情快速做出反应，所以他们马上就会适应这种问问题的方式。要确保他们能够从你的一个微笑，一个眼神中判断出来，解决这个问题会是很愉快的事情。四下里看看，表示你需要来自各方的帮助。挠挠你的头，告诉孩子，答案有可能在这里面。

接下来，你要确切地说清楚问题是什么。这是孩子要养成的一个重要习惯，也是一个在很多情况下能获益的好习惯。比如说，情感问题、考试、一些关键的生活决定。对于年幼的孩子，说话要慢而清晰，并且还要有戏剧效果。比如说"泰迪熊不见了"。重复几次，再用不同的话来帮助他们理解目前的问题是："泰迪熊不见了，他不在这里了。他在哪里呢？我们要找到泰迪熊！"

然后，在有疑问的情况下问这个最重要的问题："我们要做些什么呢？"用很有节奏的方式来说这句话，多说几次，它就会变成一个朗朗上口的口头禅，让人觉得温暖、安心。想一想在《绿野仙踪》里面，多萝西和她的朋友们走进森林的时候，不停地唱着："狮子、老虎和狗熊，我的天啊！狮子、老虎和狗熊，我的天啊！"从迈克尔·罗森的经典图画书《我们去猎熊》中我们可以看到，不断地、有节奏地重复某些话和某些想法有助于我们的大脑解决问题。该书中描写的一家人在去熊穴的路上因为一直相信自己能解决所有问题，最后终于克服了重重困难。你要与孩子一起信心满满地去着手处理这些问题。毕竟，即便你们没有立马找到泰迪熊，你们也知道还有其他方法可以试一试。在找到解决问题的办法之前，不要被问题吓倒。这种积极鼓励的态度有利于鼓励孩子做好准备，勇敢面对将来在学校面临的所有困难。

所以，当你以"泰迪熊在哪里？"这个问题为例子，你可以为孩子模拟出很多有用的解决问题的策略：

你说："*我们记得泰迪熊长什么样？什么味道？我们现在能认出或者闻出它来吗？*"

你向他展示的是：我们可以利用所有的感官来帮助我们记忆、创造性地思考，并探究我们的想法。

你说："*我们找找家里每个房间，一间一间来。*"

你向他展示的是：解决问题时的步骤性是很重要的。

你说："*我们停下来，休息一会儿。可能我们能猜到泰迪熊去了哪儿？*"

你向他展示的是：有时候答案是凭直觉、本能或有用的常识找到的。

不管你是怎么找到泰迪熊的，都是在向孩子展示一系列解决问题的有效策略，哪怕是采用间接的方式。通过某种轻松、愉快、共同的体验塑造他们的思维，你在帮助他们牢牢记住将来一定能用上的良好思维习惯。

第二年：收集珍贵物品

一个小小竹篮就已足以作为玩具让孩子高兴地去摸一摸，拿着走一走。如果在里面装一些特别的宝贝，竹篮就能让他们的身体各个感官兴奋起来，加深他们的记忆，让他们进行好奇地探索。

这种宝贝随处可见。去找些安全、好玩的东西让他们去摸，去嗅，可以的话让他们还用舌头舔舔。这些宝贝应该具备不同颜色，而且有些要能发出声音。自然的、人造的、硬的、软的、粗糙的、光滑的，尽量选择不同的东西。松果、贝壳、木球、奇形怪状的石头、俄罗斯套娃、响板、足球奖牌……要收集这么些让孩子喜欢尝试、探索、整理、收藏并与你"探讨"的宝贝并不是难事，因为你与他们一道参与了各种学习型游戏。这是一种非常好的开发敏锐感官的办法，而且在这个过程中他们能积累很多词汇。这将极大地为他形成系统性的兴趣、知识和技能打下早期基础。

你可以用宝贝竹篮测试乃至提高孩子的记忆力：看看你的孩子是否能搞清楚什么东西被拿走了？当你把相同东西一起放时，他们是否能记住哪个跟哪个是一样的？过一段时间，当你把篮子里的东西稍作改变时，孩子是否注意到你所加进的东西？

感 悟

用那些能激发共同记忆的东西：如去沙滩路上看到的鹅卵石，或第一个圣诞节的圣诞树装饰物。看看你的孩子能否把它们排好序，你可以尝试跟他们谈这些特殊纪念物带来的所有情感体验。篮子的宝贝可以随着孩子的成长而逐渐增加，你可以用来跟他们讨论新的学习内容，这些将成为宝贵的家庭记录。

第三年：帮助孩子进行假装游戏

你的孩子肯定会喜欢上玩演戏。在他们孩提时代的任何阶段开发他们的想象力，是帮助他们学习的极好方法。不管是跟朋友一起还是只有他们自己，孩子们需要足够的时间享受自己的想象世界，偶尔你也可以加入进去扮演一个角色。你将发现这对你和孩子都是非常有益的学习过程。

通过近距离观察，你对孩子的想象力会有很多了解。他们说什么样的故事？他们喜欢演什么样的场景？我们只有在心情愉快、兴致很高，并专心致志的情况下才能有好的学习效果。因此了解孩子感兴趣的主题和场景很重要。寻找那些可能增长他们知识的东西，以及发挥他们创意想象力的具体方法。孩子大脑中形成的想象结构可能会成为他们在学校学习的基础。

给孩子做演出服

帮助孩子尝试担任不同的角色。你可以通过提供他们所喜欢的帽子、鞋子、衣服和袋子，对他们的游戏提出你的看法。也可以在他们所玩游戏的细节上给予帮助。如服装能帮助各个年龄段的孩子深入角色，并体验人物行为、言语和思维的方式。这种从不同角度看问题和体会别人的情感的能力在孩子上学后非常重要。所以，让孩子早些参与这种活动将会让他们真正处于领跑的位置上。

掌握使用道具

鼓励孩子的创造性思维和发散性思维。试试给他们一个漏勺和一根拐棍让他们尽可能想出不同的用途。看他们发挥一点想象力，可以将家里的东西（如垫子和盒子）变成什么。你自己也来参与创造过程："我要好好看看这个洗澡海绵并压一压看它可以变成什么形状。让我想想……现在它像什么了？我知道了，我把它变成了这个样子，像一张嘴巴了，我们可以把它当作木偶人。我让它发出什么样的声音呢？"

这是在开发孩子的自信，让孩子在日常生活中发现灵感并让一个创意激发另外的创意。你在向他们展示，当想象力充分发挥的时候所谓的"正确答案"是不存在的，所有的答案都是好创意。我在学校里遇到的绝大部分学生没有这种观念，他们没有学会自如地驾驭自己的想象力。

试试用两个或两个以上的东西做道具，开始训练孩子的记忆技巧。看看他能否能找到办法同时使用两个或两个以上的部件。并问：

★ 它们像不像啊？

★ 谁会用到它们呢？

★ *你能想办法把它们拼到一起吗？*

孩子可以用木勺假装把螺丝钉装进旧收音机，把一只碗和丝巾变成宠物舒适的家，或把掸子和鞋盒拼到一起做成发射激光的机器人。当他们很擅长这种游戏的时候，试试用大件物品来玩游戏。孩子能用一套东西逐个跟你一起编故事或演戏吗？试试用橙子、手表、塑料瓶、火炬……

你可以自己先演示：一个橙子是太空中的星球，高高悬挂在头顶，是你太空任务的最后目的地；手表是一个倒数计时器："3，2，1……发射"；瓶子就成了火箭，在房间里快速移动；着陆的时候，火炬就变成了你的激光枪，当你在陌生的新世界走动的时刻可以用来保护你，免受怀有敌意的外星人的伤害……

小道具可以激发孩子们的奇思异想，还可以帮助他们开发学习和记忆所需的关键技能。当他们拿起日常用品时，就会激发起他们的想象力，并结合他们记忆中的场景和故事，他们正在以最令人感兴趣和最富创意的方式学习。你将会发现他们可以记起自己使用的所有小道具并记住每一个细节。这个过程中，他们就在为自己塑造适应学习任务和学校生活的大脑。

学会做听众

让孩子知道，你重视他们的想象力，而且他们想象出来的东西真的让人喜欢，而且能拿来与大家分享。除了对他们的行为总体上表示支持外，还可以在一些具体方面予以表扬。告诉他们这种富有想象力的游戏是如何激发创意和唤醒记忆的。

对3岁的孩子来说，你可以只给他们一本书、一幅画或一个与他们曾经的表演相关的纪念物。对于大点的孩子，你可以把你的想法说得更明白些。如："在你床上搭一个商店来提醒我们必须去买一些食品了"或"你的消防队员让我实在很想知道真正的消防站应该是什么样子"。让孩子知道想象力能激发不同的思维方式。

进行回顾

帮助孩子开发词汇来表达自己想象的内容。在一次游戏或小表演后，大声表扬说你看到他们是如何发挥自己的聪明才智，选择词汇来表达他们所理解的知识：

★ *"你玩了火箭。"*

★ *"你组装了一个火箭船。"*

★ *"在你的想象中，有一个火箭，一路飕飕的，又发出一阵巨响。"*

★ *"你的想象力真棒，把我们的沙发都变成火箭船了。"*

★ *"有一下子你忘记了像太空人一样移动，是吗？但我喜欢那一段，你记得要躲避那些假想的星球！我能看出星星在你脑袋里。"*

在每一个发展阶段，你可以鼓励孩子用词和短语表达自己的创造力，如"玩过""组装""想象""忘记""记得""脑袋"等，帮助他们对思考本身进行思考。

第四年：玩有趣的手指操

随着孩子对数数和排序越来越有兴趣，他们自然会用手指帮自己做这些事。我们有10个基本数字和十进制是因为我们有10个手指（包括两个大拇指），这很好地解释了为什么孩子们用手练习数数，并在此基础上形成数学的实体和形象结构。

鼓励孩子把自己的手指看做是一行从1到10的数字。根据在这条线上移动的大小，学校会用这个数字线来帮助他们学习数字的加减。如果他们对自己10根手指组成的数字线已经胸有成竹了，他们就会比其他同学在这方面强。

你自己也试试看。把手放在面前，手掌心向内，先从左手的大拇指开始，1、2、3、4、5——然后再用右手，6、7、8、9、10（通常人们喜欢从两个大拇指开始，这就意味着"数字线"在向两个不同方向运动）。另一个方法是一只手掌心向内，另一只掌心向外，因此您可以从两只手的同一个手指头开始数数。看孩子喜欢怎样做，让他们一边从1数到10，一边动手指配合数数，接着再以相反顺序进行。

熟悉了数字线以后，可以玩这种游戏如"一、二、三、四、五，手指来跳舞"，挨个去碰一下你孩子的手指，或者让他们动动与儿歌中的数字相对应的手指。告诉他们怎么样可以找到最大和最小的数字，而且当他们沿一个方向或相反方向移动时数字会发生什么变化。

数数、加法、减法

就从你面前的手指数字线开始吧，你的手怎么用着舒服就怎么用。

接着，两只手握成拳头，从零开始数，手指先不要抬起来。加2，就是说，把左手前两个手指伸开，这样数字线就开始了。再加3，这样左手所有5根手指就都松开了。

在没人帮助的情况下，你孩子几乎总是用两只手来回答问题，使得人们难以看见数字线上的增加量。

他们有可能1、2、3、4、5，把所有的手指头都数一遍，而不是只要看到整个一只手的手指都举起来了，就意味着"5"。因此不断地用"手指数字线"的技术能帮助孩子使用已知信息提高计算速度。

当你帮助孩子进行大于3乃至更多的数进行加法运算时，一定要确保他们举起了数字线上接下来的3个手指头。为了算出新的总数，鼓励他们从5开始（这样他们就没必要再把整只手数一遍）加3，数下来就是6，7，8。再一次，这种有序的手指计数法有助于学会最重要的计算技巧，让孩子对数学形成清晰、有效的视觉模式。

当他们开始做减法时，孩子们会发现这跟加法完全不同：告诉他们减法做完后，没有收回的手指离左边更近。他们会注意到加法和减法的方向完全相反。算到最后，有一只手中剩下几根手指，再加上另一只手上的几个手指，我们必须避免这种情形。剩下的手指应该是一个容易识别的数字，从视觉上一目了然地显示出加或减。加法很明显就在之前的总数上显示增多；而减法就明显少了。

随着孩子的数学能力提高，他们所能掌控的数字超出了10（而且，再晚些就从0向负数发展），但是他们已经在大脑中形成对数字理解的核心结构。

让你孩子手掌交叉，变换左右后，是否还能从两个方向正确算数？他们能以多快的速度找到并摆动手指4和手指8？这是一个很好的办法，它能活跃孩子们的思维，让大脑两个半球用不同方式进行协作。

大脑两半球

大脑左半球控制身体右边，右半球控制身体左边。我们知道两个半球有不同的特点：左半球在逻辑思维过程中具有更重要的地位，右半球倾向于更具创造力和想象力的思维方式。虽然数学传统上被认为是左半脑参与的逻辑学科，神经学家诺伯特·乔索维克却证明数学能力强的孩子大多数左右半脑协同使用。

> **感 悟**
>
> 让孩子先用左手在空中画连续的数字，再换成右脚，右手，左脚……让他们轮流用一只手在另一只手的肩膀上敲数字；不时地让他们用不常用的手写数字，或画图形。诸如此类的身体交叉练习对开发全脑思维十分有益，而全脑思维对孩子将来的学习越来越重要。

♡

第五年：回忆过去，审视现在，展望未来

这是另一个需要大脑两个半球都参与的练习：主管逻辑的左半球将事件按秩序安排，更随性的右半球用创新方式探索事件。这种方法对于培养孩子关注自己大脑的运作机制是非常有用的。

开始的时候选定一个要思考的主题。可以是你们刚好在讨论的话题，如朋友、动物、食物；或你特意选择的话题：假期、友爱、奶奶。练习要清楚地分为三个部分。

★ **过去**：想想关于选定的话题，你最多能回忆到什么时候？跟孩子讨论你们共同的记忆，以及你们记忆中不同的部分。

谁是你们第一个朋友？关于动物园里的东西谁记得最多？

你自己小时候最喜欢什么食物？尽可能回忆出更多的细节，

深入到不同的体会和情感。

★ **现在：** *接下来，看看你的话题对现在造成了什么影响。你*

现在跟朋友们相处如何？你在上学和工作的路上看见动物

了没有？你现在吃些什么样不同的食物？不断地用你"心

灵的眼睛"描绘还仍然栩栩如生的事件过程。

★ **将来：** *最后，思考并讨论将来可能出现的经历。你希望明*

天怎么跟朋友相处？下周呢，10年后呢？你想要什么动物

做宠物？你下个生日想要什么样的蛋糕？发挥想象力，努

力去尝试"看看"未来。

这种活动对于谈论你们共同的人生经历和个人的经历是很有趣的。这种有益的交谈不仅仅是作为一种聊天并建立联系的方式，它巨大的价值还体现在对孩子的成长和成功起着非常重要的作用。此外，它还能开发孩子的核心思维能力并帮助他们塑造大脑的重要结构。

联想思维

你会发现某些记忆能激发起对其他东西的记忆；有些记忆能彼此兼容，有助于呈现那些共同的细节；有些可能不是非常对应，你就必须进一步看看自己能否回忆得更清楚些。

对将来的思考可能让你想起过去一些特别的东西。谈论今天的事情可能让你突然想起明天的重要事情。你正在帮助孩子明白这种记忆联想并将各种记忆编织到更为复杂的网络中去，而且这些东西可以从不同的角度加以开发。

整理记忆有助于培养思维的条理性，从而促进智力的开发。要想在学习中取得成功，孩子要有条理清晰、逻辑性强的思维，需要理解事件的过程、原因和结果，而且要按顺序完成任务。但思维的创造性同样也至关重要，他们要会使用直觉、感官和想象，并形成有机的联系，再结合成整体。在这一活动中，通过图像和情感对记忆进行探索，从而激发大脑具有创造性的右半部分。反过来，右半脑又会强化左半脑的逻辑性序列和结构。鼓励孩子进行全脑思维的确是个绝妙的办法。

第六年：玩佩尔曼式记忆游戏

这个游戏很经典，就是将图片进行配对。你可以买一套现成的，或用其他游戏卡片代用，也可以自己制作。大点的孩子会乐意帮你制作一些卡片，画上他们喜欢的动物、汽车或卡通人物。但要确保卡片是成对的，而且从背面看也是一模一样的。

先洗牌，再正面朝下把它们以网格形式放在你准备玩游戏的地方。游戏者依次进行配对，发挥自己的记忆力把新看到的卡片和看过的卡片进行配对。

轮到你的时候，任意翻开两张卡片。如果是一样的，你就拿在手里，再翻开另外两张牌。如果不是一样的，要确保让另外的玩家看到这两张牌，再把它们翻回去，让下一个人继续游戏。

你在跟孩子玩佩尔曼记忆游戏的时候，尽可能地抓住机会跟他们讨论有关记忆的问题。问他们是怎么记住最后看过的那些卡片的？哪些卡片是印象最深的？为什么有些卡片最后才被找出来？

你可以告诉他们你对看过的卡片是如何"标记"的。例如，将它们与身边的一些家具联系起来，或将它们与最靠近它们的玩家联系起来："兔子卡片是在朝门角落的格子。为什么我不想象有一只大兔子刚好走进房间？""这个牛仔卡片挨着艾丽，所以我可以想象她那天戴了一个牛仔帽。"

用佩尔曼记忆游戏锻炼孩子们与生俱来的学习技能，训练他们的观察力和空间意识，并告诉他们，记忆技能可以通过努力得到提高。每一次如果有人用了什么诀窍找到了一对卡片就要进行鼓励。而且每一次玩游戏的时候，你一定要相信自己正在帮助孩子让大脑变得灵活有序。格子游戏中主管逻辑的左半脑与主管想象创造力的右半脑一起发挥作用。

第七年：写一些怪诞的故事

我从未见过不喜欢故事的孩子。随着我们一天天长大，讲的故事和听的故事不断在变化，就像我们的故事文化随时间推移而改变一样，从洞穴岩画方式到网络推特更新。但所有的故事都有共同的特征，而且都要深入探讨人类思维的各个方面。

再次，故事涉及大脑左右半球的关键合作：图像和逻辑的完美合作。故事让我们能兴奋起来，并激发我们的想象，但我们只会跟随并记住故事，因为故事是模式化和结构化的。

给孩子讲故事对他们形成健康的智力和情感是必不可少的。讲故事既能让孩子放松，也能挑战孩子的思维。我们知道故事的各种模式，但故事内容还是不断让我们觉得新奇。它们能强化我们的记忆力，给我们提供框架结构，使我们的思维有序并表达我们的思维，而且能提供形象和创意，帮助我们想得更深。

但当孩子们长到足够大，能自己随意驾驭故事编写时，就将有很多机会使那些故事蕴藏的能量发挥最大作用。

找一些旧杂志，有些有很多鲜艳图片、插图、广告。用剪刀和浆糊，向孩子展示怎么把图片剪下来，再贴到纸上，组成一些真正的超现实的、但能记住的故事。

我们知道故事里需要什么：人物，场景，道具。这种游戏的乐趣在于，将那些很少出现在一起的照片选好后组合在一起，而产生很好的效果。将他们用少见的绝妙组合粘在一张白纸上，然后写一些关于发生什么之类的提示，或仅仅是你们两个按顺序聊这些图片。

因此，如果你找到这些图片：足球运动员、烤面包机、鱼和超市，你的故事可以从足球运动员把烤面包机从超市窗户踢进去开始。你可以用水笔画一些波浪线和一些"特效"显示面包机穿过碎玻璃时，被一条鱼接到了。这时麦当娜带着一罐猫食和一架飞机出现了。

这种趣味游戏教会孩子很多创造性的、自信的思维技巧。从游戏中他们能明白到处都可以找到灵感，而且那些旧的想法可以重新组合成为令人兴奋的新材料。这充分说明大部分记忆中的信息不仅新奇、有趣，而且还多姿多彩，另外它们还可以以某种方式产生联系并组合起来。他们发挥自己的创造力的时候不用担心对错，但要鼓励他们对结果进行思考和讨论。

能讲复杂的故事是思维技巧得到良好开发的标志。当孩子可以跟你一起参与这种活动，如探索想象力、利用旧资源激发新创意、用巧妙而易于记忆的方法组织安排信息，而且他们边玩边讨论思维过程，你就会知道他们这么做是多么正确。他们将会引领自己的智力朝着令人激动的方向发展，开发诸如发散性思维和提出哲学问题这类学习技能。如果你能不断地提供支持，他们会最大限度地用好自己的智力并且抓住每个新的机会进行学习。

十件要记住的事情

1. 在孩子的智力发展过程中的关键时期给予他们帮助，让他们尽可能地发挥才智，从而塑造聪明、灵活的大脑。

2. 抓住每一个机会强化他们的感官。

3. 跟孩子交谈，拓展他们的思维，并提高他们的沟通能力。

4. 用韵律歌的方法帮孩子开发识字和计算的关键技能。

5. 通过带孩子扮演一些角色，培养孩子的想象力。

6. 用数手指计数的方法帮孩子组织他们的数学思维。

7. 引导孩子用左右脑，培养他们的逻辑性思维能力和创造性思维能力。

8. 用猜谜和完成任务的方法，训练孩子解决问题的能力。

9. 培养孩子讲故事的能力，让他们开始准备探讨和记住各种不同的信息。

10. 各个年龄阶段的孩子都能够讨论自己的思维，仔细思考自己所发展的理解力和各项技能，从而对自己的学习产生真正的兴趣，用积极的态度学习。

第2节

让孩子投入学习

在本节你将会学到：

● 智力测试的本质

● 如何发现、培养和开发不同的智力类型

● 强化视觉、听觉和动觉学习方式的各种技能

● 好心情和良好学习效果的关系

第1节探讨了每个孩子智能的各个不同方面，本节将把重点放在你自己的孩子身上。你想要孩子们与别人关系融洽，因为这是一种直观的、能衡量的成功。但你通常希望他们能实现自己的潜能，以自己喜欢而且能产生成就感的方式发展自身。

前一节探讨的思维能力是聪明大脑的基础，是在学校取得好成绩必须具备的条件。当孩子在使用这些有效策略时，他们就是在塑造并强化自己的智力，在完成一系列任务的过程中演练那些

最有用的方法。

那么我们如何衡量孩子的聪明程度呢？很明显他们面对的每一个挑战，不管是阅读测试，或空手道测试，或美术竞赛，或仅仅是谈话的水平，或成功地交友，都能在某种程度上反映他们的能力。你可以观察孩子，对他们成功地解决问题、提出创意、从失败中学习、和理解自己的思想等各方面进行评估，但其他人也会用不同方式对他们进行测试。从小学低年级开始，各种评价、测试、考试都记录了孩子在思维和学习方面的成就。其中有些测试会给孩子们的表现一个精确的分数，并将他们与其他同龄人进行比较。

在这些方法中，是否有一种比其他的更重要或是更准确呢？是否有某种方法能展示孩子的聪明、智慧，以及成功的潜力？

智力测试

理解测试本身的关键因素是测试的内容能揭示什么，不能揭示什么。典型的情况是，测试结果能显示孩子在特定时间的特定测试中表现如何。这很可能能够反映他们对测试中所提问题的准备充分程度（不管是天生的能力还是通过认真准备和训练学到的能力），以及他们表现欲望的大小，还有他们在测试中投入的能量和努力程度。他们的成功取决于很多的东西，包括他们测试当天身体状况和情绪状态；他们之前参加类似测试的经验；他们对测试要求的理解程度；还有，当然还包括测试者如何选择计分标准。

有一点相当重要，那就是测试结果准确反映了什么评估内容和侧重点。切记，只有考虑到任何可能影响考试结果的因素，才能对测试分数或测试意见所反映的孩子能力下结论。

从这个角度看，很多测试是相当有用的。它们能给孩子提供完善某种能力的机会，显示他们在哪个方面能提高，并让你有机会庆祝他们的成功。测试可以成为愉快的挑战，鼓励孩子自我指导学习并发挥最佳潜力。

当然并非总是这样。想想你自己的经历。在某些时候测试就像展示失败，把你所不知道的都展示出来，而且让你觉得其他人表现得如何好。有很多测试实际上毁掉了你的自信，并让你放弃进步的努力。你是否常常相信某次测试或某一轮评估对你的能力和你取得成功的可能性所做出的轻率结论呢？

有些人试图对孩子的智力进行准确评估的时候，你尤其要持怀疑态度。自从20世纪初艾尔弗雷德·宾纳第一次为法国学生进行智力测试开始，有很多人尝试用某种方法对能力进行测试，但都招致了很多非议。

感 悟

有一点很重要，就是我们要明白宾纳警告我们不要以为能力评估是个固定值。他所设计的测试是为了让我们关注那些在学习上需要特殊关照的孩子，而不是要给每一个孩子进行具体评级。他关注的焦点是推理能力和短期记忆能力，而对于思维能力仅仅提出了极为有限的简单介绍。但毫无疑问，他的工作对全世界的智力测试都产生了影响。

智商（简称IQ）的概念是研究人员为1917年美国军队应征入伍者而设计的。他们通过测定某人的"心理年龄"，再除以他们的实际年龄，然后乘以100而计算出IQ。因此一个20岁的心理年龄在一个20岁的人身上得分为100，正常的结果和一目了然的评级建立在每个人都能与标准进行比较的基础上。再次，智力被假定为终身不变，而且IQ分数被看做有用的事实，人们的很多态度和决定都是在此基础上做出的。

到了50年代，军方觉得有必要开发更先进的方式。1955年大卫·韦克斯勒出版了他的《成人智力评级》，用于对语言理解、记忆力和推理能力进行评估。他将智力描述为"人们有目的地表现出的、进行推理思考、有效适应环境的能力"。这种测试很明显会选出那些注重实效、逻辑思维能力好的人选——也许这在军方很有效，但在现实生活中它对是否聪明的评定仅仅有一部分是正确的。

智力测试真正能告诉我们什么呢？

因此，你孩子取得很高的IQ分数，仅能证明他们有很强的推理能力和记忆力，也许词汇量很大而且对词汇的运用很自信。这主要显示他们能很好地应付智力测试。也许他们天生就善于回答这类问题。也许他们为了对付考试进行了专门的训练。很清楚的一点就是他们很专注，动作很快，具有很好的应付考试的能力。因此当然他们在所有诸如此类的测试中就会做得很好。

他们也许能够将自己的天赋转化为其他领域的成就，但这没有必然性。这些测试解释不了那些发人深省的美术作品和激动人心的诗歌创作；解释不了完美的芭蕾舞单脚尖旋转和惊险的射门得分；解释不了怎样与人保持亲密友谊关系；在现实生活中不能解决问题；不能说明人对情感和思想模式的理解。

IQ测试只是对某种特定的思维进行分析，并鼓励人们发展这方面的能力。而且他们只能用那些条条框框进行评判：不能多，也不能少。事实上，你孩子在生活中取得的成绩需要综合运用多种不同的思维技能。他们也有必要对自己的思维进行思考，引导自己的进步，而且为了终身取得令人满意的学习效果他们需要保持兴趣和动力。IQ测试完全没有真正涉及这些方面。

如果你孩子需要进行IQ测试，这本书中所有的技巧都能派上用场。他们的测试结果肯定能为他们的人生开启一扇新的大门，改变人们对他们的看法，或者有助于你和其他的人对他们提供帮助。但这绝对不能用来精确测定他们的智力。除了这些，还有许多其他方面的能力需要人们重视、培养。本书中所讲的活动将帮助你了解孩子的能力究竟有多好，他们的知识多少和个人关键素养的发展程度。你可以确保让他们能发挥自己的个人天赋。

多元智能

聪明的孩子有多种，就像成功、幸福和取得成就的方式也有很多种一样。要想帮助孩子们充分发挥潜力，你必须了解孩子的特点。

美国心理学家霍华德·加德纳曾非常渴望挑战传统智力和IQ观点。他关于多元智能的著作极大地拓展了我们对聪明的理解。

加德纳通过简单的观察，提出了自己的理论。他认为存在各种不同的杰出人才：阿尔伯特·爱因斯坦、泰格·伍兹、毕加索、麦当娜、巴拉克·奥巴马、甘地，这些人都在自己的领域取得了杰出的成就。虽说他们具有某种共同特征，但他们取得成就的类型和所涉及的思维能力明显是不同的。单一地解释智力怎么能说明他们所有人的成就呢？

传统的IQ检测不能解释艺术家、哲学家、歌星、运动员和厨师等的才华，或很多其他方面取得真正令人感兴趣的巨大成功。因此霍华德·加德纳将人的智能细分为7种不同的能力。前面两种是智力测试中常见的：语言能力和数学逻辑能力，它们通常在学校表现为语文和算术。这是IQ及其他经典智力测试中包含的两种关键的思维能力。

语言能力

在语言方面具有天赋的孩子对口头和书面的语言都非常敏感。他们能很快学会语言并巧妙地使用语言：能有效交际，能富有创意地表达自己的思想，而且很有说服力，还能用语言整理思维、激活记忆。

数学逻辑能力

这种思维涉及逻辑的分析、计算和精确研究。其中关键表现就是孩子发现模式和得出结论的才能。

在这两个方面表现突出的孩子最容易被大家看做聪明的孩子。他们的能力可以通过测试，进行量化评估。这种才能足以让他们形成自信、灵活的大脑，而且他们在这个世界上能做得很好，因为他们能完成别人所交给的任务，如理解指令，完成书写任务，解决数学问题，正确地进行科学实验。

但是霍华德·加德纳认识到这些才能不是智力的全部。传统上，聪明孩子也会用其他方式炫耀他们的才能；而且其他在语言或逻辑上稍差的孩子也能表现出非凡的成就。他认为有必要对智力进行更广义的认识，帮助我们从更多方面拓展孩子的智力，全面展示他们的能力和天赋。

因此，在前两种的基础上他增加了5种：

● **音乐能力**：听音，比较并模仿声音；辨别音高、音调和韵律。这种能力很明显与语言能力具有相似性，但与数学逻辑能力也具有相似性，因为在音乐方面有很好天赋的孩子善于发现音乐中的模式。

● **身体运动能力**：善于用大脑控制身体，克服困难，取得运动方面的成就。在这方面突出的孩子有舞蹈家、运动员，以及从事各种体能竞技的人，他们也会用身体（如手势，行为，身体体验）帮助他们思考和学习。

● **空间能力**：善于发现大小不同的空间模式。因为这种能力影响到身体运动和思维运算，所以也与其他的能力有明显的重合。它能帮助解决一些工学问题，制定运动策略，还能创作有震撼力的视觉艺术作品。

● **人际能力**：善于理解别人的想法和感情、动机和需求。这是与人共事时的一项关键的能力。孩子们在学校是否开心和成功，这种能力也至关重要。

● **内省能力**：善于了解自我，并能在此基础上采取恰当行动。这能衡量你如何认识并反映自己的思维过程和情感体验，比如恐惧、激情、忧愁、态度。它也包含了在生活和日常行为中做出改变的能力。

你的孩子属于上述哪个类型呢？有哪些领域是他们真正擅长

或是欠缺的呢？

霍华德·加德纳的"七种能力"之所以影响重大，主要原因在于它们反映了实际情况。大卫·贝克汉姆踢出弧线将足球射进球门一角就涉及语言能力，因为他要与队友们进行讨论并制订进攻计划；这其中还包含了数学逻辑能力，因为他运用这套策略并且准确地计算出如何完美地踢这一球。但是很显然，这里最主要的还是身体运动能力和相当一部分的空间能力。除此以外，还有内省能力掌控他的思想和情绪，帮助他在高强度压力下取得辉煌。你可能认为那是由于他能理解别人的需要和情感（人际能力），还有受到观众们有节奏的助威呐喊声的驱动（音乐能力）。但是有一点毫无疑问的就是，他的能力表现在多个方面，而非某一项智力测试可以全部涵盖的。

在随后的几年中，加德纳探索了关于智能的更多方面，在他原来的7种能力的基础上又增加了"自然观察能力"。这种能力能让孩子们一边对自然界的信息进行收集、分析、和归类，一边培养自己对现实世界的理解。

加德纳对于精神能力、道德能力和存在判断能力的探讨也引起了大量的争论，因为这些是关于生命、宇宙及一切东西的终极问题。很明显，由于人们不同的宗教观和道德观，关于这些问题的讨论变得复杂起来。并且，什么能够被衡量，应该衡量什么，人们也意见不一。但是值得庆贺的是：孩子们可以在越来越多的方面得到成长，也有越来越多的方法使他们的才华得以展现。

人们能帮助孩子发展所有这些能力。霍华德·加德纳希望人们摆脱狭隘理解，避免给孩子贴上标签、阻碍他们的全面发展。本书的一些活动旨在帮助孩子们发挥天赋（如对运动天赋、哲学天赋的帮助），也是为了提高孩子那些相对较弱的能力。

三种典型的学习风格

在不同的学习"风格"中，有一点相同就是学习态度非常重要。就像加德纳的多元智能一样，我们知道学习方法也是多种多样的，我们应该用各种方式去衡量、提高并发扬这些方法。你的孩子可能倾向于某种学习方法，我们需要去发现并学会使用该方法。但是，如果要发挥他们的全部潜能的话，他们就一定要全面开发各种风格的学习方式：

●**视觉型学习**：通过浏览、阅读和观察学习。倾向于视觉型学习方法的孩子喜欢看书和杂志，认真看文字或图片的指示，并且会觉得如果没有视觉提示，理解和记住信息非常困难。

●**听觉型学习**：通过听声音和听内容学习。如果你朗读的时候，孩子反应很快，并且当他们能准确根据口头指令行事而不是笔头指令的时候，那么，他们很可能就是这种学习风格的了。当他们手头拿到的都是书面文字的时候，他们的脑袋可能就走神了。

●**动觉型学习**：通过触摸、活动和动手学习。有的孩子喜欢的学习方式是直接参与和进行尝试，通过动手的方式来学习。拿着或者玩弄某个东西有助于他们把注意力集中在物体的形式、结构上。若是要求他们坐下并保持不动，那他们就会不太适应了。

> **感　悟**
>
> 　　不要给将孩子贴上"视觉型学习者"或是"动觉型学习者"的标签。这一点很重要。但是不幸的是，当学习技巧理论初次被用于课堂教学时，许多老师所做的就是，用单一的学习风格界定每一个孩子，无论何时何地都鼓励他们去使用那种策略。在这个过程中，极大地限制了他们成功的概率。

　　一个好老师上课的时候，这三种风格都会用到，容许孩子们使用各种各样的策略。孩子们当然可以使用适合自己的思维方式，并最大限度地加以利用，但是必须帮助他们开发全面的学习方式。

　　花时间和孩子待在一起并分享学习过程，最大的好处是你可以看到他们天然的学习风格，有可能是这三种主要类型的混合体，也可能随着任务的改变而改变。但是理解他们所偏爱的方式将有助于你更好地帮助他们。这不但使你能够为他们准备一些他们所喜欢的活动，而且也将引导你帮助他们学会其他学习方式。这有助于他们全面塑造自己的思维能力。

强化视觉学习技能

　　给孩子提供大量的写字和画图工具，包括钢笔、铅笔、水彩色笔、尺子、橡皮和卷笔刀。给孩子提供画画的机会，让他们有地方写下或画出各种不同的东西。他们往往喜欢用现成的废纸，比如那些只打印了一面的文件纸，而给他们最优秀的作品最好准备一些没用过的白纸。给他们找一些旧的日记簿，有些只用了几页的笔记本，撕掉前几页又可以做一个新笔记本。还有一些特别点的材料，像装麦片的硬纸板或是拆开的鞋盒。一定要给孩子们找个地方写写画画，并提供他们需要的所有工具。

鼓励孩子描述周围所看见的事物，尽可能多地使用不同的词汇。从颜色、背景、特殊效果还有内容等方面和孩子讨论他们看的电影和电视节目。通过提问的方式用图像想象技巧来探讨过去和将来：

★"当你闭上眼睛，想起爷爷的花园，那是什么样的呢？"

★"如果你给最好的朋友们照了一张相，相片会是怎么样的呢？"

★"你认为旅行拖车是什么样子呢？"

和孩子一起玩"我看清"的游戏。稍微调整一下规则，尝试每一回合描绘不同的详细信息。比如："我用小眼睛，来把你看清……是蓝色的/弯弯的/透明的/小小的……"

当他们探索和学习新的东西时，一定要让他们的眼睛看着学习的内容，以最大限度地发挥其视觉的作用。找一些有漂亮插图的书籍。通过互联网搜索图片，来帮助理解他们可能正在学习的一些比较抽象的概念，比如说"友谊""百分比"或"奴隶"。

如果参观电影院、美术馆和郊游让孩子们强烈地感受到了视觉所产生的能量和影响，那真是值得庆贺的事情。

强化听觉学习技能

你一定要让孩子听各种类型的录制音乐和广播音乐。在CD机和MP3播放器上，在车上的收音机或电视上，各种风格、类型的音乐都要有。跟他们一起讨论喜欢哪些，不喜欢哪些，并进一步说说不喜欢的原因：是因为乐器，节奏，还是旋律？在家里找一个地方，他们可以集中精力听，可以在他们卧室的某个舒适角落，配备CD机、耳机和唱片。

通过声音去描述世界。要孩子闭上眼睛，在他们耳边说出不同的关于声音的名字，使用"音高""声调"和"音量"等字眼，帮助他们扩大关于声音的词汇。

通过听觉去探索记忆和想象。问问你的孩子能想起假期里、聚会中或是动物园中的什么声音？有些特别的人的声音听起来像什么？进而想象一下在他们的新校园或是在保龄球馆将会是什么样的声音。如果一只恐龙落在屋顶又会是什么声音呢？

感 悟

这次将"我看清"游戏换成"我听清"："我用小耳朵，来把你听清……声音又高又快乐/电子合成音/有节奏的击打声。鼓励孩子们创造新的形容词描述他们周围的各种声音。

寻找各种办法给孩子们正在学习的东西配上声音。在网络上搜索各种音效，利用家中常见的东西弄出各种声音：类似古罗马时期刀剑碰撞的声音，古代人建造金字塔时在地上拖动石头的声音，霸王龙捕捉猎物的声音……鼓励他们用语言描述琴键发出的声音。

通过让孩子们观看现场表演、看看有回音的房子和山谷、玩乐器来给孩子们提供展示自己辨音能力的机会。对于刚学会走路的孩子来说，可以用一个既价格便宜、又容易制作的米筛；对于大点的孩子，可以从学校租借或购买一些乐器。而且网上有好几个免费的电脑合成程序可以利用。

强化动觉学习技能

给孩子提供各式各样的材料，让他们动手操作。硬纸板盒和管子、棉花卷、锡盖、几块布，还有安全剪刀和足够多的胶带和胶水，让他们能把所有这些固定在一起。即便你认为他们的年龄已经不适合玩建筑玩具了，也要让他们很容易接触到这些玩具。并让他们知道，在家里某个地方，他们可以按照自己的想象力或者说明书来摆弄这些玩具，弄得乱糟糟也没什么大不了。

通过用表示触摸或动作的语言，你可以指点他们对事件和想法进行描述：

★ *"你记得你在幼儿园都摸过些什么吗？"*

★ *"今天你用了多少种方式在学校到处走走？"*

★ *"你怎么把那个盒子变成宠物龙的家？"*

带孩子玩"我摸摸"的游戏："我用我的小手指，摸到一些凹凸不平的/黏黏的/热热的/碎碎的……"

找机会把动手操作和学习连接起来。当你解释事情或是给出指示的时候使用各种各样的手势，并且鼓励孩子用动作来加强表达他们的思维。给他们看看如何用手拍出节拍或者数数，还有用手在空中拼写英语单词。

当他们学习人体器官时，让他们相互指出主要的部位；在原地小跑一阵后，感受一下心跳的加强；对不同类别的食物，做出不同的反应。

通过下列方式展示动觉学习的重要性

★ 一起愉快地参与各种运动和体力活动

★ 参加戏剧兴趣班

★ 当你在工作或做其他事情时，让孩子提供力所能及的帮助

★ 观察专业的工匠是如何工作的

现在你知道孩子是属于哪一种学习者了吗？本书的一些活动就是要了解孩子的学习特性、学习能力和学习态度，从而给予他们适当的帮助。你能帮助他们运用自己的天赋，而且还能开发新的能力。

忘我学习

孩子们能忘我地投入某个活动是一种非常奇妙的经历。这时

候，他们所玩的一切都充满乐趣，让他们投入得迷失了自我。

公元前6世纪，希腊哲学家赫拉克利特写道："只有当一个人像孩子一样投入地玩耍时，他才像真正的自我。"

当孩子们全神贯注于一项活动时，他们就达到一种奇妙的心境：有创意、聚精会神、充满自信、无拘无束。这种时刻可能是在和朋友一起玩一个富有创意的游戏，也有可能是自己和自己玩的时候。要想达到这种状态，关键是要有兴趣爱好为基础。在阅读时，我们很多人也经历过这种状态，彻底投入又完全放松。

这种状态，心理学家称为"心流"：思考和学习活动进行得自然而流畅，而且目的性强、效率高。这和运动员在展现才华瞬间的那种"气场"非常相似。

身体和心灵都很平静，动作从容，目标明确，从而取得令人惊奇的成果。

感 悟

一项对美国青少年的研究显示了"心流"与精神健康之间的关系。总体上，那些享受这些瞬间的人很可能在学校成绩优异，他们的生活可能更幸福、更有成就感。

通过玩耍、兴趣培养、创新思维和实际操作，孩子会发现属于他们自己的"心流"。这些"瞬间"有助于发展孩子们对学习的热爱和自我驱动力，这对家长们理解孩子的爱好和才能也很关键。"认真地玩"可以很好地描述全脑思维的状态：既有条不紊又富有创意，既目的明确又轻松自如，既开心有趣又不乏成效。

利用一切可能的机会去研究孩子天生的智能、学习风格还有其他一些思维特点。你可以给他们设定一些任务：设计一个聚会；帮你组织一次家庭一日游；当你要装饰他们的卧室时，让他们做项目经理。然后仔细观察他们是如何反应的。注意以下10个问题：

1. 是否很容易激发他们参与其中？

2. 他们是否能专心于任务的每一个环节？

3. 他们能够领会别人对他们的要求吗？

4. 他们既能全盘考虑又能顾及细节吗？

5. 他们是否觉得那些创造过程简单而有趣呢？

6. 他们在做事的时候是怎么运用自己的记忆力的——也许记忆的内容给他们一些启示，或是他们根据记忆组织新的信息？

7. 是否有迹象显示他们有某种偏好的学习风格：视觉型、听觉型还是动觉型呢？

8. 他们是否能综合运用所有的学习风格，还是从一个换到另一个？

9. 他们和合作者之间的沟通怎么样？

10. 他们是否能实事求是地评价自己的表现，分析自己的行为、情感和思维技能？

这些活动能让你观察到孩子的思维，与此同时，也可以强化和增加他们的技能。你会发现天赋是可以培养并加以利用的，也会关注到孩子们需要提高的某些方面，从而使他们的整体学习方式得到改善。

> **感 悟**
>
> 　　与孩子谈谈他们的兴趣爱好，并列出3个不同的清单：什么是他们过去常常喜欢做的事情？现在喜欢干什么？将来又想干什么？发现贯穿其中的某些主题和模式，以帮助你更好地了解他们究竟对什么感兴趣。

有很多因素影响到孩子是否为学习做好了准备，以及将采用什么样的方式来学习。

♡
左利手的孩子

传统上，左利手一直受到质疑。因此这些左利手学生没有多久就被迫改用右手了，使他们看起来"正常"一些。值得庆幸的是，最近几年，我们对于左利手的理解、接受和评价都得到了改观。我们现在了解到用左手的人的大脑结构特别一些，而且更为灵活。用右手的人用他们的左脑处理语言，用右脑处理很多创造性和图像性任务；而用左手的人的脑子则分工没有这么具体。他们的左脑和右脑有很多天然的链接，似乎表明用左手的人不那么受规矩约束，并且更具创造力。确实很多以创造力著称的前辈都是左利手，比如说列奥纳多·达·芬奇、米开朗琪罗、阿尔伯特·爱因斯坦、刘易斯·卡洛斯、查理·卓别林、保罗·麦卡尼。至少，这能说明左利手并不会影响孩子成功的潜能。如果说有影响的话，就是他们更有可能成为想象力丰富、喜欢研究、思维缜密的思考者，尽管他们往往有挑战和改变条条框框的倾向，而且这容易使他们与权威发生冲突。

感 悟

> 巴特·辛普森就是一个左利手。他的创造者，多才多艺的漫画家兼作家马特·格罗宁也是一个左利手。马特是"左利手精神"的最佳范例：他富有创造力、离经叛道，与他那有条不紊、温顺听话的右利手姐姐的性格截然相反。

左利手通常在书写方面需要帮助，为他们专门设计的钢笔、尺子、铅笔、卷笔刀和剪刀能使他们在学校的生活要方便很多。尽管他们爱创新和好思考的天性确实能激发他们学习，但是他们可能在遵守纪律方面还是需要帮助。一些测试表明左利手更擅长记忆具体事件和经历，所以他们应该很擅长本书中设计的一些图像性、情节性思维技巧。同时，一些排序和组织信息的策略对于帮助他们有效控制自己的大脑思维尤其重要，而且有时候对于他们的行为控制也同样重要。

关注男孩和女孩在学习方面的差异

男孩子似乎比女孩子更有能力，男孩子更容易走极端。对此我们已经知道了很多原因。比如：出于一种特定的期望值，女孩的角色传统上更固定一些；而男孩子则有更多选择，因此也有更多机会成功或失败。从生理学角度来看，雄性荷尔蒙也导致男孩子不适应传统的安安静静坐下来的学习方式。他们也不适应某些衡量能力大小的技能。受某些成长烦恼所影响的男孩数量是女孩的3~5倍。据观察，女孩子渴望讨人喜欢，而男孩子则喜欢到处惹祸。

我们知道女孩的语言技能发展得比男孩快。她们大脑中的语言区域要大一些，但是也有研究表明母亲（很多情况母亲是主要的看护人）对女孩要比男孩说得更多。女孩也有比男孩更敏锐的感官。因为当她们还是婴儿的时候，就能毫不费力地听见一些细小的声音；一岁大时，她们更喜欢柔和的古典音乐，而男孩则对嘈杂的摇滚乐做出积极的反应。迈克尔·拉特教授证实了男孩对父母之间的矛盾更敏感，这也许是为什么男孩的成就不稳定也更极端的另一个原因吧。

所以，男孩和女孩有一些内在的重要差异，但是周围人的态度和他们所拥有的机会同时也影响着他们。对于家长而言，了解男孩和女孩之间的差异，并避免用性别差异眼光限制他们的能力发展是很重要的。孩子们会模仿他们经常看见的一些行为和态度。如果一个家庭里每一个成员都能得到机会和拥有选择的权利，那么这样的家庭更有可能帮孩子形成成功道路上必不可少的正确的自由观。

出生先后真的会影响孩子的成功吗？

在一项有名的实验中，四百万荷兰陆军接受了智能测试。测试结果显示孩子在家里的排行和思维能力的大小具有必然联系。在兄弟姐妹中往往是老大在测试中表现最好。这项测试还显示，对于家庭中后出生的孩子，孩子越多，他们的得分越低。

早在19世纪后期，弗朗西斯·高尔顿就很强调孩子在家里的排行和成功之间的关系。这位杰出的科学家注意到英国皇家学会的成员大多是家中的长子。从此以后，很多研究都支持这种家庭顺序和成功之间的联系。有数据表明，长子很明显地处于领先地位。年纪最小的有很好的机会获得成功，中间的孩子似乎面临的困难最多。

那么，为什么出生先后有如此大的区别呢？这里可能有荷尔蒙的原因。据检测，长子的血液中含有更多的荷尔蒙，这有可能导致了其兄弟姐妹中的身体差异。我们知道，那些个头大、看起来也更可爱的婴儿往往被父母视为更"成熟"，从而面对更多挑战，父母对他们的期望也更高。头次生孩子的父母有更多时间倾注在孩子身上，也更有可能按照"书本"去做一切事情。长子小时候经常被抱着，父母也和他们交谈较多，他们拥有更多的机会并能得到更大的帮助。总而言之，这些因素综合起来似乎是影响孩子成功大小的原因。

但是，做长子还是有压力的。就像查理·布朗所说，"巨大的潜力就是我们最大的负担"。就他们在学校的表现和成绩而言，长子身上往往背负了很大的期望。他们承受着更多的传统教育目标所带来的压力。人们要求他们更懂道理，在忧心忡忡的父母的影响下他们也会形成自己的忧虑。关于友谊和社交的一些研究成果表明，长子在同龄人中实际上最不受欢迎。

中间的孩子可能感觉到有必要为让自己受到重视而战。有证据显示他们很有可能反抗权威，维护自己的权利，走自己的路。在受欢迎程度方面，他们也做得较好，但是没有家中幼子那么受欢迎。老师和朋友对后者最友好，他们也是孩子堆中最自在最快乐的。他们的父母有时间去调节自己的期望值，从错误中学习，并根据孩子自身的要求来发展一套均衡的方法教育孩子。他们开展自己的生活、做重大决定时，最后出生的孩子有一系列的行为榜样可以选择，他们得益于有一个安全而稳定的家庭。

当然，所有这些并不是一成不变的。每一个家庭都不一样，孩子们各自的家庭教养在他们身上会产生各种不同的效果。我们都知道有些长子没什么成就，中间的孩子也有很懒散的，最小的孩子也有潦倒失意的。重要的是意识到家庭顺序的潜在影响，确保所有的孩子得到他们所需要的支持。他们各自的经历一定会有所不同，并且不同的排行都有各自明显的优势。了解了他们各自的挑战，所有孩子都会取得各自的辉煌。

友谊和交际的重要性

在平衡家庭地位、性格或脾气对孩子的影响方面，孩子的社交生活是一个关键因素。朋友之间的友谊给他们展示了其他的为人处世方式，让他们尝试从不同的角度看问题，并教会他们同情、理解别人。

和与自己完全不同的孩子交往，跟找志趣相投的朋友一样重要。对于这两种类型都是既有挑战又有乐趣。孩子越早能自信地在一群伙伴中开展活动（不管是比他大还是小的，他都能应付自如），他就能越早学会在学校取得成功所需要的人际技巧。

对父母来说这是两种主要技能，需要学会在这两者之间取得平衡。

为孩子安排社交生活

　　孩子并不需要总是和其他孩子在一起，你肯定也不希望总是和其他家长在一起。但是早期相处对于发展孩子们的社交技巧至关重要，这些技巧转而又会促进他们的学习。尝试着让他们体验各种游戏，有些是和要好的朋友或是新认识的朋友玩；有些是不同规模的小组游戏；还有一些室内或室外的游戏。

让孩子自己做决定

　　除了跟你帮他们安排的朋友打交道外，孩子们还需要自己选择他们想和谁玩。随着他们兴趣的发展，这个变得越来越重要，他们想要和自己有相同爱好的人一起活动。可能确实有一些他们不想一起玩的人，你应该尊重这一点，和孩子交谈，了解问题的所在，但是最后要尊重他们自己的意见。

　　帮助他们容忍那些难以相处的孩子，并教会他们一些策略避免矛盾。你的孩子有必要知道如何和他们并不特别喜欢的人和平相处，也要懂得如何根据自己的选择与人建立亲密的友谊。

　　男孩和女孩在各自的友情上显得大不相同。男孩们有特别铁的友谊，许多是在一大帮子人中，通过能和各种各样的人聊天、玩耍来赢得自信。而女孩子们通常需要一些明确的、亲密的友谊。她们经常争吵，但是过后又形成更深的关系。

感 悟

有一种进化理论认为，因为男人们外出打猎，相互之间必须进行实际合作；但是留在家里的女人们之间的社交活动则更私密、更复杂，而且这对她们来说非常重要。

无论是出于什么原因，谈到友谊的时候，男性和女性显然有不同喜好。但是孩子们却是各不相同，家长们应该尽全力给予适当的帮助。良好的沟通是关键所在。当孩子有几个可以经常在一起玩的伙伴时，你的孩子可能会觉得这是最开心的事。他们能学会充满自信地和各种不同的人打交道。有时候他们也享受一个人独处的时间。否则，他们在内心会觉得非常孤独，而且担心自己没有让他产生安全感的铁杆朋友。通过和老师交流，家长们常常很容易了解这一点。他们要和自己的孩子一起共同努力学会平衡不同的需求。

学会调节情绪

当孩子成长的时候，了解孩子至关重要。当然，你的孩子每分钟都处于变化之中，这取决于他们的情绪。情绪对于他们的学习影响重大。

一个简单的事实是：当孩子们开心的时候，他们学得更好。研究表明，我们的大脑有个压制消极记忆的内隐机制，对于那些让我们感觉舒服的信息学起来要容易一些。如果孩子们不开心、心烦意乱或者有某种程度的焦虑，那学习就是件苦差事——这种情绪越频繁，学习本身就越加会变成不快乐的源头。这就形成了一个恶性循环。你应该非常留意孩子的情绪状态，并且随时准备对学习计划做出调整。

> **感 悟**
>
> 归根结底，智慧是帮助我们生存的。如果我们不开心、心神不定、焦虑或者害怕，我们的大脑就会自动去想这些问题，而远离其他的任务了，比如学习。

前额皮质是大脑中帮助控制情绪的区域，在童年时期，前额皮质仍未成型。孩子们并不是天生就拥有"情绪管理"的技能。他们需要学习如何处理压力、紧张情绪和生活中的失望情绪，学会让情绪平静下来，更多地从大局出发考虑。本书中很多的活动和游戏就是为帮助孩子们学习这方面的技能而设计的，能够让他们学会掌握控制情绪的实用技巧。

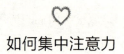

如何集中注意力

无论他们是何种性格和何种学习风格，总有些孩子在学习上存在注意力不集中的问题。他们容易分神，容易感到疲劳并且还有各种各样的问题让他们无法应付。如果对他们的技能和态度进行研究，就能发现他们各自的能力特点和学习方式。这些迹象所表明的问题可能需要进一步的研究和引导。但是所有孩子都会从安全的环境中受益，一种积极的学习方式，还有各种策略能帮助他们最大化地发挥他们的思考技能。

本书中的创造性的学习技巧能帮助孩子控制注意力，并使他们的行为符合规范。注意力不集中、多动的孩子看上去可能需要安静下来，驾驭他们过剩的想象力，但是传统的对于小儿多动症的药物治疗实际上是兴奋剂而不是镇静剂。像这样的孩子可能需要更强的刺激，否则他们就会为了满足自己的心理需求而分神。让他们学会刺激自我，用一些积极、有趣、能给他们带来灵感的点子鼓励他们学习，这样就减少了他们分神的可能性。

> **感 悟**
>
> 能让孩子们兴奋的课堂通常是控制孩子行为的最好方法。如果他们投入其中，全神贯注，那么就会表现得更好并学得更多。所以，如果功课本身难以令人感兴趣，那么就让孩子能自己想点让他们自己兴奋的点子。

快乐心情与高效学习

孩子们觉得开心、放松的时间越多，他们就有更多的学习机会。你的孩子多久笑一次？当他们第一次享受挠痒痒的快乐时，他们多大？研究表明孩子们的笑声和他们的智力有联系。本书中的许多学习策略都设计得很有趣，让孩子们高兴，使他们享受学习，在快乐中强化他们的记忆。这些学习策略将融入幽默、温暖的家庭生活。

★ 耐心倾听他们的笑话，就像你第一次听到一样。告诉他们你自己的笑话：你小时候的笑话，棒棒糖上的笑话，或者你自己想象的笑话。

★ 带他们到电影院或剧院看喜剧，在电影院里大家一起发出的笑声更强大而且更有感染力。

★ 谈论和你俩都相关的有趣往事。

★ 时不时地给家庭生活添加一点傻气："就这一次，我们在主菜之前来点布丁怎么样？""我总是在想，要是我把这件夹克的后面穿到前面会怎样呢？"……

★ 如果他们喜欢的话，就试试给他们挠痒痒，让他们体验那种无法控制的兴奋。

在老鼠身上的实验显示，在令它兴奋的学习环境中，经常性地得到身体上的爱抚能提高它的智力。你一定要给予孩子足够多的拥抱，作为他们温馨、开心的家庭生活的一部分。

照顾好孩子，让他们保持良好的个人情绪并维护好人际关系，为学习创造良好的心理状态：心情愉快、有安全感和有人帮忙，而且在精神上做好准备到学校去好好地运用他们聪明的大脑。

十件要记住的事情

1. 传统的智能测试所关注的语言和逻辑测试的只是孩子的部分智力。

2. 开发和丰富孩子各个方面的能力：音乐、运动、空间、人际和内省，再加上自然和宗教。

3. 留意孩子所偏好的学习风格：视觉型、听觉型或动感型，但是要避免给他们贴上限制性"标签"，帮助他们提高这三个方面的技能。

4. 通过观察东西的游戏提高他们的视觉学习技能，鼓励他们写字、画画，并用图片去理解和记忆抽象的观点。

5. 通过一些拓展听力技能的活动强化孩子的听觉学习，运用想象给记忆添加声音。

6. 充分利用运动型学习方式，为他们创造大量的机会去摸、去抓、去做、去参与，帮助他们利用肢体行动激发记忆力。

7. 试试让孩子集中注意力，发挥所有的思维能力进行思考，并让他们感受"心流"的瞬间状态。

8. 考虑到所有影响你孩子学习的因素，包括性别，左/右手的优势，在兄弟姊妹中的排行，综合考虑这些因素所带来的有利因素和不利因素。

9. 孩子们对待友谊的态度各不相同，但是如果他们要能发挥最大学习潜力则需要在与人相处过程中有安全感。所以有必要教会他们如何与人建立良好关系。

10. 要想学习好，孩子们需要有好心情、听笑话、玩游戏和群体的活动，同时需要得到别人的关心。

第3节

开发团队合作能力

在本节你将会学到：

● 与人合作会给你的孩子带来很多好处，同时也考验他们控制情绪的技能和学习技能

● 各种各样的活动有助于你的孩子在不知不觉中与其他人一起合作，也教会他们和别人共同思考和学习的新方法

● 一些应对团队合作中出现的不可预知问题的策略

● 一些让孩子们对各种新事物产生兴趣的技巧

上学意味着孩子拥有了在团队中学习并成长的很好机会。这也意味着他们将面对很多新的挑战。第2节探讨了一些了解你孩子特点的方法，了解他们与众不同的地方，然后开始丰富和拓展他们的技能。可是当他们在一个学习团体中开始学习的时候又会出现什么问题呢？从他们在学校所表现的行为、信心、心情以及成

绩等角度看，他们的独特性意味着什么呢？你能做些什么来帮助孩子成功呢？

感 悟

孩子作为团队成员的体验最先是在家里，这同时对他也是影响最大的体验。家庭模式会在整体上塑造孩子与人合作的方式。家长须以身作则，让家庭成员以正确的方式合作，那么他们将学会一些非常重要的人际技巧。

学校的成就是建立在与他人合作的基础之上的，方便他人的同时也有自己的追求。这既要理解别人也是了解自己。有了你的帮助，孩子作为一个处在不断变化之中的大团队的一员才能追求自己的兴趣和成就。事实上，得到父母帮助的孩子取得成功的原因就在于从学校获取的经验，而不是与学校经验无关。

分析孩子的智力特征类型

孩子的学习特点在20~30个人的学生群体中表现得更加明显。某个孩子和其他孩子之间的差异在学校表现得更明显，不仅仅是某门功课特别优秀或者有某些特别的兴趣。在学习方面，存在着这么一些很有用的典型模板。很多老师能迅速识别出这些特征来。

你的孩子可能完全符合其中的某一种模板，又或者是几种模板的混合。其他方面的一些特征也非常重要，比如说他们非常有艺术头脑，或者对计算机非常感兴趣。当然，这些特征是无法穷尽的，但是对任何一个小学课堂上具有典型特征的学习者而言，这种分析是非常有用的指南。

用这种方法去分析孩子将帮助你理解他的老师们和朋友们是如何看待他的。这也给你一个机会让他最大限度地利用优势，并且就其独特的学习方式可能带来的潜在问题进行讨论。

当与人合作时，下列哪种描述最符合你的孩子？

领导型

这种类型的孩子有魅力，也很受欢迎。他们在人群中能吸引注意力，而且只要他们出现就会显示出自己的存在。通常他们身体发育较成熟，喜欢主持团队活动，有时在某种程度上有些霸道。但是他们也能很好地接受指示，知道不同的人就应该分工不同，而且知道每个人都要知道自己在干什么。这样的孩子喜欢承担新的任务和责任。他们可能每完成一项任务时喜欢就工作内容写一些东西，因为他们花了很多的时间分配任务，而且他们也很享受做领导者的快乐。

解决问题型

这种孩子非常喜欢学校的挑战。由于思维缜密、策略性强，他们喜欢明确的指示。不合规则的事情可能会让他们陷入迷茫。他们倾向于数学而不是文学，但又喜欢解字母密码和猜字谜。所以他们完成任务会很慢，并花很多时间处理一些细节问题。他们可能很难发现与他人合作的好处。这类型孩子的能力应在学校得到发展，激发他们解决每门功课中的"难题"，教会他们认识到创新团队的力量。

研究型

这类孩子带着与生俱来的好奇心，他们渴望学习。他们喜欢收集事实材料，积累详细资料，他们也可能有特别感兴趣的领域，像太空、交通或者自然界，这些都需要收集具体实物和资源。对于整个世界和自己正在研究的课题，他们有问不完的问题，但是有时候需要有人教他们用最适当的方式提问。要他们选出一些"重点"知识告诉别人恐怕不容易。而且要他们跟别人合作也很难。

大局观型

这类孩子习惯于全盘看问题。他们认真对待学业，而且对于规则理解得很好，也擅长于做选择。此外，不管有没有公开发表这些看法，他们在很多问题上很有主见。他们在表达自己想法的时候，可能显得过于自信甚至有些固执，他们需要明白自己的想法对他人可能造成的影响。这种类型的孩子专注于工作的主要问题和最后的成功，而不是顾虑细节问题，担心犯那些不必要的错误。

动手型

当这样的孩子一开始上学，他们就能找到很多机会去制作和建造东西。他们喜欢用各种各样的工具和材料，很享受和志趣相投的人一起合作的机会，也乐于承担自己的工作。他们可能觉得写东西和对需要抽象思维技能的功课保持兴趣很困难，比如数学或者宗教课。动手型的孩子可能需要人帮助他们针对实际工作制订现实的目标，因为他们会很享受花时间去尝试最宏伟的建筑计划。

讲故事型

这类孩子喜欢听各种故事，而且喜欢讲故事，特别是一些虚构故事、寓言故事还有童话故事。他们对戏剧和木偶剧很有兴趣，但是他们可能更愿意做解说员而不是角色扮演者。他们喜欢跟人一起玩，玩游戏的时候他们非常富有想象力。有时候，当别人的意见与自己不同时，他们容易产生挫折感。他们喜欢将数学用于解决具体实际问题（比如对钱和数据的处理），而不喜欢去解决抽象问题。这类型的孩子对事件和经历有高超的记忆力，对他人的感觉非常敏感。

叛逆型

这类孩子不仅行为趋向于叛逆，他们的思想也叛逆而不守常规。他们的行为方式有很多积极的因素，而且叛逆型的孩子在朋友和老师的眼里常常可能表现为有趣而讨人喜欢的人。他们对工作投入极大的热情，并找到一些出人意料和极具见解的方法去解决问题。他们也可能达不到之前提出的标准。他们的作业可能不工整，并且需要有人帮他们在空想和能制造合适、有用成果的创造力之间达到平衡。

表演型

这种孩子喜欢学校，因为学校为他们提供了观众。他们热衷于抓住每个表演、唱歌和玩耍的机会。对于每一场演出，他们都非常有信心。他们的表现常常不是很符合标准，但是他们能接受建设性的批评，并想办法提高。表演型的孩子有时候可能做得过分，需要提醒他们适当的行为，某些任务可能需要比其他孩子更认真地对待。他们在处理学校的各种人际关系中也有可能太像演戏，因此需要人帮助他们正确处理不同的关系。

健谈型

这种孩子能很快适应新学校和新班级，因为他们在家里也不停地谈论学校的事情。他们擅长交际，受人喜欢。当然有时在该安静的时候，他们的喋喋不休也可能带来麻烦。他们非常擅长于内部对话和自言自语，这一点使他们能应付很多的问题和处理情感和友谊的事宜。有时候，他们所写的东西并不能反映他们的理解和真实的能力，他们需要有人帮助检查工作的细节，让他们取得高质量的、切实可见的成果。

企业家型

如果你的孩子喜欢奖励机制和激励计划，并且能够把一切变为一种竞争，那么他们就有很多技巧帮助他们在学校里的很多方面取得成就。这种类型的孩子很积极，也喜欢让别人参与到自己的计划中。他们的竞争精神有可能造成不和，但是对于志趣相投的朋友们却非常有吸引力，虽然会让其他人不喜欢。他们最喜欢的功课有可能是数学和体育，但是他们热衷于处理可以量化的课题。企业家们有时候做事太快，就失去很多享受过程的机会，或者是为学习而学习的乐趣。由于他们过于追求成功，他们可能被认为是不守规则的人。

以上10类并没有穷尽所有类型，但是它概括了孩子们在学校展示的一些主要特征。没有哪个孩子与其中的某类一模一样，而且尽管他们主要的特征可能很明显，但是他们也可能具有其他类型的一些特征。最重要的是要意识到没有哪一种类型必然要比其他类型更好或者更坏。这些类型各有优劣，成功的孩子会想办法利用所有类型的好处：在必要的时候，是一名领导；在恰当的时候，运用自己的谈话技巧；当逆向思维是最有效的方法时，就会做一名叛逆者。就是这种学习中的灵活性、自我意识和自信让孩子成为一名真正优秀的学生。

感 悟

视觉型、听觉型和动觉型学习，作为学习的三种方式绝不能用来将孩子局限在某种类型的学习。你的孩子可能是研究型的，但不是说他们就不能获得很好的与人沟通的技巧来帮助他们展示自己的学问；表演型的孩子可能需要学习保持安静的技巧，独立的工作；大局观型的孩子要学会做实际、详细的调查。

虽然孩子们在有人帮助的情况下，在他们可能本来并不喜欢的领域去培养兴趣，但是我们也会发现他们在自己感兴趣的科目上可能更有成就。就像马塞尔·普鲁斯特所说："发现之旅不是找新的风景，而是在于拥有一双新的慧眼。"

应对团队工作中的挑战也带来一些实践和成长的机会。这里有一些帮助孩子充分利用他们自己天生的学习方式适应学校的办法，同时也学习如何在其他一些思维方式和行为方式中受益。

这些都是重要的观点。孩子成功的大小取决于他们与别人合作的能力。所有这些技巧将发展他们整个的思维技能，同时也为他们在学校的团队学习做准备。

领导型

一定要这类孩子继续自信地控制某件事情。为他们在家里提供一些活动去"管理"。这类型的孩子喜欢分管一些工作，像布置餐桌、让弟弟妹妹们准备去公园以及向亲朋好友解释某种棋盘游戏的规则。不要害怕给他们一些具有挑战性的工作。事后和他们讨论什么有用，什么没有用。注意他们的沟通技能，以及他们吸引并帮助别人参与到活动中来所用的方法。不断表扬他们开展活动的信心和技巧，并强化他们在小组任务中发挥领导作用的天赋。

帮助他们学会有时要懂得退让。告诉他们，有时候只要关注某件事情的一部分。不但要鼓励孩子学会为自己所担任角色的具体任务与人协商，而且也要他们学会接受所分派的工作。比如：

★ *"有人想知道我们去野炊需要多少三明治。你来算算怎么样？"*

★ *"我这里有一个笔记簿，我想要你负责管理我们的旅行*

行李包。那么你认为自己需要做什么呢？"

即便并不总是负责全盘的人，你的孩子仍然能充满自信，并确保活动顺利进行。每次购物、堆沙堡或者装扮圣诞树时，给他分配不同的任务。让他向你证明这个项目中他的那一"部分"已经完成，鼓励他们关注细节，而且在适当的时候，鼓励他们把结果记录下来。你所表达支持态度的话（理解他们的困难，但是依然希望他们能尽力而为）同样将会有助于他们在学校的小组活动中取得类似的成绩。

解决问题型

一定要让他们继续运用自己的智慧和求知欲去促成自己的成功。抓住每一个机会给他们出难题，特别是那些能激活他们在科学、数学和逻辑方面天赋的难题。这些是他们可能在小组任务中要用到的主要技能。比如：

● "摇铃跑哪去了？刚才还在这只手里，那现在它在哪里呢？"

● "为什么你的棒棒糖开始往下滴呢？"

● "为什么花瓣的颜色画得这么鲜艳呢？"

● "一群驴中，两头驴有几条腿？"

● "从0到30，你能找到多少个质数？你怎么知道自己把它们都找出来了呢？

● "D, E, F…，下一个会是什么字母呢？"

● "我在日记里刚写了这些字母M,T,W,T,你能猜出下一个字母会是什么吗？（M,T,W,T是星期一、二、三、四的首字母）"

孩子能告诉其他人自己的答案并解释思路，这对孩子在学校的整个小组活动中具有重要的作用。

你可以用字谜准备一些引发兴趣的对话。当他们长大一些的时候，这些善于解决问题的孩子会非常喜欢解密码，所以把密码写在小纸条上，并藏在午餐盒里、外套口袋里或者袜子里。比如：

● 密码可以是一些简单的打乱顺序的字母：YPAH-PAIYTBHRD（Happy Birthday）

● 其他的密码可以使用数字来代表字母：1代表A，2代表B，如此类推：（8,5,12,12,15=Hello）

● 对于大点的孩子，给字母表中每个字母一个随意的数字，或者把所有字母都往前或往后移动几位。

帮助他们学会享受任务过程，即便任务中没有具体的"答案"可寻或者也没有字谜可解时。这类任务可以促进思考过程中的谈话、合作和分享快乐。

提问的时候可以这样开头，"有多少种不同的方法……？"或者"哪种是最好的方法？"这对于引导孩子避免"答案单一"的方式特别好。这类问题会引导他们去思考细节，并将自己的想法与别人的进行比较、对比和讨论。就一些具体的创新话题（如音乐，美术）向他们提问：

★ "给你个文件曲别针，你能派上多少种用法？"

★ "维持友谊的最好方法是什么？"

★ "还有哪些歌手能唱好那首歌？"

★ "画廊的哪些画你记得最清楚？"

使用这种提问的方式去强化孩子的沟通技能。你也可以发表自己的意见，给他们时间对自己的想法重新进行思考。

帮助孩子寻找创造性的办法解决问题，尝试不同的思维方式，直到他们找到答案。和他们分享一些需要逻辑思维和"发散性"思维的谜语：

★ "什么东西看起来像猫，闻起来像猫，听起来像猫，但是有八条腿？"（两只猫）

★ "你怎样从一个空玻璃瓶里取出一枚硬币，又不弄坏瓶子或者拔出瓶塞？"（把瓶塞推进去，然后让硬币掉出来。）

★ "琼斯太太有3个孩子，有一半都是女孩，怎么回事？"（她们都是女孩！）

给孩子提供灵活的方式解决问题，这将帮助他们处理学校里的各种挑战。

研究型

一定要让他们继续探索他们感兴趣的领域，寻找让他们着迷的新话题。

对杰出科学家童年的研究显示：他们中大多数很早就开始大量收集物品和事实。带孩子去参观本地的野生生物池，或者免费博物馆。图书馆和书店是理想的信息来源，当然，如果注意其安全性，互联网也会帮到他们的研究。尽可能地耐心对待他们日将增多的收藏，鼓励他们尽可能仔细地整理和存放这些东西。在网上、俱乐部或者社团中，帮他们寻找机会结识志趣相投的学习者。订阅合适的期刊或时事通讯就是给家里的研究员最好的礼物。

帮助他们学会发展全面的知识和常识。帮助他们想办法把所学的知识和环境还有自己的生活联系起来，比如：

★ "让我们想想，古生物学家曾经是和你一样的学生。也许你能发现他的家庭生活是怎样的？"

★ "你对阿波罗宇航员这么了解，我真想知道现在有多少人正接受训练准备去太空。如果你要加入他们的话，需要做些什么呢？"

这样的对话将帮助孩子思考他们所积累资料的真正意义，也帮助他们联系研究中的各种话题。鼓励他们把学校里的新题目和他们已经掌握的信息结合起来。一堂关于栖息地的科学课可能加深他们对恐龙的理解，也开发了他们关于动物和植物的专业知识；关于运动的图片可能要用上他们所掌握的大量有关一级方程式赛车的知识，同时他们能从中了解到自己所喜欢的运动的新见解。

你务必要为他们对于有些东西不那么"专业"的理解而庆贺，例如对游戏、日常任务或者他人的情感。给他们机会与不同年纪的人谈论他们的激情，并想想他们是否表现良好。哪些是最有趣的部分？是不是说得不够？或者说得太少？怎么才能在下一次把相同的信息表达得更让人兴奋也更有用？

大局观型

一定要让他们继续相信自己的总体想法，以及形成和表达关于世界的新理论。

庆贺他们在不同的发展阶段的领悟：

★ "是的，也许应该给每一个脾气暴躁的人一个宠物来学会爱抚！"

★ "你是对的，到星期五晚上我们都很累了，放宽一下吃饭时要遵守的规矩，我觉得这主意不错。"

★ "如何让人少扔垃圾，这是多么好的计划啊！什么类型的广告最能传达你的这种讯息呢？"

★ "和他们讨论你的想法，并且让他们知道为什么你感受如此强烈。"

★ "和他们谈论伟大的大局观型人物和改革设计师，像甘地、南丁格尔、奥巴马。"

★ 帮助孩子建立一个关于儿童权利的博客，或者加入一个关于环境的网上论坛。

★ 鼓励他们仔细琢磨别人的回应，并思考他人的观点。

★ 当他们和别人都需要调整自己的观点、重新评估前景的时候，及时提醒他们。

"猜结果"的游戏对他们非常合适。你们俩都应尝试猜想一下某场足球赛、某堂数学课或者某次乡间散步会如何进行，然后，在讨论谁的猜想更接近事实之前，密切观察事件本身。这些猜想准吗？猜想对事件本身有帮助吗？下一次能做得更准确更有用吗？孩子需要自信地提出自己的总体观点，并且根据经验灵活而沉着地调整自己的思维。

帮助他们学会了解自己语言的影响力，用最恰当的方式使用他们的全局性思考能力。

利用角色扮演。告诉孩子你是编舞者，他们是舞蹈演员。当他们听到各种不同的信息时，必须要用面部表情和肢体语言来表现他们的感受。

起先，你（编舞者）告诉舞蹈演员明天的表演必须要完全不同。今天的表演一切都不对：错误的动作，错误的表情，表达也完全错误。那么，当这个舞蹈演员听到这些后会如何呢？沮丧、困惑、愤怒还是心烦意乱？

接下来，在排练开始之前，你描述一下这个舞蹈，但是要告诉他们想要取得这个效果非常困难。很显然，孩子再一次需要适当的做出反应：没把握、紧张、合作但不抱希望。

在表演的时候又会怎样呢？这位舞者对编舞者的皱眉、赞许、指指点点、摇头或者干脆得不到半点指示，会做出什么样的反应呢？

尝试不同的方式来玩这种虚拟关系，让孩子试试扮演这两种角色。你们还可以试试许多其他"大局观"剧本：教练和运动员，老板和员工，建筑师和建筑工人。让孩子知道不同的说话方式会产生不同的效果。帮助他们明白很有大局观的人应该具有自信并且很清楚地知道如何激励别人，而且还能很温和、深思熟虑、善于帮助别人，而且在必要的时候也会调整自己的观念。

动手型

一定要让他们继续保持对动手搭建东西的兴趣和积极性。让他们使用"免费"材料，像硬纸板盒和木材的废料，还有做好的建筑装备。鼓励他们就自己所搭建的东西进行各种话题的探讨：

★ "你能做一个王子住的城堡吗？"

★ "我们一起做一个太阳系的模型吧。"

★ "建一个你自己的都铎王朝时期的房子怎么样？"

邀请身边其他的孩子们来帮忙。你也时不时地参与其中，展示一下你自己的手艺。

通过图书馆的书籍、网络、朋友间的交谈，甚至参观车间、作坊或者建筑工地，孩子就能丰富他们对不同建筑角色的理解：建筑师、厨师、仪器制造工、制陶工人、裁缝和工程师等等。给他们的项目出主意，也在他们需要技能的地方给他们灵感。

帮助他们学会在开始建造之前全面思考他们的计划，并在整个施工过程之前、之中和之后讨论他们的工作。

天生的动手型孩子往往一开始做事就直奔主题。他们受益于所发展的抽象思维技能，这些技能很强却未被充分利用。和孩子谈谈修建工程的原因，还有他们对已经完成工作的总体印象。什么事情会使得这个项目成功？还有什么其他办法可用吗？其他人会有什么反应？会如何使用？最后会受益吗？

利用建造任务去拓展孩子的写作、谈话和人际关系技巧。告诉他们一个简单的设计提纲会如何帮助他们组织自己的想法，探寻可选方案，并有助于他们表达观点。把自己当成是"客户"可能会很有意思，而且可以尝试设定一些特别的目标来挑战自己。这些目标可以是非常实际的、真正用于解决问题的，或者是富有创意的艺术性目标。比如：

★ *"你可以想办法整理一下你的连环画册。"*

★ *"我们走廊这里需要一些让人赏心悦目的新圣诞装饰。"*

★ *"用这些树枝、石头和贝壳给我造一个纯天然的雕塑吧。"*

在这项建筑工作开始之前，告诉他们你要看到他们做的笔记、计划和一些不同的选项。鼓励他们跟你谈、或者让你看他们所写的东西。尝试对他们已经提出的一些办法稍微进行挑战。不断提醒他们你的实际需求和情感需求。比如：

★ *"这一块会不会小了点？"*

★ *"当我碰到这种材料的时候，会是什么感觉呢？"*

★ *"人们会用什么词来形容你的创造呢？"*

工作一旦完成，建造者和客户应该讨论一下是否达到预期效果。你一定要肯定他们的辛苦工作，也要帮助孩子评价他们的成绩。鼓励他们描述一下原来的想法，并把他们的想法和实际进行比较。现在他们的感觉会如何呢？下次他们能做些什么来取得更好的成绩呢？

利用他们自己的作品来激发他们写东西的欲望。小点的孩子经常喜欢在便利贴上写东西，他们可以把便利贴粘在他们的作品上，标明不同的部分或者解释他们做了什么。大点的孩子能够用日记或者报纸的形式记录他们动手制作的整个过程。

现成的模型很能刺激他们进行创造性写作：

★ "给我写一个住在你城堡里的国王的故事吧。"

★ "哪首诗会和你的雕塑相配呢？"

为了能与别人很好地合作，你有必要让孩子们学会综合使用实际技能和自信的沟通技巧。这对孩子很有帮助。

讲故事型

一定要让他们继续大量看故事、讲故事，帮助他们提高想象力、理解力和记忆力。故事需要很强的创造力和组织力，对于开发孩子的思维能力和学习能力必不可少。让孩子了解不同时代和不同文化的故事，并告诉他们那些很受大家欢迎的故事中反复出现的主题和主要特征。在一起分享故事的时候，要求他们说说曾经读过或听过的类似的故事。看看他们是否能用"故事感"猜猜接下来会发生什么，或者说说为什么会有一个意想不到的结局。

抽时间和孩子一起读故事，听孩子讲故事。表扬他们所付出的努力和想象力，不是泛泛地表扬，要具体到你真正喜欢的部分。给他们提出建设性的批评，对他们对故事情节、人物和语言等方面的自我评价进行讨论。但是要让他们清楚地知道你只是给他们一点帮助而已，因为他们的故事已经非常不错了。

帮助他们学会积极响应别人的观点。自信地讲故事的人有时并不情愿让别人进入他们的创作过程中，因为他们确信自己已经对一场游戏或者活动有完美的计划。这样他们就很可能错过向别人学习的机会。

在讲故事时临时增加一些东西也很有好处。你可以把好几个有趣的东西放到一个袋子里，要孩子伸手进去掏一个。无论拿到什么，都必须在故事开始时提到；而第二个东西则必须是属于第一个出现的人物；然后每一个新东西都必须出现在随后的故事中。

色子也有助于提高孩子对原有计划进行改变的灵活性和自信心。在故事的关键阶段，比如在描述人物或选择结局时，可以写下6个选项。通过掷色子来做决定，规则就是不管多困难你都必须坚持下去。

通过掷色子来决定故事中的人物名字、最终目的地或者交通方式；决定有毒饮料、战斗和梦境的详细内容；或者决定刺激故事中的人物的大事件以及故事情节中的重要转折点。

鼓励孩子将他们讲故事的创造性技能用在貌似只需要逻辑的学科中，如数学和科学。孩子小的时候总是需要人帮助借助童谣和歌曲来计算，所以当他们开始应付除法、百分比和平均数这些抽象概念时，为什么不继续这样做呢？让孩子跟你讲一个关于分数的故事，你们就会知道他们真正对分数了解了多少。用三角形、三维图形或是坐标编一个故事真的会强化孩子的知识和技能。

出个难题考考孩子，要他从花朵、昆虫甚至风的角度，讲一个有关花粉传播的故事。看看他们是否能讲出或者写下实验中的每一个环节，类似于一篇科学日记，或者是连环画，或者是电影剧本。他们给每一话题注入的创造性越多越好。这会加强他们的理解和记忆，还能帮助他们用一种有序而富有想象力的方式和别人合作。

感　悟

鼓励孩子拓展他们的故事类型：各种小故事，不同体裁的故事，尝试用视频、音频、连环漫画和木偶剧等不同方式来讲故事。当他们自己写故事的时候，督促他们尝试新的形式，有时候同一个故事用不同的方式来讲。这对于学会与人合作是非常宝贵的技能。

叛逆型

一定要让他们继续从不同角度来解决问题，大胆地尝试得到意料之外的答案。在他们有什么好见解的时候，你一定要对这些见解进行表扬并很好地加以利用。一定要让他们清楚地知道自己所发挥的作用，比如：

★ "你选的这条路线给我们节约了很多时间。"

★ "这个跟大家分享玩具的安排很好，它会真正帮助大家好好相处。"

和他们谈论产生这些好主意的过程：

★ *"你没有去找简单的答案；你运用想象力从后往前看事情，并制订了一个出色的计划。"*

让他们解解智力题，这会对他们的胃口：

★ *"一个女孩买了一双袜子，却发现每只袜子都有一个洞，但她却没有去退货。为什么？"*

★ *"吉姆和乔是由同一对父母同一天所生，但他们却不是双胞胎。为什么？"*

上面两题除了有完美的正确回答，还有很多其他合理的答案。鼓励孩子问问题，你就能和他们一起参与解决过程：

★ *"不，她并不害怕店老板。"*

★ *"是的，他们绝对是同一个爸爸和妈妈，并且他们不是收养的。"*

鼓励你的叛逆型小思想家相信自己的直觉，继续提问，并认真听那些可能给他们带来答案的提示。（它们分别是："因为所有的袜子都有洞，否则你就穿不进去"和"吉姆和乔不是双胞胎，因为他们是三胞胎，只是我没有告诉你，他们的兄弟是约翰。"）

帮助他们学会必要时运用逻辑思维，将所有工作安排好，对细节进行检查，并尽可能地以漂亮、吸引人的方式展示出来。

向他们展示列奥纳多·达·芬奇的笔记本上的图片。他有很多非凡的想法，向人们展示了很多看待事物的新方法，他还创造了很多全新的、改变世界的发明。他的书令人着迷，将自由的创造力和复杂的逻辑结合在一起。给他那些富有想象力的作品认真做标记，一定要准确地领略并记录绘画的色彩和主意。另一方面，他运用自己真正富有想象力的天赋画了一些技术图表，旁边还写了很多的重要笔记和随手涂画。告诉孩子结合这两种方式的重要性。

帮助他们记笔记或者让他们自己记。他们可以草草记下一些随意的想法，然后开始把它们列成一份清单，选择其中一些继续写下去，其他则可以不要。像达·芬奇一样，他们可以运用创造性技巧迅速而充满想象地记录下自己的想法，但他们也可以使用像"操作指南"之类的书，把自己的想法付诸实践。告诉他们如何评估这些观点，在那些既好又实用的观点前面做好标记。

"西蒙说"是一个很好的游戏，用轻松又有趣的方式鼓励他们遵守规则。孩子们在你的指导下玩过一次后（只有当他们听到的话"西蒙说……"，他们才行动），他们就可以自己试着告诉你怎么去玩这个游戏了。把那些他们想要的新鲜、有趣又富有挑战性的游戏给他们玩。让他们充分展示自己特点的同时，还锻炼了他们的逻辑性、纪律性以及做出决断的能力。

感 悟

　　帮助他们使用笔记本提高自己的书写和表达方式。学习达·芬奇的方法，在笔记本上零星地写一些密码式的东西，并试试从结尾往开头倒着写作。如果叛逆型孩子领会到了写作的价值，他一定会从中真正获益匪浅。而且，他们还可以尽情地展示自己的个性魅力和奇思异想。

表演型

　　一定要让他们继续发挥自己的表演才能，让自己和大家都高兴。

　　鼓励孩子提高他们在表演、唱歌和舞蹈方面的能力。在他们小时候，用搞笑的声音给他们读故事，并让他们配合表演。教他们唱歌的时候，给他们一些瓶瓶罐罐当作乐器，听不同的音乐，并让他们跟着跳舞。

　　等他们大一些时，找一些戏剧兴趣班、舞蹈培训班、合唱团、乐队——找些他们又喜欢又能学东西的活动。带他们去看戏、欣赏芭蕾、听歌剧、哑剧，专业演出或者更便宜的业余表演都行。

　　鼓励他们把戏剧融入自己的学习当中。告诉他们大声朗读或者把故事表演出来就会使这个故事更容易记住。要他们运用想象力，扮演一些历史角色。看看他们能否把书本上学到的知识带入角色，像亨利八世那样对你说话？能不能模仿黑斯廷战役中的角色——一个中世纪的骑士或是古埃及仪式中的角色。

开发他们戏剧才能的同时提高他们的创造力。给他们和他们的朋友们任意一套物品，要求他们用这些在三个不同的场景中当作道具。要他们想出各种不同的步伐在房子里来回表演，可以手里拿着伞跳舞或者假装自己穿着威灵顿雨靴。

帮助他们学会轮流表演，学会与人合作。而且要提高他们写作的自信心，让他们觉得写作像表演一样容易。

试试下面这个轮流演戏的活动。一群孩子坐成一圈，给他们一个简单的东西，例如一块木砖、一把毛刷或一支钢笔。第一个人拿着这个东西并把它当作一个道具，向小组中其他孩子表演一个动作，再不出声地传给下一个孩子。他们必须用这个东西想出新的用途，表演出来，然后再传递，直到每个人都轮到为止。之后，最后拿着这个东西的人凭记忆尽力描述每个人做了什么。比如，"杰米，我认为你用这个木砖打了个电话；然后凯特把它变成了一个冰激凌，还舔了舔……"

如果他们忘记或错误地描述了某人的动作，那个人就接替他并尽力把周围每个人的动作都讲对。

这个活动能很好地告诉大家的一点就是，团队中的每个人都有表演天赋。这个活动在帮助他们用眼睛看、用耳朵听的同时能跟大家一起玩；帮助他们改变自己的计划去适应其他人的选择，也帮助他们把自己的戏剧才能、创造力和记忆技能联系起来。

虽然写作可能不是你的孩子最喜欢的表达形式，但你可以展示给他们看戏剧是怎么激发天才创意的。在开始写故事之前，先试试演一些可能的场景。问问他们："主角大概会怎样走路？""一个恶皇后的声音听起来是怎样的？"在把故事写成文字之前，孩子可能很享受把故事想象成可以看见的戏剧或电影。给他们看剧本，帮助他们理解精心构造的书面语言的重要性，鼓励他们把写作和表演看作是同一个创作过程的两种不同表现形式。

健谈型

一定要让他们继续运用自己的沟通技能去探索知识，与他人分享观点并提高自己的学习。

关于孩子的学习，你和孩子交流得越多，他们就越重视这种交流，自己也会积极使用这种方法与人沟通。有时侯，直接说："让我们来谈谈你学过的关于维多利亚时期的历史话题吧"；有时候让谈话自然地转移到学习上来："在回家的路上，我们去码头的自动售货机那儿玩一下，你现在历史课正在学这个东西，是吗？"不要强迫他交谈，但你也不要错过和孩子聊天的机会，聊他们在校内外感兴趣的事情。

考验孩子，看他是否能讲上一分钟，主题可以是有关学校的任何方面：乘法、节日、曲棍球、做饼干等等。检查他们的表现（甚至可以录音并重播）。在趣味、流畅性、内容等方面，如果满分十分的话，一起协商看他能拿几分。然后他们选择主题，你来试试！鼓励孩子把聊天与学习结合起来，鼓励他们学会思考沟通的质量，鼓励他们想想谈话中主题明确、组织得当、趣味性强和条理清晰会带给他们什么好处。

帮助他们学会在必要时能安静地学习，自信地用写作表达自己的思想。

写信是一种能把健谈型的孩子变成写作爱好者的好方法。他们一开始写的时候，就给他一些便利贴、明信片、标签，用于发送消息给你、他的兄弟姐妹、其他家人和朋友。你可以把回信贴在孩子的睡房门上或放进孩子的书包里。也可以从一个有趣的对话开始，让他们情绪兴奋起来并把自己的想法写下来。

大一点的孩子完全可以发送信函、明信片及电子邮件。除了感谢他们的好意，不要担心提到你发现的任何不明确或令人迷惑不解的地方。帮他们检查拼写、语法和标点符号问题，以及写作的整体"语气"。

给他们机会，向家庭以外的人写信。也许他们可以给餐厅写一封感谢信，或者写下一些建议寄给当地的动物园？帮助他们使用正确的语调，既不要过于正式，又不要过于冒昧。有时候，让他们看你写信或写电子邮件。向他们展示你如何用最恰当的写作风格小心谨慎地传达准确的信息。

一个天生的健谈型孩子会认为谈话很有趣，所以一定要让他们知道写作也可以很有趣。他们可能愿意去写日记，为某天外出起草一份计划，为自己的聚会写邀请函。找机会让他们写清单、报告、评论，还有其他任何他们能想到的能有效帮助他们与人沟通和协作的方式。

感悟

当你与孩子一起看电视或听收音机时，谈论你们所看到和听到的不同类型的谈话节目。看看哪些名人真正善于沟通，谁在表达方面不那么有天赋。

仅仅只要给孩子提供一些谈话的对象，你将提高他们的口语和听力技能，以及提升他们调整自己的语言适合不同场合需要的自信心。当他们在学校开始使用自己健谈的天赋时，这将变得至关重要。

企业家型

一定要让他们继续自己努力争取成功和重视自己的成就。

一位年轻的企业家自然会寻求方法，去挑战自己的能力和赢得奖赏；但一定要学会弄清楚自己的想法。留意社区简报、图书馆的海报、地方和国家出版物上面所登载的你的孩子可能想参加的竞赛。鼓励他们在筹款活动中担任角色，不管是在校内还是校外。激励他们赚钱并存钱，他们需要用这些钱去买必需的视频游戏或者新单车。表扬他们所付出的努力就像表扬他们的成就一样。他们想获胜的意志将激励他们在学校取得成功。

孩子的创业项目可以帮助他们开发一系列的技能。一起商量他们做计划和研究的方式及如何为他们的计划融资。不管他们是在热天做柠檬水去卖，在院子里安排一次销售活动，还是说服朋友赞助他们的慈善活动，其间都有大量有利的学习机会。请他们解释成本和利润（他们会很拿手！）、他们的沟通方式，以及需要用到的任何技巧和设计的细节。

鼓励孩子建立自己的奖励计划。如果保持房间整洁，每周的拼写测试成绩提高了，或花了20分钟的时间做心算题，他们想得到什么样的犒劳？能够自我激励，帮助孩子建立一个强大、持久而又专注的工作态度——所有这些特质对和他们一起合作的人来说都非常有吸引力。

帮助他们学会寻找学习本身的乐趣。

有时候，学习就是对其自身的奖励：有趣的研究，积累的知识和技能，与他人工作时的快乐。与孩子谈谈在学习的过程中他们喜欢的事情，而不仅仅是强调他们的成功和失败。讨论他们想要探索的主题和他们选择要去开发的技能。

一定要让孩子参与协作活动。虽然这类活动没有具体的奖励，但他们能从中获得在团队中的工作体验以及出色完成工作所带给他们的乐趣。舞蹈队、合唱团和与朋友们的"秘密俱乐部"都能帮助孩子们在自己的好胜天性和作为团队成员需要的品质之间找到平衡点。

告诉孩子他们可以为自己的行为设置高标准。关于对待学校、友谊或者家务活的方式，他们可能会喜欢列出很多条例，并对照这些条例做事。谈论他们成功的"黄金原则"。通过谈论概括在条例里的事情，来了解他们优先考虑什么，以及忽略了什么。把他们所列的清单贴在显眼的地方——冰箱上、家庭留言板或客厅的门上——表明你认为最大意义在于通过这些标准来评判成功，以及使用其他那些能更清楚地对成功和收获进行衡量的标准。

关于孩子的态度和行为，大多数学校有非常明确的规则。你的孩子越早按照这些标准来调整自己的精神和抱负，他们就越容易在自己的学校群体中取得成功。

新体验

对于所有孩子而言，学习与他人合作意味着步入未知的世界。即便孩子认识他们新班级或学校的所有其他成员，他人也是不可预知的。你可以逐步建立他们应对"新事物"的信心，无论这个"新事物"是食物、音乐、地方还是人，他们的信心越强，他们为自己将要在学校面对的机遇和挑战所做的准备就越充分。在家庭的安全感中，通过让孩子们尝试新事物，你让他们知道自己能战胜内心的恐惧、对所有的东西都可以进行尝试。

> **感 悟**
>
> 我总是告诉我班上的孩子们鲁德亚德·吉卜林的《丛林之书》中猫鼬的座右铭："向前跑，去发现！"我希望他们喜欢新发现，把精力用在探索上，并尝试新事物——无论发生什么事。

人们对待食物的态度与他们尝试任何新东西和不可预测的东西的态度通常很相似。在家里吃饭的时候鼓励孩子发表积极的观点。鼓励他们发挥自己性格中的优势应对充满不确定性的场合。这将影响他们整个学习的态度。毕竟，对某方面缺乏了解既可能让他们有些担心，也可能让他们很激动。自信的孩子将会选择后者。这里有一些介绍新食物的点子。

★ 他们可能喜欢一种新食物，也可能一点都不喜欢，但是这不会要了他的命，他们不必为自己的反应担忧或者感到难堪。

★ 鼓励孩子描述一下他们所品尝的每一种食物。要具体点：用哪个词能最好地形容它？怎样来改善这种食物的味道？

★ 表扬他们勇于尝试。这种无所畏惧、无拘无束的态度对于小组学习非常重要。

★ 敦促他们积极一点。如果有一天，他们真的喜欢这种食物，并且有很多种方式享用一顿饭，那不是很好吗？

★ 向他们解释，尝试一种新食物，每次一点点，最后你就会
喜欢上这种新食物。

★ 告诉孩子一些你小时候讨厌的"新"食物，但是只要一直
去尝试，最后你就会喜欢上这些食物。

当孩子与他人一起学习一些很难提前预知的东西时，你可以
尝试用色子来帮忙。而且告诉他们当其他人也参与进来时，他们
将拥有更多乐趣。在活动开始以前，玩一个小游戏，如去动物园、
上钢琴课、参观图书馆，或者去了解关于飞机的知识。除了用色
子决定不同的结果，还要设计一些问题：

★ "在动物园里，我们从哪里开始参观呢？掷到一的话，我们
就从企鹅馆开始，二是狮子，三是大猩猩……"

★ "今天你打算从哪个音阶练起？六代表C大调，五是d小
调……"

★ "我们先了解哪一种飞机？如果是一个奇数，表示我们从喷
气式飞机开始，如果是偶数，就从螺旋桨飞机开始。"

当某个东西超出了孩子们的掌控能力，这样的游戏能帮助他
们变得自信起来。这是一个有趣的方法，能培养他们一种既放松
又灵活地处理问题的态度，这种态度在学习中起着非常大的作用。

作为大人，我们能从孩子们新颖的、不带偏见的观点中学到
很多东西。我们应该为他们感到高兴，因为他们用那种开放的态
度对待新知识和新体验，而且我们要用行动来告诉他们这种开放

态度是值得重视和保持的。

感 悟

我很喜欢引述19世纪生物学家和教育家托马斯·赫胥黎的一句话："在事实面前我们要像孩子一样，准备放弃一切固有的观念，谦逊地追随……否则，你什么也学不到。"

带孩子到新的地方，让他们谈自己的感受：谈谈那些他们所担心的与家里不同的东西；谈谈他们可能会想念的东西以及这个地方可能存在的优点。当他们离开自己所习惯的安逸环境时，要对他们所表现出来的勇气进行表扬。

孩子会从你旅游的方式中学习很多，特别是你与陌生人打交道的方式。确保你自己和陌生人交谈的时候既表现出尊重又充满自信。重视他们的贡献和想法。一起讨论新地方的规矩、语言和习俗，还有你自己是如何适应这些的。鼓励孩子放假的时候交新朋友，跟别人谈论自己的事情并了解别人的生活。

十件要记住的事情

1. 让孩子有机会成为小组的领队成员，并在学习小组内担当不同角色。

2. 对他们解决问题的能力予以鼓励，同时引导他们对更多开放式问题的兴趣。

3. 支持他们对所喜欢的课题进行调查，告诉他们如何把自己的领悟用于实际。

4. 对孩子的宏伟计划予以表扬，并帮助他们把其他人的意见考虑在内。

5. 给他们大量动手操作的机会，使用他们的实际技能，刺激他们各个方面的思维能力。

6. 扩大他们听故事和讲故事的范围，要求他们超越熟悉的故事模式并善于用故事来探索新知识。

7. 表扬他们的创新性思维，但在必要时要帮他们兼顾思维的逻辑性和有序性。

8. 培养孩子的表演才能和享受游戏的信心，同时帮助他们与别人合作，并帮助他们把表演天赋用于自己的写作当中。

9. 鼓励他们自信地用语言和文字进行沟通。

10. 表扬并尝试考考孩子们学习过程中表现出来的竞争性，同时也教他们去发现学习过程本身的乐趣。

第4节

提高孩子的基本能力

在本节你将会学到：

- 如何使孩子具备广泛的沟通技能

- 为什么和孩子谈话会对他们思考和学习的方式产生影响

- 一些提高孩子信心及帮助他们应对焦虑和恐惧的练习

- 自制力与学校成绩之间的主要关联

- 电视、电脑和视频游戏对孩子学习的影响

相信自己很优秀的原因在于内心认为自己具有掌控事情的能力。这并不意味有极强的控制欲，或者凡事都要按自己的方法去做。事实上，当你承认有很多东西你不知道，并希望提高的时候，你仍然可以很自信。自信并不是拼命让自己一味向前，也不是轻率或专横。你只是知道自己可以应付新的挑战，并在现有成就的基础上，灵活地使用自己的技能。这种自信灵活而坚韧，它能帮

你正确选择做什么和如何做，并在帮助你通向成功的道路上学会承担责任。

本节的内容是关于如何很好地管理孩子的学习：向他们传授有效的沟通方法、积极提问的技巧，以及让他们对自己大脑有充分的了解，这样他们就能在学校很好地发挥自己的聪明才智。通过提高他们的听说能力、感官的敏锐性，以及逻辑性思维和创造性思维，孩子一定可以成为一个轻松、上进、自信的学习者。

如何提高沟通技能

沟通技能在很大程度上决定着孩子在校期间的表现和心情。善于沟通的人：

★ 有更多朋友

★ 能更轻松应付各种社交环境

★ 能判断自己的情感是否有益健康以及能"自我说服"

★ 为了大家的利益，与他人进行良好合作

★ 能与老师讨论自己的学习，并获取最适合的支持

★ 通过把知识用口头形式表达出来，强化自己的记忆

★ 积极参与信息和思想的传递

自他们出生那天开始，你跟孩子说话的方式就对塑造他们的沟通技巧起着巨大的作用。如果你对孩子说话的时候表现出关怀和尊

重，那孩子在与他人相处时将运用同样的技能。如果父母心平气和地表达他们的观点，讨论问题，并耐心地商量，那孩子们就能领会这种沟通方式的重要性并会尝试这样做。孩子所听到的正面积极的话越多，他们就能越好地学会一套能让他们受益的语言技能。

边走边说

在郊外散步的方式能很好地促进你与孩子的沟通。远离家庭杂事的困扰，你们可以在清新的空气中放松身心，获取一些对日常生活的认识，而且这些美景、声音和气味会让你们的谈话变得更有趣。

走路的节奏也能起到调节谈话的作用。我们在家里的沟通经常仓促而混乱——不是百忙之中抽点时间，就是让人倍感压力的教训和抱怨。抓住难得的郊游机会，让思维和说话进入一种令人舒适的节奏中。

自然界为很多有趣的问题提供了资源。孩子可能会问及树木和鸟类的名称、大自然的规律、以及不可避免地会问"还有多远啊？"变化你回答问题的方式，有时用陈述事实的方式（"那是一棵白桦树"），有时引导他们回答自己的问题（"它看起来非常像爷爷告诉你的那种鸟，还记得吗"），有时用你自己的问题来回答他们（"你认为还有多远呢？想想看，我们已经走了一大半了"）。

鼓励孩子和你谈谈周围的环境。你可以试试要他们描述一下所看到的不同色彩，或说说自己喜欢的某些特征，并告诉你理由。你仍然可以谈论日常琐事，只是一路上借机再增加一些"沟通培训"。能够通过感官获取灵感并能自信、随意地与人交谈的能力对孩子在学校将有很大的帮助。

户外散步有时候也可以享受宁静：这时候是自我沟通、思考和整理自己的思绪，以及想好下一个话题的时间。我们忙乱的生活方式经常剥夺了这些时刻，但他们是沟通的重要组成部分。如果没有这种沟通，孩子们很难听到自己脑海里的声音。在开口说话之前，我们都可以从这段思考的时间中受益。

当你们一起散步时，好好利用这个机会交流思想、共同回忆和一起讲笑话。不管孩子有多大（哪怕是坐推车的孩子），在大自然中散步都是一个相互了解的好时机。享受答问和提问的快乐，并表明你非常重视这些说话和倾听的时间。

为什么？

我们可以用许多其他的方法来培养这些良好沟通的习惯。尤其是对于年幼的孩子，"为什么"之类的问题会引起你们很多的对话。我还记得，有一次我和4岁的儿子去商店，这是一个15分钟的步行路程，在此期间，他问了39次"为什么"！这是一个非常有用的问题——是科学、数学和哲学中巨大发现的起点。

苏格拉底式提问

苏格拉底是伟大的雅典哲学家，他开发出了一套利用巧妙提问进行学习的方法。他提倡问更深入的问题，而不只是简单地要求确凿的答案。这种"苏格拉底式"的提问对孩子来说是非常有用的技能。这种技能可以帮助他们在自己找答案的时候获得坚持不懈和勇于创新的信心。这种技能也能帮助他们准备好应对学校里不断变化的问答关系。

苏格拉底式提问有6种主要类型。

1. 阐明问题并鼓励更深层次的问题：

   ◆ "你能告诉我你到底是什么意思吗？"

   ◆ "是什么让你如此感兴趣呢？"

2. 质疑假设的问题：

   ◆ "我们怎么会确切地知道？"

   ◆ "还有什么其他的原因呢？"

3. 用来测试证据的问题：

   ◆ "你能证明这是真的吗？"

   ◆ "有任何其他线索吗？"

4. 不同的角度的问题：

   ◆ "对此是否有另一种方式呢？"

   ◆ "要是你试试其他实验会怎么样呢？"

5. 测试逻辑的问题：

◆ "那么你认为会怎么样呢？"

◆ "它跟我们昨天学的内容有什么共同之处呢？"

6. 关于问题的问题：

◆ "这是最好的提问方式吗？"

◆ "你认为我为什么问你那个问题呢？"

提问并不是某个问题的终结，而是学习的新起点。孩子们需要习惯于提问和回答各种问题，培养自己的信心和大脑的灵活性，用这些问题使他们的思维变得有条理并能继续深入下去。在不改变其他东西的前提下，只要改变你提问和答问的方式就可以让你不必要承担所有的工作了。

感 悟

凭自己的经验，我知道不管你认为这些问题对孩子的成长有多么重要，但这种问题及其他类型的问题还是很让人心烦的。后来我意识到，我没必要对每一个问题马上给出答案后，感觉上就变得完全不一样了。

这里就有一个苏格拉底式提问的例子，这是我与8岁儿子的真实对话。

★ 诺亚："为什么我们看不到街角的那一边？"

★ 爸爸："这是个有趣的问题 —— 你是什么意思？"（澄清问题）

★ 诺亚："嗯，我知道公园就在街角的那一边，但我却看不到它。视力到不了街角的那一边。"

★ 爸爸："你是怎么知道的？"（测试证据）

★ 诺亚说："因为我就是那样看的，但是我只可以看到拐弯处的房子，我看不到街角的另一边。"

★ 爸爸："假设你能看，会是怎样的？"（测试逻辑）

★ 诺亚："一切都乱套了！你每时每刻会看到的一切事情。"

★ 爸爸："那么，你到底想问什么呢？"（提问质疑）

★ 诺亚："我想……为什么眼睛不能拐到角落那边呢？"

★ 爸爸："你确定是你的眼睛拐到角落那边吗？"（质疑假设）

★ 诺亚："不，你的眼睛没有动。我的意思是光。"

★ 爸爸："那么，想想光线来自哪里，以及它是如何到你的眼睛的呢？"（发掘新的观点）

★ 诺亚："光实际上来自于太阳，然后射到什么东西上，再反射到我的眼睛。"

★ 爸爸："是的！光是以直线的方式射到你的。所以，光不能拐弯，除非……"

★ 诺亚："除非从别的东西上面反射过来。所以你可以用镜子看到街角的另一面……"

提问是一个如此重要的学习工具。和孩子们一起玩问答游戏，这有助于培养他们的能力。让他们自己选择有用的问题，认真听清答案并记住答案，然后利用他们所获取的信息提高自己的学习。

具备这些技能的孩子能够从不同方面看问题，从正反两面进行考虑，完善自己的想法和意见。

二十个问题

"我是谁？"是一个经典游戏。其中一名玩家想出一个大家都知道的人，其他人问不超过20个"是"或"否"的问题，看看他们是否能猜出这个人的名字。或者，更复杂一点，每个玩家都"是"一个名人——把名字写在一个他们看不到的徽章或头带上。在这个版本中，由他们来问问题，直到他们猜出这个人是谁。

这是一个很好的游戏，它能帮助孩子们知道仔细选择问题的重要性。首先，他们可能会很艰难地想出一些问题，这些问题要求只有"是"或"否"的回答（"你的头发是什么颜色的？"就不符合要求）或直接问有所限制的问题（"你是王后吗？"）但是只要稍有提示，并通过听别人说话，他们可以学习预先计划，采取更加有条不紊的方法得出答案。他们很快就会懂得，无论答案是"是"或是"否"，最好的问题往往能提供给他们最有用的证据，学习利用每一个回答以帮助他们继续提下一个问题。

要做好"二十个问题"，你需要问一些既精确又有创造性的问题，记住每个答案，使用逻辑去缩小各种可能性，即使在最后几个问题的压力下，也有信心和恒心保持自己思维的清晰。无论是问还是答，这个游戏教给孩子们许多技能，这些技能对于他们成功地沟通、思考和学习非常重要。

鼓励孩子将认真提问融入他们的日常对话——与成年朋友们、亲戚们、以及和自己年龄相仿的孩子们的对话。当你听到他们去询问爷爷奶奶的感受时，或问及邻居家的宠物时，要给予表扬。如果他们觉得这很难，你不妨教教他们怎么使用那些聪明的问题。让他们知道，大人们经常也必须事先准备好几个问题去缓和局面。

与孩子交谈

你一定要尽可能地讲清楚，可以慢慢讲，方便他们理解，并用手势和动作帮助你表达自己的意思。如果你在表达重要的信息并重复重点时能使用简短的句子最好，即便是年龄较大的孩子也会喜欢这种表达方法。

尝试用孩子的眼睛来帮我们看世界——这句话可以理解为比喻性的，也可以理解为真的这么去做。有时把自己降到跟他们一样，从而使你们的沟通更加平等。试着在下面这些情形下——你想要他们收拾的乱局、需要裁判的游戏——替他们考虑一下。很多时候，你需要保持在他们面前的权威，以维护作为大人的地位，但是如果你能够站在孩子的角度和他们沟通，也会很有收获的。

想想你的话在孩子听来是什么效果呢？如果够勇敢，就试试录下自己在不同的情况下对孩子说的话，特别是当你帮助他们学习的时候。这可能是一个叫人羞愧但却非常有用的经历，你将听到自己所说的内容和说话的方式。你给孩子到底传达了什么样的信息呢？例如：

★ *"我对你想说的一切都感兴趣。"*

★ *"我只是想帮助你提高而已。"*

★ *"你做错了，真让我沮丧。"*

★ *"我想你别再问这么多问题了。"*

感 悟

　　自己形成良好的说话方式是培养孩子说话技巧的最好方法。他们会模仿你们交谈的方式，并使用类似的策略与朋友和老师交往。

倾听孩子

　　如果你正在听孩子说话，一定要让他们知道你在听。有些时候，虽然你必须开车或做饭，但可以用目光和评论对他们表示回应，证明你在认真听并且感兴趣，并重视他们所说的话。如果他们的话特别重要，要么停下你正在做的事情，无论在做什么，和他们面对面地坐下，全身心地倾听；要么就跟他说好等你有时间了再好好谈谈。

　　当你觉得有必要纠正孩子所说的东西时，例如某个字的发音，或某些语法，仔细想想最好的方式。不停地打断孩子说话，会令他们产生很强的沮丧感、紧张感；但是忽略每一个错误，他们又会形成一些非常难以改正的习惯。采取偶尔纠正错误的方式是最好的选择。选择时机，每一次都集中在一个语言规则上。我们花了几个星期，慢慢地把女儿的"我+过去分词"纠正为"我+过去式"。让孩子知道你很重视他们说了什么，但让他们知道怎么说也是非常重要的。

告诉孩子，你已经听了并回答了他们的话。如果你答应为他们做些什么，一定要确保做到。如果认同他们的想法，就将它付诸实践：

★ *"你看，我想起了你说要把DVD关闭到待机状态。"*

★ *"我想我们要试试你听说过的那个建议，放点薄荷到我们的草莓上。"*

让孩子知道他们的话有效。

就像谈话技能一样，孩子好的倾听技能也是从你那学会的。多花点时间和精力，以身作则帮他们学会在校内外有礼貌、认真地听别人说话。

身体语言

孩子理解非语言信息的能力怎么样呢？这是他们沟通的一个重要组成部分，能帮助他们与其他人合作并建立牢固的关系。你可以在他们还是婴儿的时候就通过夸张的面部表情、行为和语调帮他们开发这种技能。但是在他们整个孩童时代你还需要不断地用更巧妙的方式去做。

有时候，说话之前先停一下，先用面部表情来表达你的心理感受。咧嘴大笑、抬一抬眉毛、或者若有所思地挠挠头，这些表情会激发孩子们思考，让他们做好听你讲话的心理准备。通过这个方法能训练他们理解这种表达方式，学会使用表情和身体语言去提高他们自身的沟通能力。

跟孩子做个试验。首先，跟他们讨论哪一个方面更重要：说话的内容还是说话的方式。让他们说得具体一点：如果他们认为其中一个方面更重要些，那究竟多了多少呢？然后，让他们大声朗读一些本身内容没有情感色彩的句子读出来。比如：

★ *"我打算去商店。"*
★ *"明天是星期四。"*

要他们大声但不带任何表情的读这两句话，然后你自己也试试。

接下来，你们俩都带强烈的情感再读一遍。假设你非常激动，现在你会怎样说这句话呢？如果你正在气头上、担惊受怕、或欣喜若狂，又会怎么样呢？现在把这当作游戏体验一下：让他们带着这些情感再读一遍，你做听众，看看这次是什么效果。

然后，换成一些传达某种情感信息的台词，但是说的时候，尝试用与台词内容相反的方式说。

所以，你会尽可能生气地喊："我爱你！"也可以用你所知道的最无聊的语气咕哝："我太兴奋了，我已经赢得了100万英镑。"

你可以一边高兴地说："我疼得要死，一点都不高兴"，一边神采飞扬地笑。

试试不同形式的身体语言，看看当一个人的话和他的面部表情或身体姿势不相称时，会是什么样子。

尝试这些活动之后，再问问孩子，哪个方面更重要：说话的内容还是说话的方式。孩子的想法可能会完全变了，因为他们已经看到了语调和姿势对于意义有很大的影响。而且，不仅仅是轻微的影响。与我们从别人说话的方式中得到的信息相比，我们听到的内容几乎是毫无意义的。

认识到这一点，对于如何让孩子与他人沟通很重要。

一起尝试这个活动，当现实生活中一些场合需要仔细分析的时候，它会给你提供具体的例子让你参考，例如：

★ *"为什么你觉得你说那件事的时候，她很沮丧呢？"*

★ *"你打算怎么和老师讨论那件事？"*

★ *"我们应该如何把这个消息告诉妈妈呢？"*

沟通游戏

许多家庭游戏能很好地提高孩子的沟通能力。家里几代人一起玩"哑剧字谜"试试。这个游戏最能考验每个人的沟通能力。它能很好地培养孩子学会针对不同对象采取不同的沟通方式。毕竟，你必须要非常仔细地考虑老奶奶或6岁的小查理参考什么依据和线索搞明白你要表达的意思。你还需要小心翼翼地问问题，需要利用逻辑性和创造性进行思考。这些压力让你锻炼了自己的各种思维技能。

你甚至可以在日常生活中进行哑剧表演。在学校里，我经常不说话，只用动作来回答32个孩子们争先恐后提的问题，并用动作告诉他们下一步做什么事情，或者要他们不说话只做动作来向我提问。

感 悟

可以在家试试哑剧表演。这有利于孩子弄清楚自己的问题，想出最好的方式来向他人表达信息，而且哑剧表演常常会让每个人都笑起来！

如何增强自信心

提高与他人交流的技巧对于培养孩子学会说服自我、提高信心和实现自我价值感也非常重要。

如果你的孩子会从多角度看问题，并通过既有逻辑性又有创造性的方法独立地解决问题，那么他们就能很好地处理生活中的许多问题。他们将逐步培养很好的韧性和强大的心理素质，以及平衡情绪和重新整理思维的必要策略。他们将学会如何积极促进自己的心理健康，如何为赢得自尊而做到一些看似不可能的事。

试试用苏格拉底式的提问方式挑战孩子们有限的信念：

★ "这是你的笔迹，你能怎么解释呢？"（澄清关系）

★ "你认为这就是你所有的老师都会说的东西吗？"（质疑假设）

★ "你上次的艺术考试让你明白了什么呢？"（测试证据）

★ "列奥纳多·达·芬奇会怎么看你的科学研究呢？"（采用不同观点）

★ "在运动节上，什么是可能发生的最糟糕的事情？"（使用逻辑）

★ "要了解你的新学校，问什么问题更好呢？"（质疑问题本身）

你还可以采取很多其他的有效办法，提高孩子们的自信和自尊，鼓励他们尝试新事物，设定更高的目标，并享受所有学习的经历。

抓住每一个机会展示你孩子学习中最好的例子。如果对孩子什么都表扬，那有可能适得其反，等于是说学习的质量不是那么重要。所以，要选择他们最令人印象深刻的作品：

★ 将图片放入好画框里，并把它们挂在房子里显眼的位置。

★ 收藏好他们获得的所有证书、奖章和玫瑰花结，随时预备拿出来展览。

★ 把相关的艺术、模型、体育赛事的照片、甚至他们的写作，作为笔记本电脑或移动电话的屏保图案。

★ 把你孩子的最好的作品制作成日历、鼠标垫或家庭圣诞贺卡。

要让每个对孩子健康成长做出过贡献的人都知道，他们已经取得了值得庆贺的成就。

"要是……怎么办呢？"的游戏

这个活动很有意思，它能快速提高孩子对于变化的适应力和接受力，并提高其关键的沟通技巧和创造力。

开始的时候可以用简单的命题，例如："要是今天下午下雨了，怎么办？"孩子的反应很可能相当简单明了："那么，放学回家的路上，我们就必须要穿上雨衣。"但现在就轮到他们给游戏来添加更多的想象力："要是我们的雨衣都有一个大洞，怎么办呢？"创作过程可以继续：

★ "那我们会淋湿的。如果我们湿透了，又重感冒，然后不得不被送往医院，又怎么办呢？"

★ "我们在救护车上，一路上肯定令人兴奋。但是，如果救护车司机在雨中找不到医院，又怎么办呢？"

★ "然后，他可能必须停下来问路。而他问的那个人要求也跟着来，以便给他指路。如果他是一个强盗，并试图抢走救护车，又怎么办呢？"

任何时候，你们都共同谱写一个奇怪而又精彩的故事，你们的问题开启了很多有趣的可能性。孩子很自然地就受到鼓励从消极和积极两个方面进行思考。这个思考过程兼顾逻辑性和创造性，而且可以利用每件事情尽情发挥想象力。这是一个能帮助他们正确看待问题的好习惯。有些事情可能一开始看起来像危机，实际上可以转化为机遇。当一切顺利时，又需要准备好应对挑战。而处在危机之中的时候，可以运用灵活的思维技巧去寻找解决方案。这样，无论接下来发生什么你都会感觉好些。

感 悟

劳伦斯·肖特的《乐观主义者》揭示了乐观主义者的主要特点，就是他们的现实主义：能够认识到成功和失败，并正确看待二者。如果孩子能进行创新性的思考，能从不同的角度审时度势，还能注重细节的话，他们将拥有更乐观的态度。

"认知灵活性"这个术语越来越多地被用来描述应对焦虑和自卑的最有效的方法。如果孩子会用不同的方式看待事情，并善于把握对自身经历的心理加工，这总体上不但会对他的心理健康有好处，而且会对他们在校期间的思维和学习产生深远的影响。

在他们进行学习和研究的时候，这样的游戏能帮助孩子充分发挥自己的想象力。在《爱丽丝梦游仙境》里，疯帽子先生这个角色就是这种思维方式的典型："当我是你这么大时，我总是坚持每天这样做半个小时。有时我在早餐前，就已经相信多达6种不可能的事情了。"

研究表明，自尊心强的孩子更能忍受失败。如果他们内心有很强的自信心，有广泛的兴趣和一套做事的策略（当然，还包括支持他们的家里人），那么，他们会觉得自己有能力坚持，并进行再次的尝试。

感 悟

诺贝尔科学奖获得者，彼得·梅德韦对于他自己成功的秘诀曾经这样写的："珍惜每一次失败。"

通常情况下，天赋来源于人对某一领域特定的敏感度——所以，当事情不如意时，孩子的信心就有遭受打击的风险。他们越会用一套有效的思考和学习技能发挥自己的天赋，他们的能力就越强，而且具有更强的自尊心。

亨利·福特写道："无论你认为自己行或不行，你都可能是正确的。"提高孩子的自信，你就是在为他们的成功播种。

表扬的力量

在老鼠身上的实验表明，间歇地进行表扬是最有效的。总是得到奖赏的老鼠比那些只有很好地完成了任务才有奖赏的老鼠动力更小。

表扬孩子的成就，同时也表扬他们所付出的努力。在哥伦比亚大学的一个实验中，参加测试的孩子都得到表扬，有的是因为自己的聪明，有的是因为自己的努力。然后，要求他们选择自己的下一个水平的测试：难度不变或增加难度。因聪明而受到表扬的孩子倾向于选择相同难度的挑战，但是那些由于付出努力而受到表扬的孩子则愿意尝试更艰巨的任务。

具体的表扬总是好的，但要确保它不只是鼓励孩子重复取得的同样成就。

最终，你希望孩子能够自我激励。他们需要知道自己能够最终取得巨大的成就，并享受为之奋斗的过程。而且，他们对于自己的成功持积极乐观的态度。

最好的学习策略也是对自己的奖励。这些策略让孩子们接触他们最喜欢的领域的知识，并让他们掌握所需的技能。本书中讲解的一些活动将帮助孩子们知道，什么时候他们已经努力了，又该如何适当地奖赏自己。

有研究表明，母亲和父亲引导孩子的方式各不相同。妈妈们总是苦口婆心地让孩子试试这个，试试那个，并告诉孩子为什么要努力学习；而爸爸们更愿意采取亲自动手的方法，通过示范并向孩子发出更合逻辑性、更精确的指令。这很有趣，这两种方法反映"右脑"思维和"左脑"思维。显然，这两种方法对孩子都大有裨益。

焦虑和恐惧

孩子天生就富有创造力，也很听话，他们探索世界的同时也希望发现世界的界限、结构和模式。他们只要得到一定的支持，这套探索习惯就能帮助他们学习。与此同时，这种习惯在某种程度上也会让他们形成难以改变的焦虑和恐惧。这并不奇怪，恐惧症（那种最根深蒂固的恐惧）毫无例外的都是在童年时期形成的。

值得庆贺的是，解决问题的办法可能就在于问题的本质。在一个安全、舒适的环境中，你的孩子能够利用自己丰富的想象力对困扰他们的事情进行研究。本书所探讨的回想策略可以帮助找出产生恐惧的根源，即出现"危险警报"的某次经历。而且，视觉化想象能力非常有助于帮孩子从新的角度看问题，获得对问题的新认识，乃至消除对他们的困扰。

> **感 悟**
>
> 由于有些记忆会影响孩子在学校的成功和快乐，因此非常有必要改变这种记忆。他们有没有一直记着那次糟糕的演出呢？学校某次旅行中的尴尬时刻有没有影响到他们跟别人的友谊呢？想办法忘掉这些记忆，并降低它们对学习的破坏性影响。

学会控制令人不安的想法和回忆：

★ 和孩子一起谈论，并鼓励他们详细描述这些令他不安的事情；

★ 改变他们的"心理视角"，从不同的角度看问题，然后，选择最积极的一面；

★ 将消极因素变小，消除其影响强度、降低其重要性，相反，突出让人高兴的细节；

★ 对记忆进行回顾，尝试改变各个时刻的节奏：将不好的部分很快跳过，对那些让人高兴的细节则慢慢品味。

这种方法也适用于还没有发生的事件。如果你的孩子害怕测试、班级聚会，或者上学，就可能要对这些想法加以分析并尝试改变。

他们担心与大孩子相处不好吗？为什么不试试要孩子画一张游乐场的图画，他和自己的好朋友是那里最大也最有自信的孩子——或者最小的孩子，如果这有助于他们感觉不那么显眼而更舒服的话。

对于放假在家感到紧张不安吗？也许你可以要他们想象几个自己可能喜欢的活动——就好像若干年以后，他们和自己的孩子看着DVD录像里的自己一样。想象过程中要重点关注他们的笑脸，让笑容成为最清晰的细节。让他们大声欢笑。使这个成为他们最爱的活动，他们会一次又一次的要求再玩。他们会感觉自己的信心在不断增加，很享受这种感觉。

并不需要将恐惧完全消除，但是通过视觉想象我们可以消除一些负面影响，并帮助孩子把智力导向学习之中。帮助孩子控制自己的思维和记忆也可以提高他们的自制力，从而大幅提高学习成绩。

自制力

看来，能战胜眼前利益、着眼于长远利益的孩子往往是那些能自我鼓励，做出更明智选择的人。从长远来看，他们通常能取得更高的成就。

心理学教授沃尔特·米契尔在1968年设计了"糖果实验"，这是个非常经典的实验。在米契尔之后被其他人多次使用。实验中，给孩子一粒糖果，并告诉他们可以选择现在吃掉，但是如果他们等待15分钟再吃的话，就会给他们两粒糖果。等待的孩子们，把他们的满足感推迟到获得两倍回报的时候，他们有可能在学校做得更好。显然，培养孩子的自我控制是能使他们变得更优秀的好办法。

视觉想象绝对有用。如果你一味地只看到一粒好吃的糖果、比复习功课好玩的电脑游戏，或你错过进球的激动时刻，那么你将难以抗拒诱惑，你就会去吃、去玩游戏或不敢参加比赛。但如果你能看得更高、更全面，你将会更倾向于为了长期利益而忍受短期痛苦。稍微发挥一下想象力，这些场景将无法抗拒：两粒巨大的糖果，庆祝通过考试去游玩主题公园，球队大获全胜时观众的欢呼。

孩子如果越多地挑战自我、用自己的思维技能作出积极的选择后得到奖赏，这种方法就越可能成为他们的思维习惯。

家庭支持

为了能在学校表现好，孩子们需要在家里就建立起来的强大的自信心和安全感。他们需要父母的支持和指导，但是也要给他们空间进行自己的学习，还有和他们所爱的人谈论自己的学习。

研究人员观察了一些参观了纽约犹太博物馆的5岁游客。他们在这里上了一堂短课后，就去沙盒找手工艺品。六年后，这些孩子仍然可以记住很多他们看过和做过的事（多达87%）。但是他们只有在与别人谈到这些时，得到一些小小的提示才能引发他们的回忆。

其他研究表明了这种随意的、谈话式方法的重要性。用这种方式，大人给孩子创造机会边学习、边聊天，而不是直接的"灌输教学"。这使学习更加轻松愉快，也意味着孩子对学习更有兴趣。

你教会孩子这么多关于思考和学习的态度。这样就容易偏向只注重他们在学校的行为表现，你一定还要告诉他们要好好学习功课。早上送他们上学时，既要让他们看起来穿戴得整整齐齐，也要让他们自己内心处于积极向上、充满自信的状态。确保他们去学校时带对了东西，同时具备了能让他们自信、积极和主动地应对每一个挑战的思维技能。

如何提高注意力

除了对自己的学习感觉良好以外，孩子们还需要有效集中注意力的技能，让他们能够充分发挥自己的思维技能。在学校表现最好的孩子不仅在轻松、合作的活动中能取得好的学习效果，而且在必要时他们也能够集中注意力进行安静而独立的学习。

> 我发现二十世纪存在一个错误，
>
> 用几个字概括就是：太爱冒险。
>
> 如果称之为猎奇性
>
> 那我喜欢的就是无奇性。

奥格登·纳什

一些研究表明，现代生活正在破坏孩子们集中注意力的能力。忙碌的家庭计划、快节奏的电脑游戏、每隔几秒钟从一个主题嗖的一下换到另一个主题的电视节目：这一切使孩子们习惯了突发性思维，并期待不断的刺激和高度活跃的娱乐。你可以看到孩子一边看电视一边玩电脑游戏，或一边听音乐一边网上冲浪，难免会奇怪他们将如何静静地看书，在学校如何集中精神听课，或者如何将精力集中在笔试上面。

但其他研究表明，这些东西也要求孩子才思敏捷、头脑灵活。他们的生活方式和所使用的科技正训练他们同时开始好几个任务，并用有效的方法联系不同的活动。他们对刺激反应灵敏，并随时都会为新点子而激动，工作也快速高效。

跟以前一样，能平衡各个方面是关键所在，而且父母的支持也是必不可少的。孩子们比以往任何时候都需要我们帮助他们开发注意力和自我激励的能力，而不是依靠我们不断的刺激来吸引和取悦他们；另一方面，应付现代快节奏的生活所必需的技能也可以有力地促进他们的学习。

图像、声音和视频游戏中的精彩动作可以用于激发创造力、增强记忆力，还有很多游戏有助于提高毅力，提高解决问题和在压力下思考的能力。

孩子们的网络技能训练他们快速地处理信息，并选择了解那些对他们有用的信息，接触不同渠道的资料去拓宽自己的知识，激发新的兴趣。通过同时完成多个任务，他们实际上磨炼了自己的关注技能，并运用自己的智慧取得更多成就。

有了父母的帮助，孩子们在利用现代社会带来的便利的同时，也要学会在没有这些高科技的时候如何学习。

认真地选择视频游戏。寻找那些有助于提高解决问题能力的产品。帮助孩子调节他们玩视频游戏的时间，同时也告诉他们如何玩好这些游戏。苏格拉底式的提问技巧可以给他们启发，帮助他们如何过下一关，本书中其他的一些思维技能也将提高他们解决难题的可能性。和他们谈谈如何利用自己的逻辑性思维、创造性思维和记忆力。

感 悟

　　再贪玩的视频游戏玩家也会喜欢有个记事本，写下他们的想法和策略，拓展他们经常需要用到的思维技能。

　　有时候和他们一起玩玩游戏并谈谈相关的所有技能，将帮助孩子正确对待电子游戏，发现这种游戏与其他形式的学习之间的相似处，并在他们关闭电脑后能调整自己进入现实世界。

　　想办法在孩子的学习中利用他们的多媒体体验。如果孩子对难度逐步提高的电脑游戏仍然很感兴趣，也许你可以用相同的方式，建构他们的学习任务，例如："你记住的每一个拼写就是一个机器人敌人。10个中间至少要记下9个，你就进入下一个任务——用你背乘法表的速度击败外星人军团……"

　　教孩子们用电视节目、电影、网站和电脑游戏中间见过的生动形象帮助自己思考。他们可能会尝试着像拍电影一样去构思一个故事；他们可能把历史作业笔记弄得像一个精美的网页；或为了使学习数学中的百分比知识变得有趣而发明一种游戏的玩法。因为孩子开始使用很好的技巧去记忆和学习，用他们最熟悉的图像和结构来提高自己的成绩。在孩子的想象当中，屏幕上的探险经历可以作为难忘的学习经历的基础。

感 悟

英国慈善机构"儿童热线"发起的研究表明，近年来，虽然少儿看电视的时间有所减少，但是现在他们把更多的时间花在电脑屏幕上。5~16岁的孩子，总平均"电脑时间"为一天5小时20分钟。

观察一下孩子在屏幕前面的时间。看看他们每一天、每一个星期、每一个月的情况。简单记录一下他们花了多少时间在电视和电脑上，多少时间搞活动，还有任何你观察到的这些对他们情绪、健康和学习能力的影响。根据你自己的研究来决定控制他们玩多媒体的时间。问问自己：

★ *他们使用互联网的时间与他们花在阅读上的时间比起来如何？*

★ *他们的"虚拟"运动与真实的身体运动和群体游戏时间分配合理吗？*

★ *是否有某些屏幕游戏让他们产生挫折感或疲惫感？*

★ *哪些网页、游戏或电视节目看起来能改善他们的注意力，或给他们有趣的想法呢？*

★ *你的孩子在一天中或是一周内，什么时候坐到屏幕前，是否有任何规律可循？*

据我在学校的经验，喜欢各种趣味活动的孩子特别善于利用这些活动来安排自己的学习，给学习注入新的活力。但是，他们还需要有与他人合作的能力，在必要时能安静下来集中注意力，每一次只认真思考一个问题。

像下面这种"韵律网球"之类的简单游戏就能提高他们的基本技能。

韵律网球

这个游戏需要两个玩家或者两个小组。第一个玩家选择一个单词，然后游戏的双方轮流找出和这个单词押韵的词，并且不能重复。这些单词就像"球"一样在玩家中间来回传递，直到有人出错为止。

慢慢地开始。像真正的网球一样，玩家需要热身。先玩几次，让大家都比较放松，知道每边大概需要多少时间想出他们认为押韵的词。但随后增加一点东西。可以使用节拍器、某种有节奏的音乐来设定一个节奏，也可以让玩家拍手或是用脚打拍子。每一轮都设置一个清楚的节奏，下一轮的时候速度稍快一些，使局面慢慢紧张起来，考考每位玩家集中注意力的能力：

★ *"box"*（啪，啪）*"fox"*（啪，啪）*"locks"*（啪，啪）*"clocks"*（啪，啪）*"嗯……"*"输啦！"

也可以像真正的网球比赛一样记分（零分，15分，30分，40分，局末平分，加赛得分，得胜），或者只记每队的累计得分。

秒表对于提高孩子们注意力是一个非常有用的工具。因为它与最高水平的体育和体能训练相关，所以特别有吸引力。

给孩子的"训练"设定明确的目标，让他们参与进来：

★ *"你要做15分钟的科学作业，就15分钟，不多也不少。"*

★ *"我们要比昨天多3分钟来练习写英语句子。"*

感 悟

　　像体育教练一样，用计时的方式来刺激孩子并让他们集中注意力。使孩子们习惯时间的推移，并培养他们不要浪费精力去担心时间。手表会告诉他们什么时候到时间了。这样，他们就能最好地发挥自己的心理能量。

对年纪较小的孩子，开始的时候时间不要持续太长。随着他们能力的提高，可以延长每次"挑战注意力"的时间。和他们商量你期望他们在这个时间内做什么，让他们制订自己可做到的目标，并谈谈他们会如何达成这个目标。

孩子能学会自己负责安排解决自己的需求这一点很好：去什么地方学习，他们要如何减少干扰，他们需要用什么样的思维达到所期望的结果。

只要你的孩子能以这种安静而专注的方式集中注意力，他们即便忙于面对多个任务和电子产品的诱惑，自己也一定能从中获益。他们能够学会平衡这些东西并使得它们相互联系起来。在关掉让人生气的电脑游戏后，读一读好书可能是很好的放松方式。如果他们能安静地完成半个小时的数学作业，你可以奖励他们一些时间登录网上聊天室与朋友们聊天。

　　孩子集中注意力的能力受制于他们的基因构成、个性和所有影响他们大脑运作方式的因素。而且，他们大脑的物理结构也很重要，因为注意力是由脑部特定的区域控制的。研究已经表明，孩子们这些区域的大小和复杂性各不相同。我们也知道，一般男孩比女孩的注意力要差，男孩也更容易有ADHD（多动症）倾向。

　　因此，他们需要更强的刺激来维持注意力。观察和了解孩子独特的专注力，对于找到最好的方法来帮助和提高他们的成绩是必不可少的。

　　当你尝试本书中建议的一些活动时，确保把干扰降到最低以促进他们的注意力。给孩子创造好机会，让他们全身心地投入到任务当中，并尽量不让他们觉察到你的帮助。在孩子的成长过程中，我们常常容易失去耐心。但要试着遮盖起来，不要让他们发现。否则会对他们产生不利影响，甚至之前为提高他们注意力和自信心的一切努力会前功尽弃。

　　同时，当孩子的注意力不集中的时候，要他休息一会儿。在学校里，"大脑休息"可能是通过做一会儿操来刺激身体和大脑、提高灵敏度和左/右脑的合作，例如：

★ *用一只手在肚子上搓圈，另一只手拍拍你的头。*

★ *用左手指在空中画字母A，右脚趾在地板上画字母B；然后用右手指画C，左脚趾画D……依此类推。*

★ *双手向前交叉触摸肩膀，先是右手在上，然后换左手在上，*

重新再来几次，速度越来越快……

与孩子一起玩棋类游戏。这类游戏能很好地兼顾积极刺激和集中注意力。玩这些游戏需要大家轮流参与、相互合作、友好竞争，以及耐心。这种精心设计的游戏能提高各种逻辑性思维和创造性思维能力。这是一个很好的机会，它能让你与孩子一起自然地对话，监测并讨论他们能力的提高过程。在最理想的状况下，家庭游戏是相互协作、令人愉快的学习方式，训练孩子很好地兼顾适度兴奋的刺激和非紧张状态下将注意力集中起来的能力。

十件要记住的事情

1. 让孩子能自信地在各种情况下以不同的方式进行沟通。

2. 使用"苏格拉底式提问法"激发他们的各种思维技能。

3. 用有益于帮助、拓展孩子们学习的方法跟他们谈话，或听他们说话。

4. 通过偶尔更正孩子的错误来帮助他们进步，而不至于挫伤他们的信心。

5. 通过玩游戏来提高他们非语言交际意识。

6. 用想象力来控制思想和感受，提高孩子的"认知灵活性"。

7. 利用记忆重组来减少那些可能影响他们的快乐和在学校取得成功机会的不良记忆。

8. 加强孩子的自我控制能力，可以对他们的学习成绩产生巨大的影响。

9. 利用现代媒体，刺激和考验孩子们的思维和学习。

10. 通过玩游戏提高他们的注意力。

第5节

关键的思维技能与学习技能

在本节你将会学到：

- 如何刺激"全脑学习"

- 提高视觉想象的练习

- 为什么在思考和学习中，感官起着关键作用

- 如何将"记忆旅行"这个办法用在学习中

- 充分利用孩子解决问题的才能和哲学思辨才能的办法

知识从来都不容易获得。大多数孩子现在已经完全适应通过网络收集事实和数据。通过使用笔记本电脑和移动电话，我们随时都可以登录全球的网站，浏览各种事件、评论以及各类细节、性质和用途等各不相同的信息。

如果在学习过程中要把手头所有材料都能用起来的话，孩子们必须要具备很强的条理性和创造力。他们需要：

★ *能灵活处理各类形式信息的大脑；*

★ *能用现有知识作为基础，以便能温故而知新；*

★ *能进行准确而细心的判断、处理和应用信息所需要的思考能力。*

著名的诗人和剧作家伊登·菲尔波茨曾这样说："宇宙中到处是奇迹，它们就在那里耐心地等着我们变得聪明的时候去发现。"

我们是如何学习的

尽管互联网每一秒钟都在更新人类的知识，但是处理这些知识最有效的技能实际上已经存在了数千年。我们学习的根本途径并没有改变。现在我们比以往任何时候都更关注儿童大脑的最好学习方法，来帮助孩子把握自己的成功。

★ *1. 我们通过联想学习，找到事物之间的联系。*

★ *2. 我们在学习中通过模拟、重复帮助我们进行理解和记忆。*

★ *3. 我们通过探索，积累新的经历、知识和技能。*

★ *4. 我们通过记忆学习：用大脑来处理具体细节，整理和存储信息。*

最好的学习策略就是把所有这些元素结合起来。他们有时也用全脑学习法。孩子既能采用主管逻辑的左脑思维方式，也能用主管创新的右脑思维方式，所以让他们把两种思维方式都用起来是最佳的选择。他们需要掌握一种灵活而又符合逻辑的方法，帮助他们进行记忆、学习，并创造性地灵活运用他们所掌握的知识。

我们知道，古希腊人教他们的学生如何学习和学习什么。他们还与学生们一起讨论某些特定技巧的用处。从许多不同的文化中和人类历史不同时期中，我们可以学到一些开发大脑基本工作方式的方法。我们还可以向孩子传授好的学习行为，这将在很大的程度上推动他们在学校的成功——包括研究和改善他们的思维技能。

最重要的是，孩子需要采取积极的方法来学习。他们需要一些思维技能来决定他们要学习什么，为什么某些学习对象比较重要，以及他们如何用最有效的方法存储和使用这些信息。

图像（右脑）和结构（左脑）能够促进学习。通过情感和情绪储存的感官的"鲜活"信息越多，而且自己跟这些信息接触越多，我们就更容易记住这些信息。我们可以教孩子先将信息转化为生动的图片、然后编织成令人难忘的故事和场景。这种技巧并不难。

这里有一个练习，可以让您和孩子体验到效果很好的新颖学习方法。

从10个随意的单词开始。例如：帽子、教堂、狗、三明治、CD、椅子、胡萝卜、盒子、书籍、电话。

接下来，选择一个熟悉的路线，可以是你散步的路线、开车的路线或者在你的各个房间里。在这条路线上，给上面清单的每个项目安排一个位置。与孩子一起讨论，让他们提出建议。

你可以使用去学校的路线，并且想象房子外面的街灯上有一顶帽子；半路上有一座教堂；一只狗坐在操场的秋千上；商业街的邮箱里露出一个三明治。

如果正使用你的房间，可能有一个新CD机正漂浮在浴缸里，楼梯口上有一把古董椅子，有一个胡萝卜藏在你的床上。

因为在你选择的路线上，是你把它们"固定"在那个位置的，所以尽可能地运用想象力，使画面不同寻常、夸张又难忘。

这种使用场地去构造和存储信息的方法，是古代希腊人特别喜欢用的。这个活动就采用了这种方法，有助于激活孩子的视觉想象能力和富有创新性的想象力。

记忆新的东西是基于旧的记忆基础之上的，我们可以给新的记忆内容加上感觉"触发器"。

先从颜色开始，给每个图像一个不同的颜色。回到旅程当中，提醒自己那些东西和其虚构的位置，并为每一件物品选择鲜艳的色彩。再次问问孩子的建议，然后再花几分钟在脑海中想象红色的帽子、绿色的教堂、蓝色的狗……

接下来，和孩子一起给每个图像加上一点情感或情绪。因为红帽子坐在高高的灯柱上，可能被吓坏了；绿教堂可能厌倦了站在路边；蓝色的狗也许是因饥饿而局促不安或是在那儿得意扬扬。

你还可以给这个超现实的景观添加多少其他元素？试试在每一个区域都放置一个名人，把他们和已有的信息联系起来。

再试试一项运动、一个数字、一个形容词或者一首歌曲又会怎么样呢？

当你返回到每一个场景，就通过排练对孩子们进行学习训练。同时，你也在激活他们思维的新领域，促进了令人印象深刻的左右脑连接。你帮助他们了解思维的这一丰富的形式是什么样的感觉，强化了他们活跃的记忆力，并提高了他们的创造力和想象力。

这样的活动结束后，他们会发现，在下一堂语文课上，写富有想象力的故事要容易很多！

感 悟

凡是读过罗杰·哈格里夫斯优秀的《了不起先生》系列作品或刘易斯·卡罗尔的作品的任何一个读者都能看到，当大脑得到解放时会产生多么有趣、丰富而令人难忘的进步啊。像这样充满自信的创造力是所有高效学习技能的基础。

但是，这种练习有用吗？试试帮助孩子发现他们自己的图像，体验这种学习方式带来的好处吧。

首先，看看他们是否可以告诉你清单上的那10个单词。简单地提示他们回顾你们一起选择的旅程，并在每个地方都找到一个很难忘的画面。而且，如果他们能做到按顺序一个一个说出来，试试当他们按相反的顺序回想整个清单时，会怎么样？

接下来，问问他们这10个东西各自的颜色。

最后，看他们是否还记得你所选择的10种情绪？提醒他们使用所有可用的线索：每个单词在路线中的位置，用于表示它们的图像和各自的颜色。

当他们准备好了，你就可以测试孩子学习的灵活性和准确性了。

如果你说到一个颜色，他们可以说出列表中相应的单词吗？当你描述一种情感时，他们可以说出在路线中的具体位置？并且告诉你相关的名人、号码、运动，或其他任何他们置入的信息？鼓励孩子不断探索路途中这10个空间，直到他们挑选出所有他们置入的信息。对于孩子们能够回想起这么多相互关联的细节，父母应该予以表扬。

这种活动的最大益处就是使我们对所学的内容一目了然。它能证明信息可以用容易记忆的方式编成有序而又形象的内容，以适应大脑的工作机制。只要你提供记忆所需要的东西，它就可以很好地执行记忆功能，而且用非常灵活的思维方式储存信息。

同样的道理，如果材料本身并不让人难忘，也没有采取任何措施改变这种状况的话，大脑就很容易健忘。

那么，如何让孩子这样思考呢？他们如何才能经常用这样一种既富创造性又有组织的方式去探索和学习呢？

促进学习的脑力热身活动

好教师知道在孩子们使用大脑之前进行热身活动的重要性。

就像一名运动员绝不会一开始就马上进行剧烈运动，所以孩子在开始学习前，需要做好充分的准备，舒展他们的心理肌肉。有效的热身活动将提高他们的机敏度和注意力，并启动他们的学习技能。通过刺激不同的大脑区域——最重要的是，以特别的方式连接这些区域——好的热身活动使孩子拥有最佳的心态，为积极、有创意的全脑学习做准备。

"相似与差异"游戏

这可以是一个课前5分钟的活动，也可以是在车上或餐桌上的一个快速问答。这个游戏可以促进创造性思维，左-右脑的连接，也可以提高孩子的视觉想象、组织和沟通能力。

首先选择两个词。在第一轮，挑选相同"类型"的词，例如：两个名词，两个人，两件厨房用具。然后，关于这两个词，所有玩家必须想出三件相同的事情。给每个人时间去思考，然后每个玩家解释各自的三个相似性，从最相似的一点开始。

例如，如果你选择了树和路灯（这是开始游戏的好选项，两者在形状上相似）你的解释可能是：

★ *"它们都改变颜色：秋天的树叶变黄；当你开灯，灯也变黄了。"*

★ *"它们都很高。"*

★ *"狗可以把它们作为厕所使用。"*

鼓励玩家解释它们究竟是什么意思。仔细倾听每个人的想法，但是不要评论或批评。

第二位玩家可能会继续：

★ "人们给它们都贴上标签。"

★ "你都会在路边看到它们。"

★ "这两个单词都有两个字母e（tree；street light）。"

如果一个玩家给不出自己的解释，他们可以使用其他人说过的东西。

这是游戏的第一阶段，鼓励大脑发现不同事物之间的关联性，并用新方法探索信息。

医学报告撰写专家丽塔·卡特新造了一个术语"认知单元"，帮助解释储存知识的方式，根据特定的主题和关联性，这些知识分布在不同区域。例如，"家"这个词，可能和其他一些建筑作为一个"认知单元"被存储，但是它可能是作为诸如学校之类的特征之一（在学校里孩子们被集中在一些大房子里）以及储存在宾果游戏的知识结构里。房子的形状以图像的形式储存在大脑里，而建房子所用砖块的质地和气味则跟"认知单元"中的其他相关东西一起储存在记忆之中。

大脑可以被看作是一个非常强大的搜索引擎，按照一定的标准把知识分类。想一想你所知道的包含两个字母e的英语单词，参照一系列有生命的东西，你可能会很快地想出"树（tree）"（还有"羊（sheep）""蜜蜂（bee）""垂柳（weeping willow）"……）想想你在路边会看到的东西，或者想想在哪里可以张贴一份寻猫启事，那么"树"可能会再次出现，因为你的大脑激活了不同的"认知单元"。每一个想法都带有附加信息：颜色、质地和树的气味；羊的叫声；对蜜蜂的感觉；你见过的垂柳的画。每个"认知单元"以数不胜数的方式展开其网络连接，它与其他知识还有个人记忆和个人体验相联系，一切丰富的细节都以整体的方式储存起来。

所以，"相似与差异"游戏能让孩子们开始激活大脑最强大的能力之一：通过复杂而有创意的方式把信息分类、归档。对相似性的思考使大脑对记忆开始进行大量复杂的搜索。它为孩子发挥想象力、决策与评估能力进行热身。当别人在大致描述自己的想法时，他们需要集中精力仔细听。当他们全神贯注地听其他玩家的解释时，他们的沟通技能在不断地得到提高。旧的记忆在不断扩张的记忆网络中与其他信息形成了新的关联而被储存下来。

"相似性"环节过后，就要把重点放在差异上了。关于所选择的这两个词，最有趣的差异是什么呢？

再次，孩子的思维引擎在快速搜着事实、图片、往事和歌曲——所有与游戏中的词相关的不同层次的认知单元。他们准备将自己的创意结果告诉大家的时候，他们已经提前对复杂的神经网络进行过探索了：

- ★ "一个是有生命的，另一个是人造的。"
- ★ "树能够阻止全球变暖，路灯则导致这个问题。"
- ★ "一个发光，另一个吸收光。"

寻找差异的同时也会经常发掘出更多的相似之处，鼓励游戏者以后要记住这点，例如："树和路灯都对一定强度的阳光比较敏感。"这说明，有些想法既可能是"相似"又可能是"差异"。例如，树和路灯都有自身的"传输"系统，但他们传输不同的东西（树传输水，路灯传输电）。水对于电器是灾难性的东西，但太多的水对一棵树也不好。只要快速地把一些想法联系起来并建立互动，那么最初可能看起来很困难的问题一下就激发了很多个有趣的答案。

在每个人都玩过一局后，大家　起选择3个最相似和最不同的特征。重新审视这些新创建的记忆，评估、分类并讨论它们的优点。

然后增加一定难度。在第二轮，选择那些没有明显联系的词。看看你的大脑能想出些什么，比如"速度"和"洋葱"，"河流"和"宗教"，"蓝色"和"咖喱"。按照前面相同的步骤。先找出相似性和差异性，然后再讨论每个人的想法，最后选出最好的。

★ *"跑的速度太快和洋葱都会让你流泪。"*

★ *"你穿过（cross）河流，而十字架（cross）是宗教的一部分。"（cross有穿过和十字架的意思）*

★ *"蓝色是冷的，但咖喱是热的。"*

孩子们喜欢选词，也喜欢思考问题。想出两个没有联系的词跟寻找问题的答案一样都能帮助孩子提高智力。虽然最后的评估阶段能提高孩子讨论和辩论的技巧，但是这个游戏能让孩子们知道创造性思维确实不是有关"正确"或"错误"的答案。有趣的想法随处可得，你如何轻松地发现它们，关键在于你怎么使用自己的思维技能。

提高视觉想象技能

这样的游戏可以提高孩子的能力，帮助他们"看见"自己脑海里生动的画面。用图像来思考是探索和记忆许多不同信息的一种有效方法。

这里有一些技巧，可以提高孩子的视觉想象能力，同时也有助于对付日常家庭生活中的一些麻烦。

我们的大脑天生就喜欢创建图像。现在如果说到抽油烟机，不妨试试能不能做到不去想它的形象，你会发现这的确有点难。你让孩子们想什么图像，他们很快就能想出来，而且你可以使用这种本能的反应来引导他们的行为。

你给他们具体的图像，而不是抽象的说明，"水槽中有一块白布"很可能比你说"帮我清理这堆烂摊子"要有效得多。例如：

★ *"你买的漂亮黑梳子在最上面的抽屉里。"*

★ *"我敢打赌，你可以使书架看起来像书店的一样整洁。"*

★ *"拴狗链在门那边。如果狗看见你去拿链子了，会很兴奋的。"*

一边给孩子清晰的图像让他们去记忆，一边解释你需要他们做什么。给他们提供一些解决问题策略的提示，让他们能打开自己的思路，而不要强制命令他们理解、记忆和服从。

一个经典的育儿策略就是要提供两个可接受的选择："这条路很拥挤，你要妈妈牵着还是爸爸牵着？"你可以强调这些选择，通过提供生动的图像让他们选择的时候，就是在激发孩子的视觉想象能力：

"是要牵爸爸的大手还是牵妈妈的红手套？"

"你要像青蛙一样跳着上楼还是像漂亮的小马驹快步上楼睡觉呢？"

利用孩子们的想象力能很好地使他们把注意力集中在手头的工作上，并记住自己要做什么。你也为他们奠定了强大的决策技能基础。

家长们可以有很多方法强化孩子的视觉想象能力。我这里有3个：

★ *1. 谈一谈他们的梦境。还记得是什么样子吗？他们的梦境有颜色吗？梦境中他们看到的人和现实中的人是一样的吗？住的地方和现实中的一样吗？如果不一样，他们怎么知道自己是在哪里呢？*

★ *2. 谈论广告中的图像。孩子还记得看过的电视广告的图片吗？看看那些杂志广告，从中找到能让你了解产品的相关线索。为什么有的广告客户选择某个特定的图片呢？当你们收听电台广告时，和孩子谈谈出现在他们脑海中的图*

像。是声音效果、声音本身，或是音乐让他们想起这些图像的——还是由于他们在其他地方看见过这样的图片，才使他们想起来的呢？

★ **3. 评论家里的图像。** 张贴一些绘画、海报和照片。和他们说说为什么选择这些图像，并讨论一下图像的颜色、形状、图案和构图。浏览网上的艺术收藏品并探讨各种不同的视觉风格。有很多好的艺术儿童读物，对于孩子和父母而言，它们都非常有趣，你们可以了解著名的艺术家和他们所擅长的技术。谈谈这些图片看起来像什么，以及它们带给你的感觉。

强化感官，提高全脑思维

一些令人印象深刻的诗歌有强烈的视觉图像暗示，但他们也激活了其他感官。高明的故事叙述者总是通过描述声音、气味、质地和味道帮助他们把故事写得更生动。感官帮助我们在更深层次上与信息连接起来，孩子可以使用感官来帮助学习。

感 悟

蒙住孩子的眼睛，让他们试试用其他的感官。给他们一些食物，让他们闻一闻、尝一尝，还给他们一些东西，让他们摸一摸。鼓励他们使用所有的词汇来形容自己的体验。

每当去到一个新地方，都要他们闭上眼睛，尝试用视觉以外的感官向你描述自己所处的位置。每个年龄阶段的孩子都可以从"感官搜索"游戏中得到很多收获。这不仅能提高他们的感知能力，还能提高他们描述和连通各种感觉器官的能力。

下面的活动把感官连通能力更推进了一步，有助于探索孩子的大脑将不同类型的信息连接的方式。这个活动能激励他们表达自己的想法，但也考虑生成这些想法所需的思维过程。

这个方法的好处在于能将不同思维的方式结合起来一起使用。这些听上去有点奇怪的问题是用来激发全脑思维和形成创造性联想的，例如：

★ *"什么颜色是忧郁的？"*

★ *"什么声音是坚强的？"*

★ *"什么味道是兴奋的？"*

★ *"什么质地是幸福的？"*

也问一些其他问题，提示孩子告诉你他们在思考答案时的感觉。

和孩子谈谈，当他想要把不同的想法结合起来的时候，是什么样的感觉。这有可能是种奇怪的感觉，而且真的很有难度，像本书中许多技巧一样需要锻炼。但很快你就会发现这个活动能带来一些很有趣味性和启发性的点子：

★ *"灰色是忧郁的，像一个下雨天的颜色或人疲倦的时候皮肤的颜色。"*

★ *"响鼓的声音是强烈的，或某些由金属制造的东西的叮当声。"*

★ *"碳酸饮料和糖果闻起来很让人兴奋，生日蛋糕蜡烛、圣诞树也给人同样的感觉。"*

★ *"光滑是幸福的，还有温暖和柔软。"*

在这个游戏中，显然没有正确或错误的答案，但是孩子们往往为自己的想法解释和辩解。甚至是小孩子也能参照特别的经验和记忆，解释他们的思想。他们给的答案往往包含许多不同的感受和情感，而且这些问题能激励孩子们去寻找新颖的方式表达他们的思考内容。

在这方面父母有很多要学的，所以要对所有的线索都保持敏感。你可能会注意到孩子使用手部动作形容声音是什么样子，或者因某种颜色而让他们想起某种特殊味道时在舔自己的嘴唇。跟他们讨论哪些问题是最难回答的，为什么这些问题最难。

好好回顾他们提到的一些记忆片段，特别是那些你与他们一起参与的。利用游戏来探索他们大脑是如何储存和连接不同类型信息的。如果他们能不受束缚地自由思考，你一定要对他们这种巨大的进步予以表扬。

通感

有些人很容易就能做到让各种感觉相通。通感是一种比较常见的现象，指感官的重叠和非常规地感觉信息的细节。根据遗传学家弗朗西斯·高尔顿在19世纪所描述的，通感发生在不同类别的感觉之间，而且研究表明这对小宝宝来说是一种非常重要的思维方式。我们大部分人长大后几乎都失去了这种能力，但对有些人来说通感是记忆和学习中的一种非常重要的方法。

著名的心理学家亚历山大·卢瑞尔经过多年对俄罗斯人所罗门·舍里舍夫斯基的记忆现象的研究，发现他身上展示了一种极端形式的通感。在他的脑子里，每个声音都伴随着鲜活的颜色、气味和质地；每一个字都有特定的味道；每一个记忆都是多维度的，充满了具有活力的感觉触发器。对他来说，问题是记得太多，记得太好了。

对于我们大多数人来说，通感思维可以作为创新性灵活思维的有效训练方式。

想想你自己的通感经验，然后跟孩子们讨论他们自己的经验。数字能和颜色联系起来吗？我们也许可以给1周中的每一天或1年中的12个月配上一种特别的颜色？他们能把某些信息在大脑想象为某种形状、结构或声音吗？

感 悟

已故桂冠诗人泰德·休斯认为把不同的感觉结合起来很重要。他与学校的孩子们一起，开发他们的联想思维，不但有助于他们创作有影响力的诗歌，也开发灵活的头脑。

本书的一些技巧将帮助孩子充分利用与生俱来的通感能力，并帮助他们用新的方式使用感官来激活自己的创造力和记忆。

如何有效提高记忆力

记忆中的一个关键环节就是连接新旧知识。我们可以通过一系列复杂的连接获取记忆：一种气味可能与某个场所对应，能帮我们想起生活中的某一特定时刻，或者让我们想起明天是某个熟人的生日。我们不断地在脑海里把一件事和另一件事连接在一起，用各种复杂的方式将记忆进行整理、分类和联想。

"破坏力想象"游戏

一个很管用的记忆方法就是把需要记忆的信息与自己联系起来。孩子将会乐于尝试下面这个活动，因为这能给他们发泄的机会，并摧毁一些非常贵的东西——幸好只是在他们的想象当中！

给孩子们这些东西：闹钟、花瓶、三明治、钢琴、桌子、电话、镜子和气球。

先告诉孩子们，他们每人将轮流选一个东西，并用他们能想到的最有效的方法破坏它。告诉他们要尽情发挥创造力，尽可能让每个感官都参与进来，并且思考一下，如果他们真的破坏这些东西，他们会感觉如何。

他们可以把闹钟里面所有的弹簧拆出来，折断指针，踩碎表盘。也许他们把花瓶从房顶扔出去，或者砸到墙上。他们也有可能想象把三明治放到轮胎下碾烂，看着里面的馅到处飞。

当他们把所有东西都玩了一遍时，很快地对他们进行测试。给他们读下面的这些单词。如果这些东西是原来那份清单上有的，他们就回答"是"，如果不是清单上原有的，他们就回答"不是"：镜子、三明治、椅子、电话、足球、计算机、时钟、绘画、花瓶、钢琴。

当他们一开始回答时，如果他们好好运用自己的想象力，这个测试应该是非常容易的。他们会立刻确定自己是否在想象中摧毁了每一个东西。用自己夸张的方式，再加上感官和情绪的参与，所有的信息都会在大脑里留下深刻印象。

这么起劲地使用大脑是一件有趣的事，这也是这整本书中最重要的思想之一。当孩子控制自己的想象力时所产生的愉悦感能给他们动力，让他们觉得自己很强大。这也是学习策略为什么会这么有效的一个重要原因。

当他们想起自己所造成的破坏时，大多数孩子忍不住笑起来。在课堂上，我发现最喜欢这个游戏的往往是那些精力过剩的孩子。他们开始认识到，充沛的精力实际上可以帮助自己学习。他们可能变得活泼有趣、积极主动、富于想象，还有一点点调皮。当然，还开始在学校表现更好了！

"奶奶去市场买东西"

这个经典的记忆游戏是给孩子运用联想思维之前热身的另一个好办法。无论几个玩家都可以。

第一位玩家说："奶奶去市场买了……"，在奶奶的购物清单上选择第一项，例如"蛋糕"。

轮到下一位玩家，他重复的第一个人说什么，然后加入自己要买的东西："奶奶去市场买了一个蛋糕和……烟花。"

第三位玩家要说："奶奶去市场买了蛋糕、烟花和……一头奶牛。"这样继续下去，在每个人选择属于自己的东西不断加长清单之前，都要重复上一个玩家所选的物品。

如果你记错了，或者卡住了，那你就被罚出局，游戏继续，直到只剩下一个人。

"奶奶去市场买东西"是个很有意思的活动，你可以把它作为任何学习的热身活动，用来提高注意力、沟通能力、轮流发言和记忆力。但是只有当你用它来教孩子们如何记忆的时候，它才算是发挥了自己本来的作用。这个方法能有效地培养孩子们很好地运用自己的智慧。

只要告诉他们把购物清单编成一个故事。他们需要使用自己的想象力和视觉想象能力，使清单中每个项目尽可能生动，再添加一些额外的感官线索，然后将它与任何之前的东西联系起来。

故事越不寻常、越有趣、越令人兴奋和有活力，就越令人难以忘记。在开始的几个回合，你可以大声地帮助他们把故事开个头：

★ "我想象，奶奶的篮子里有一块漂亮的水果蛋糕，闻起来就像刚出炉一样——突然，蛋糕上面爆出一个烟花。有红色和橙色的火花，蛋糕片到处乱飞。我看见焰火直冲上天，然后往下落，落在一头惊恐万分的黑白相间的奶牛身上。"

要知道，你不只在谈论发生了什么，还在积极地想象。强调故事的衔接处，由一个东西转到另外一个东西的方式：出现在它的里面，用手抱住它，对它说话，把它系牢，挤压它……有无限的方式连接奶奶所买的东西，你只是选择了最好记的连接方式。你的故事会和别人的有所不同，但是它们都非常好。

感 悟

要孩子去想象他们正在拍摄一部"心理电影"。他们控制摄像头，这样他们就可以放大某一细节，或放慢镜头看看发生了什么事。为了最好的效果，他们可以为自己选择合适的位置。他们的相机可以跟踪行动，可以从头顶拍摄，甚至可以由里向外地展示事件。

当孩子们学会这样，每次演练都会加强他们所发明的图像及其关联性。将新东西添加到清单中并不意味着学习会更难。事实上，每一次买的新东西可以提供另一个令人印象深刻的连接来保持一个完整的故事。只要他们不停地按大脑的记忆规律去做，让信息变得令人记忆深刻，孩子应该能够回忆起奶奶所买的20件东西，而且就像第一个一样容易。

轮到你一口气说出最新的清单，展示在记忆过程中问题是多么重要："蛋糕里面迸出一些东西。是什么？哦，是的，是烟花。在哪里落地的？在牛背上……"

通过问题来激活记忆是孩子应该学会的好习惯。它可以帮助他们对新信息进行探索、了解、排序、使用，并记忆。

> **感 悟**
>
> 有时候，问问孩子"今天你问得最好的问题是什么？"而不要问"你今天学了什么？"

利用提问开发思维

实验表明简单的问题更容易让人们记住。实验者给被试人一系列的单词，并就这些词问他们一些不同的问题。这个词适合一个特定的句子吗？它是某个词类家族的成员吗？如名词、形容词或动词。人们认为这是一个积极的、消极的还是中性词呢？当对被试进行了测试后，他们回答问题时所使用的词，是最容易记住的。

和孩子一起做。对他们逐字逐句地大声朗读下面的信息。告诉他们不要出声回答任何问题，只要去思考自己的答案：

★ "飞机、蜡烛、猪，'猪'能组成这个句子吗：'他去市场买了一头猪'？船、高兴、箱子、饥饿，哪一类词会产生饥饿感呢？悬崖、洞穴、突然，'突然'这个词组成的这个句子'有一只猫突然坐在地毯上'是正确的吗？假期、森林、黄色，什么词和黄色押韵？"

当你读完后，让孩子告诉你他能记住的单词。看看他们是否很容易记住"猪""饥饿""突然"和"黄色"这些有相关疑问的词。帮助孩子们明白一点，针对他们需要在学校学习的知识，学会提问很有用。

下面是帮助孩子进行联想思维的一些其他有效方法。

★ 请他们从后往前地说说下面这些事情：他们在学校的一天，去商店的路上，他们最喜爱的电影。鼓励他们解释每件事中每一部分是如何与前一部分联系起来的。

★ 教他们这个游戏，一次只改变一个字母，把一个单词变成另一个单词。比如"boat"能成为"ship"，通过以下步骤：boat → coat → chat → chap → chip → ship。他们可以像这样把"warm"变成"cool"吗？或者把"fake"变成"real"吗？

★ 跟他们玩"接下来发生了什么？"的游戏。可以使用：

■ 历史事件："1666年，伦敦的朴丁街一家面包店着火后，接下来发生了什么事？"

- 家庭往事："你还记得爱丽丝阿姨走出教堂后做了什么吗？"

- 一起读故事："你能猜出海盗将会去哪里取财宝吗？"

让孩子充分理解因果关系，还有出人意料的结果和令人难忘的情节。在他们的脑海中建立这些连接，帮助他们写故事，这将彻底改变他们的学习。

联想式"记忆旅行"

除了故事，"记忆旅行"自古以来就是人们连接和组织信息的一种手段。利用想象，我们可以将图像放在自己熟悉的路线的不同地方，然后通过脑子追溯并重新发现这些想象的图像。

为了让孩子能更好地使用这个有效的策略，你需要让他们了解不同的结构形式和一些大家所熟知的路线。通过如下几点帮助他们了解：

- ◆ 与他们谈谈你们共同的旅行；

- ◆ 确保他们能分清楚左和右（稍后要清楚东、南、西、北）；

- ◆ 告诉他们一英里和一公里大概有多长；

- ◆ 相互提问估算距离和行程时间；

- ◆ 练习根据记忆描述的旅行中的细节；

- ◆ 给孩子不同类型的地图，纸质的和电子的；

◆ *使用拼图、模型工具和建筑套件，帮助孩子们建立自己对*
结构及空间格局的感觉。

感 悟

孩子学会认时间后，帮助他们学会用时间来安排自己的生活。
鼓励他们谈论"前""后""先前"和"后来"。要他们描述在学
校里一天的模式，或者制订一个完美的周末计划，把步骤都要写
下来。

所有这些活动都将能帮助孩子学会使用"记忆旅行"。这是一
个简单易用的方法，能很好地把信息组织起来让人记住。孩子可
以用它来提高他们每门功课的学习，并记住老师的教导、讲话和
理念，乃至行为规范。

希腊人曾告诉人们一些在寺庙和宫殿周围布置图像的方法，用
来大规模呈现让人们能记住的信息。我们知道罗马演说家特别热衷
于用这种方法来记住自己的演讲，而且他们也把这些教给学生。

这个方法的基本思路非常简单。你可以想象自己在一个熟悉
的房间、建筑物或城市里走动，或沿着你所熟悉的道路旅行。在
路线的关键点上，留下的一些图像用来唤起记忆。当你回想走过
的路线时，这些图像就在那儿供你使用，所有图像都秩序井然。
你可以顺着走，或者倒着，或者跳转到任何地方。每一个停靠处
可以包含许多图像，你的旅程可以让你获取大量的信息，所有信
息都有丰富的想象并相互关联。

与孩子一起试试在你居住的地方，设计一条线路。

首先，画一张你家的草图。你们需要把它分为10个区域，设计一条清晰的路线。想象你们将领着某人参观你的房子。你们会带他们走哪条路呢？哪里很明显是你们会停留的地方呢？那些区域可以是客房、走廊、楼梯——甚至是某件家具。使他们能尽可能地相互区别开来。按照从行程开始到结束的顺序，在你们的草图上用数字1到10标记出来。

现在，花几分钟沿着这个路线开始走。在脑海中，你们从一个区走到另一个区，把他们想象得尽可能清晰明了。也要一直努力发挥你们的所有感官。特别着眼于某些明显的特征以及有趣的细节。

你们的路线计划可能看起来是这样的：

1. *车道*

2. *前门*

3. *过道*

4. *客厅*

5. *厨房*

6. *花园*

7. *楼梯*

8. *孩子的卧室*

9. *浴室*

10. *父母的卧室*

当你们熟知这个行程后，试着把其他信息添加进去。和孩子一起，把以下10件物品添加进去：电视、冰激凌、香蕉、汽车、长颈鹿、火、吉他、树、绵羊、三明治。

在每个区域都安置一个图像。想出一些夸张的方法来让你们制作的图像让人很难忘记。可以用颜色、动作、趣事、行动，以及任何能激活记忆的东西。鼓励孩子想想如果房子周围这些东西是真的，他们会有什么样的感觉，比如说：

★ *"想象在路中间的车道上有一个大电视。如果我们的车撞到上面，想象一下这是多么可怕的交通事故！"*

★ *"如果你敲门的时候，发现前门是冰激凌做的，而且正在融化，那么你是什么感觉？"*

★ *"在走廊里，想象地板上有成千上万的鲜黄色香蕉，你要跨过去挂起你的外套，会是怎样的呢？"*

孩子们在创建图像的时候，提醒他们不要忘记继续提问。例如，为什么在客厅有一辆汽车呢？长颈鹿怎么会用炊具呢？我们要做些什么来扑灭花园里的大火呢？

到达行程的终点时，你们应该在10个不同的区域存储了10个图像。

检测一下它是否有效。回到你们想象中的旅程，想出所有你们找到的图像。如果你在某一个环节有困难，暂时把它放在一边，继续前进。尝试倒记那份列表。相互考一考：你们中的一个快速提问，比如"长颈鹿"之前是什么？""列表上第7个字是什么？"另一个则利用旅行路线来找到答案。

这个活动是一种非常有效的全脑学习法。你创造性地设计生动的图像（右脑）的同时，创建了一个逻辑框架，并把图像植入其中（左脑）。它涉及联想（图像和位置之间的联系）、模仿（重复这个行程并在行程中演习行动和事件）、探索（用可取的方式调查设计的图像）和机械学习（顺着整个体系，把词汇变成相关的图像）。这个活动能极大地提高孩子们的积极性，因为活动过程让他们知道只要自己成为积极、自信的学习者就能取得好的成绩。

试试让他们把图像增加一倍。这一次他们要学习10种体育项目，每个区域一个：足球、网球、帆船、高尔夫球、篮球、空手道、射箭、曲棍球、自行车、滑雪。就算这些区域里目前已经有羊、香蕉、长颈鹿了，也没有关系。这些东西只是用作"诱饵"，来获取新知识：

★ *也许车道上的电视正在播放一个令人激动的足球比赛。在软软的冰激凌门上放一个网球，把一个大香蕉当做船穿过走廊，然后从客厅沙发上的球座打一杆高尔夫球……*

通过这个活动，与孩子讨论学习的策略，例如：

◆ *相互谈论自己用的图像和想法。*

◆ *提出能强化所有的细节的问题。*

◆ *分析你觉得有难度的部分。*

◆ *哪些是你最喜欢部分。*

最重要的是，和孩子谈谈他们认为这种方式能为他们的学习带来什么。

这20条信息已经记在心里了，你的提问可以向下一个阶段发展：

★ "在同一个区域什么样的运动和吉他是类似的？"

★ "在列表中的10项运动中，射箭在哪个区域？"

★ "哪个东西在曲棍球和滑雪之间的区域？"

许多孩子第一次采用"记忆旅行"的策略，就能回答像这样精细的问题。即使孩子回答不了，只要他们真正在尝试开始使用这个方法，就要对他们的努力进行表扬，并鼓励他们继续。这是一个学习的方法，在他们的学习当中起着关键作用，有助于他们的创造性和逻辑性思维，并充满自信地探索和学习知识。

他们已经在开始掌控自己的学习，开发一些能提高他们在很多领域成功概率的思维技能。

培养孩子解决问题的能力

为了能在学校取得成功，孩子每天都需要解决各种各样的问题，从数学问题和设计要求到与同学之间的关系和道德困境。一套有效的思维技能为他们提供了一系列能进行尝试的方法：

◆ 仔细提问帮助他们澄清问题、质疑假设、调查取证和评估答案。

◆ *用图像思考让他们从不同的角度看问题。*

◆ *进行非常规的联想可以激发他们的想象力，发现新的可能性。*

◆ *在脑海中以充满情感和感觉的方式，把信息用生动的景观展示出来，将有助于孩子乐于思考自己的一切想法。*

你可以告诉孩子如何同时使用逻辑性和创造性，找出有趣的模式，并得出各种可能的答案。

一开始，正确的态度非常重要。在学校里，我经常谈"找出答案"，就是强调积极思考的重要性，以及相信自己能找到答案的重要性。

感　悟

当"阿波罗"13号的所有宇航员在太空中遇到问题、正在寻求解决问题时，著名的美国宇航局的总指挥官，吉恩·克兰兹，派出了他的团队寻找解决方案。他们不是"尝试"解决生死攸关的问题，看看是否有希望；他们是坚定地相信肯定有解决的方案，因此他们努力地利用自己的智慧迅速地找出了答案。

用下列问题考考孩子，并测试一下他们的关键思维技能。

树叶谜题

如果花园的右边有5堆树叶，左边有6堆树叶，你把所有的叶子都放在花园的中间……一共有多少堆树叶呢？

这个智力题引诱儿童给出他们所认为的第一个答案：5+6=11。但并不是这么简单（事实上，更简单）。

当他们计算答案时，孩子们往往会去猜测问题把他们引向何方。他们在构成问题的单词和短语中寻找线索。他们在想，"为什么会问我这个问题呢？"还有"这是一个什么样的问题呢？'"他们遵循推理，看起来似乎是合理且明智的，但如果他们不把问题转化为图像，就可能会错过的答案，而这答案就在眼前。

在开始做题的时候鼓励孩子花时间想象一堆一堆的树叶。最后，当他们把这几堆叶子都收集在一起时，简单地问他们，"现在你能看见几堆树叶？"答案是显而易见的，是"一大堆"。

橡树谜题

公园里的橡树已经有50年了，依然生长茂盛。它每年长高3厘米。今天早上，比利把他的名字刻在离地面1厘米的树干上。10年以后，他的名字会有多高？

这又是一道"陷阱"题。但是视觉想象会向你展示不同的信息。

让孩子想象这棵树，并观察它生长。他们需要把自己的想象和现实世界中的知识结合起来。如果他们发现自己看着所刻的名字随着树一起上升，就很可能有所警觉，树是不会那样长高的。他们可以把想象中的这道智力题和现实生活他们所观察到的情况比较一下。

50年树龄的树干并不增长。10年之后，那个名字不会比今天这个地方高一毫米。

父子谜题

父亲和儿子遭遇了一次车祸。他们被带到医院后，儿子被告知他需要动手术。他被推进手术室，外科医生看了他一眼说："我不能给这个男孩做手术，他是我的儿子。"怎么会这样呢？

有时候，视觉想象也给我们带来麻烦。它诱导我们直接想到习惯性的图像，并想当然地阻止我们找到答案。

为了解决这个难题，要孩子对自己看到的图像进行仔细思考。他们是如何想象外科医生的呢？他们有没有直接得出结论，而题目中并没有任何话支持这个结论？这很可能是因为他们假设外科医生是一个男人——但并没有告诉他们是这样的。事实上，外科医生是一个女人，男孩的母亲。

因此，详细的视觉想象是必不可少的，当我们寻找关联和形成模式的时候，相同程度的谨慎也是必要的。我们使用逻辑来解决问题的本能也可能把我们引向错误的方向。

命名谜题

凯蒂的妈妈有4个孩子。她给他们分别取名为星期一、星期

二、星期三……那么她的第4个孩子叫什么?

你的孩子没有落入"模式"的陷阱吧?使用这个例子,是要告诉他们必须谨慎遵循序列。问题的第二部分提供了一个非常整齐的模式,遵循这个模式是很自然的反应。但是当你把题目中所有的细节都记在心中,正确答案就会出现,凯蒂妈妈的第4个孩子就是凯蒂!

美发师谜题

村子里只有两名理发师。一个理发师有美丽又时尚的发型,另一个的发型长短不齐,又老式又简陋。但我已经决定要到那个头发乱糟糟的理发师那去理发。我为什么要这么做呢?

在这道脑筋急转弯题目中,利用视觉想象可以帮助你做题——但这还不够,你一定要弄明白这究竟是怎么回事。

一开始可以想象两个理发师,他们有着极其不同的发型,这肯定是一个好主意。但这些图像本身并没有答案。如果这些图像让问题看起来更混乱了,那么就要拓宽你的视野,收集更多的信息。他们是怎么将自己的发型弄成那样的?想象他们都在理发,仔细检查图像。如果村里只有两个理发师,谁在帮他们理发呢?现在,你会信任谁会剪好你的头发呢?

要孩子尝试下一个智力题。他们可以很认真地想象一个事件,并探索所有的可能性,直到找到正确答案。

大楼谜题

史密斯先生住在高楼的第20层。每天早晨，他走进电梯，下到一楼，冲出电梯就上班去了。每天晚上，他停好车，走进电梯，坐到18楼，然后又走了两层楼梯才回到家里。为什么？

这是一个典型的例子，你必须检查你在大脑里所创建的图像。看着故事在你的脑海中上演，使你了解事情的大概，从而开始做题。但是这一次，最有用的策略实际上是缩小你的视野，把重点放在细节上。

想象这个人是做什么的，或者他可能开什么样的车，并没有多大帮助。所以，专注于所描述事件的关键瞬间。看着他离开房间，进入电梯。看着他按下按钮。当他决定选择哪一层的时候，检查那一刻。他所按的那个按钮有什么重要意义吗？

公认的答案是，这名男子很矮，不能按到所有的按钮。在他出门的时候，选择1楼是不成问题。但是，当他回来的时候，他最高只能按到18。

还有其他一些可能的答案，这样的问题最能引起讨论和辩论。他们帮助孩子了解，有一系列解决问题的策略是多么有用。不可能提前知道哪一个答案是最好的，所以，他们只需要自信地尝试不同的角度，非常仔细地寻找各种模式和可能性，然后把它们凑在一起，形成能解释这个事件的不同版本。

不断地用类似的脑筋急转弯题，向孩子提问。你将强化他们思维中的创造性和逻辑性。随着不断地思考，他们会习惯检查自己所有的想法。他们会训练自己继续下去，直到他们发现最好的答案。

鼓励孩子进行哲学性思辨

用更多开放式的问题，测试孩子的思维技能也很重要。有时，真的没有正确的答案。要给他们空间，让他们发挥巧妙的想法和创意。看看孩子如何提供解释下面这些问题的方法，灵活运用他们的思维技能，朝不同的方向思考。重视他们所有的想法，对他们提出的看法进行讨论，让他们自信地提出自己的理论。

◆ *你能触摸风吗？*

◆ *你想象中的朋友有一个想象中的朋友吗？*

◆ *你可以一边伤心一边高兴吗？*

◆ *如果你在商店读一本不是买来的杂志，那是偷来的吗？*

◆ *动物会犯罪吗？*

◆ *甜甜圈里的洞是甜甜圈的一部分吗？*

◆ *有没有人真正喜欢一段乐曲？*

◆ *你能与一个你不喜欢的人交朋友吗？*

这些问题非常适合鼓励孩子的思维个性。孩子（特别是年纪小的）开始可能只会提供简单的"是"或"否"的答案，但精心挑选的后续问题会促使他们更深入地进行思考：

◆ *那么，触摸和感觉之间有没有不同呢？*

◆ *但是，甜甜圈里的洞有没有不同是取决于你从哪个地方开始吃甜甜圈的吗？*

◆ *要是一个人不知道自己做错了事会怎么样呢？他们仍然会给自己惹麻烦吗？*

当孩子意识到的答案可能不只是"是"和"否"。这是一个很有意义的时刻，这时候究竟支持哪种观点完全由他们自己来决定。当他们认识到"无论别人怎么看，论点正确的前提取决于自己的论据是否充分"这一点时候，这让他们很有自由感。孩子们在试着运用这些思维技巧、看看究竟会发现什么事情的时候，他们通常会发现更大的乐趣。

对思考本身进行思考

在吃饭或者家庭聚会的时候，运用这些问题。鼓励孩子在自信地说出自己见解的同时，能倾听别人的想法和理念。这是培养尊重和宽容的有效方式。通过参与别人和自己的思考过程，孩子就提高了自己的元认知水平：非常重要的"对思考本身的思考"。

◆ *我们是如何认识事物的？*

◆ *我们是从哪个视角看问题的？*

◆ *如何从两个矛盾的观点中得出崭新的答案？*

◆ 记忆有用吗?

◆ 为什么提出任何独特的观点都是符合逻辑的,可能的或者有趣的呢?

◆ 为什么你这么想,我却那样想呢?

古希腊人鼓励他们的学生仔细回忆自己所使用的思考过程。他们非常重视对思考技能分析的能力。在中世纪,特权阶层的孩子会接受哲学和批判性思考教育。今天,孩子在运用大脑的时候可以选择自己真正所喜欢的东西,从中能获得巨大的满足感。在你的支持下,他们可以抓住一切机会,使自己成为更好的思考者和学习者。

十件要记住的事情

1. 在收集信息很容易的时代,不同的信息加工方式就变得尤其重要了。

2. 用令人兴奋和积极的方式,结合创造性和逻辑性,让孩子知道"全脑"学习是什么样的感觉。

3. 通过参与游戏,刺激大脑产生新奇、有趣的联想。

4. 利用每一个机会促进孩子的视觉想象技能,运用广告、电视和文艺作品中的例子,还有跟他们交流你自己想象的清晰图像。

5. 鼓励孩子用新方法探索自己的感觉器官，并让各种不同的感觉器官建立关联。

6. 教他们通过虚构故事来激发学习。

7. 利用游戏、建筑玩具和谈论关于时间的话题，提高孩子条理清晰的思维能力。

8. 鼓励孩子爱问问题和认真提问的习惯，因为这有助于他们强化记忆内容。

9. 教孩子运用由来已久的"记忆旅行"方法学习所有的学习内容。

10. 试试孩子解决问题的能力，包括问一些哲学问题，锻炼他们结合不同思维技能的能力。

第2章

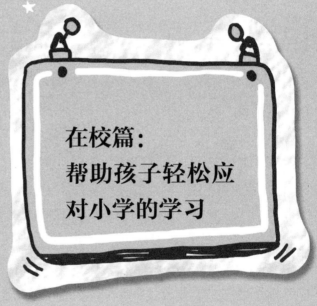

HELP YOUR CHILD
SUCCEED AT SCHOOL

在校篇：
帮助孩子轻松应
对小学的学习

第6节

轻松学习语文和数学

在本节你将会学到：

● 驾驭语文和算术的关键思维技能

● 提高孩子的听、说能力的活动

● 如何帮助孩子读和写

● 如何发展孩子的数学能力及如何在家里强化这种能力

● 记住数字、学习时间表的简单方法

英语和数学（即语文和算术）是小学教育的核心内容。孩子们除了要接受这两门科目单独的课程教学，他们所需要的知识和技能还都渗透在每一堂课里面。比如，孩子在历史、宗教和美术方面受语言能力影响较大；他们对科学、设计和音乐的学习在很大程度上依赖于他们大脑的数学思维方式。实际上，这两门主课所培养的关键能力是他们的学习取得成功及形成他们思维和学习方式的基础。

孩子获得的知识很大程度上是由他们所学习的主题决定的。在语文课上，了解神话、伊丽莎白的戏剧或日本的俳句等不仅重要而且很有意思。在算术课上学的各种形状的名字、质数原理以及图表测算的规则都是很有用的。

孩子在这些课内所学的核心技能，尤其是基本读写和算术思维技巧，将对他们的长期成功具有很大的影响。

如果孩子在校期间从来没有接触过科幻小说或卡罗尔图表，甚至他们不知道怎么用分号或任何平均数的计算方法，这些都没关系。重要的是，在他们有机会接触这些东西时，他们有能力、有兴趣、有信心。

你肯定希望孩子能尽可能地参与各种各样的学习。一个真正掌握了读写能力的孩子能很快学会各种形式的沟通技巧，并开始有效地练习和使用这种能力。他们具备了基本的核心技能和知识，并以此为基础。教他们十四行诗，他们就会明白诗人是如何运用语言的了，而且很快他们会开始写自己的诗。

有计算能力的孩子能很快接受新的概念和技巧，因为他们掌握了关键的理解力。向他们展示模态平均数，他们也能理解，因为他们具有理解的基础，以及自己进行计算练习的关键数学技能。

最重要的是，他们具有解决问题的思维结构。他们大脑的构造支持他们能够真正理解语文和数学。

我们称为语文，是因为它不仅仅指具体的某种语言。本质上它是一种灵活使用书面和口头语言达到某些目标的能力。具备读写能力的孩子通过读和听提高自己的理解和诠释，通过写和说来分析自己的思维以及向他人表达自己的观点，还通过其他思维技能从感官和记忆中获得创意。他们能将不同形式的语言发挥出很好的效果。

算术能力是指运用逻辑思维和创造性思维解决熟悉或陌生问题的能力。会计算的孩子运用数字、形状和其他概念帮助自己安排、解释、预测和理解。他们发现某些模式有助于他们遵循那些有用的规律。他们所有的思维技能在研究和应用过程中发挥着作用。

感 悟

有些基础在出生之前就奠定了。据我们所知，孩子能发现他们出生前就听过的声音模式——这些声音是构造语言大厦的基础。还在妈妈肚子里时，如果让他们听一些简单的哔哔声组合，他们能早于别的孩子学会归类和数数。

语文和算术是相互交叉，共同发展的。这两个平台，两种体验的影响都非常大。每个阶段对父母来说都是不容错过的好机会，他们可以给孩子提供帮助、让孩子准备好学习语文和数学。

孩子的大脑究竟在多大程度上适合于语文和算术的学习呢？他是否已经拥有那些进步所需的核心智能呢？要让孩子们拥有将来所需要的那些思维技能，你能做些什么呢？

本节将提供一些很有用的方法让你帮助孩子最大限度地发挥语文和算术的作用。无论你什么时候开始，都可以帮助他们走向成功。你要让他们知道：在这些领域的自信既能带来实际好处，也能让他们内心深处保持快乐。

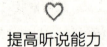

语文学习

在学校，语文被分成3个主要方面：听说、读和写。这几个方面相互有很多重合的地方。但它们是孩子培养语文能力和自信的主要学习方法和测试方法。

通常，小学生每天接受1个小时的语文教学。当然他们的语言能力整天（包括校内和校外）都受到测试和开发。学校在教语言的同时，父母也可以提供一些机会让孩子主动学习语言、练习语言、丰富语言，这是一种十分有效的合作机制。

提高听说能力

小学的听和说主要有如下内容：

★ 清晰而自信地跟不同的人表达自己的一系列目的：讲故事，大声朗读，介绍和描述自己的经历；

★ 保持专心听讲并记住讲课内容；

★ 表达兴趣并提出恰当的问题；

★ 轮流发言，讨论和辩论；

★ 在戏剧中用语言、动作表达感情并探索人物性格，并对其他人的表演做出反应；

★ 认识到其他人使用语言的不同。

这本书中所有的活动都会对这些关键的听说能力进行锻炼。

通过听和说的方式跟孩子们交流，你就给他们提供了最好的模板供他们模仿。

通过强化他们的注意力，激发他们的想象力，使他们做好准备与人合作，并让他们拥有自尊，你就为他们的学校生活打下了最扎实的基础。

给他们提供安全的环境，让他们试试自己的交际能力并培养自信。你帮助他们使用自己的思维技能和学习技能，成为好的听众和说话者。你可以从很多方面进一步培养他们这种能力：

★ 不断创造机会让他们跟不同的听众进行交流，面对面、电话或视频都行；

★ 鼓励他们对自己在不同场合的声音进行录音并让他们自己听。别忘了有很多手机可用做录音器；

★ 跟他们讨论最近发生的事情，测试他们为自己的观点进行辩护的能力和听取你意见的能力；

★ 建议他们将有趣的纪念品、相片或在大自然中发现的物品在课堂上展示并进行发言。

提高阅读能力

能阅读有什么意义呢？阅读基本上就是对纸上或屏幕上的符号进行破译，揭示那些相当复杂的语言符号的意义。我们首先从印刷品里面收集信息，然后了解到有些东西是如何以及为什么要用某种特殊的方式写出来。我们所读到的内容能提高我们的书面和口头交际能力，而且，当阅读达到一定的速度和流利程度时，阅读过程就会成为一件快乐的事情。它使得我们可以进入一个充满趣味性和想象力的世界。

小学的阅读主要涉及：

★ 学会准确、流利地阅读是为了理解和享受阅读的内容；

★ 广泛阅读文学和非文学文本：

　■ 文学文本包括故事、诗歌、戏剧；背景熟悉的作品及虚构的作品；当代大家和经典作家的小说；不同文化和不同时期的文本

　■ 非文学文本包括印刷品和各种屏幕上的文本；CD播放器、电子邮件、网页；报纸和杂志；小册子和宣传单；日记、传记和自传；字典、百科全书和其他工具书

★ 有效阅读，寻找具体信息，对事实、观点进行判断并批判性地思考某一观点；

★ 把同一文本的不同部分联系起来；找到文字之外的意义；

运用其他文本上得到的信息；

★ 理解作者如何通过选词、造句和安排文本结构而达到他们
　预想中的效果。

阅读向我们展示了人类大脑的能力。试着把下面句子中单词
的中间元音都去掉，我们仍然能读懂它：

★ *Vwls are essntl whn we are lrnng to rd, bt thy are mch lss imprtnt
　whn we are strng rdrs. Rmvng thm prsnts fw prblms.*（去掉元音）

★ *Vowels are essential when we are learning to read, but they are
　much less important when we are strong readers.Removing
　them presents few problems.*（完整版）

　　元音虽然在我们阅读的时候很重要，但当我们擅长于
　　阅读时，把元音去掉也问题不大。

即便我们把很多单词打乱，我们仍然能读懂这个句子：

★ *Aoccdrnig to a reschearer at Cambrigde Uinervtisy, it deosn't
　mttaer in waht oredr the ltteers in a wrod are. The olny
　iprmoatnt tihng is taht the frist and lsat ltteer be in the rghit
　pclae.*（打乱顺序）

★ *According to a researcher at Cambridge University,it doesn't
　matter in what order the letters in a word are. The only
　important thing is that the first and last letter be in the right
　place.*（完整版）

　　根据剑桥大学某学者研究，单词里面的字母顺序不是

很重要，重要的是首尾字母不错就行了。

即使我们只看每个单词的上半部分，我们甚至也可以读得很好。拦住文本中某行的下半部分，现在就试试这本书的某一行看看，你会发现自己擅长阅读的大脑只要很少的象征性信息就可以完成阅读了。

阅读很流畅的人同时使用很多不同的策略把符号变成意义，这就很好地说明了一点，为什么你可以采取很多的办法来帮助孩子成为自信的阅读者。开发各种策略是他们取得成功的关键。

阅读过程是从孩子听的时候就真正开始了。你的孩子需要有足够多的有意义的声音刺激和各种有规律的语言。我们跟孩子用清晰、夸张的方式交谈能让他们最好地适应这些有意义的声音。育婴室的韵律歌和其他歌曲让他们的大脑开始为接受语言的韵律做热身活动。

孩子们1岁左右时就可以辨认所有构成英语的音素了。

感 悟

英语虽然只有26个字母，但有44个不同的音素，即声音中能辨别出的最小的单位。因为它们是孩子们在学校里学习拼读法的核心内容，所以他们需要在很早阶段就习惯听这些音素。

一定要确保你的孩子能搞懂这些音素是怎么形成的。用一种能让他们看清你嘴唇和舌头发出声音的方法发声。如果他们早期的体验过多地是卡通及电视上的木偶，以及DVD，可能这会限制他们理解语言各个部分形成和组合的方式。

什么时候孩子才可以说是开始阅读呢？应该是他们认识到自己所听到的语言与自己看到的奇怪符号具有某种联系那一刻开始。因此他们这一步走得越早越好。让婴儿看一看、摸一摸、闻一闻真正的书。让他们知道你所讲的故事是哪儿来的。当孩子跟你一起看书时，要指着自己所读到的每一个字。这对他们来说是需要掌握的神奇的东西：这些深深吸引着他们，让他们高兴的声音和节奏就在书页上，等着他们去揭示、去探索。

让你的孩子们看到你拿书本和翻页的方法。当然现在这对我们自己来说已经是第二本能了，但我们都必须搞明白自己怎么把书转到正确的方向，朝哪个方向翻页以及每一页的那些符号是怎么从左到右，从上到下安排的。

鼓励孩子进行阅读。给他们一本熟悉的书拿在手上，让他们对着你读，像真正的读者一样翻页。书上的图片和单词会给他们提供一些线索，而且他们会用自己记住的东西帮他们进行阅读。

在孩子开始尝试阅读不同的东西时（从图画书和简单故事到开始看大部头书籍、诗歌，以及非文学的东西），你要不断给他们示范这个很实用的方法。告诉他们哪些要从前往后读，哪种文本可以用不同方法进行阅读。小孩子常常被书的衬页、目录和索引所吸引。对于这种兴趣你要表示鼓励并告诉他们书的结构，告诉他们成为一个好的阅读者所需要的技能。

除了使用拼读法（即将不同声音组合成单词），学校还会教孩子们其他一些阅读技巧，如全句阅读理解，充分利用图片以及文本布局提示。作为成熟的阅读者，我们做这些是用不着思考的，我们可以鼓励孩子大胆使用这三种策略。

字母与读音

上学前，你的孩子需要你教他们字母：

给他们看各种不同颜色的字母，而不仅仅是黑白的。

给他们一些木质或塑料的字母让他们能感受字母的形状。他们闭着眼睛也能摸出这些字母吗？

给他们一盘沙子或一盘牛奶沙司，让他们在上面写字母。要是你用手指在他们背上写字母，他们能猜出你写的是什么吗？

字母表

帮孩子学习字母表顺序。一个经典的方法是使用熟悉的"一闪、一闪，小星星"的曲子来唱出字母。我自己两个孩子都是用下面这个版本学的：

A B C D E F G

H I J K L-M-N-O-P

Q R S, T U V,

W   X,   Y and Z,

Now I know my ABC,

Next time won 't you sing with me?

另外两种办法就是利用便于记忆的彩色字母挂图和插图，这对记住字母很有帮助。但是最好熟悉字母表的办法就是使用它。给孩子买一本适合他年龄的字典，让他们习惯用字典查单词。让他们在电话号码簿里面找朋友和家人的名字。告诉他们索引和词汇表是怎么用的，鼓励他们查找自己感兴趣的信息。

拼读法

虽说英文字母只有26个，但这些字母可以用来组合成44个不同的发音（也称作音素），如下表所示：

元音音素	单词示例
a	bat
e	leg, head
i	big, wanted
o	fog, want
u	bug, love

续表

元音音素	单词示例
ae	day, train, late, station
ee	feet, meat, belief, these
ie	tried, might, by, fine, mind
oe	throw, toad, cone, told
ue	soon, blue, flew, tune
oo	book, could, put
ar	far, past
ur	turn, first, term, work, heard
au	paw, tall, warn, haul, born, door
er	circus, mister, wooden
ow	down, about
oi	coin, toy
air	pair, bear, mare
ear	rear, here, beer
ure	pure, tourist

辅音音素	单词示例
b	boy
d	dog
f	fire, photograph
g	girl
h	house
j	jam, gym, large
k	cat, quite, fix, christen
l	leg
m	mouse, lamb
n	nut, knight, gnaw
ng	thing, sink
p	puppet
r	room, write
s	scarf, house, circle, science
t	table
v	van
w	wet
y	yes
z	zoo, please, his
th	that

续表

辅音音素	单词示例
th	thin
ch	chip, catch
sh	shop, mission, chef
zh	pleasure

从这个表，我们可以看到英语的复杂性。同一个音可以用不同的方式产生，一个字母或几个字母形成的组合可以发不同的音。

能够阅读意味着能理解字母和音是怎么搭配在一起的，也需要掌握大量的不规则单词。英语中还有许多不遵循规则的单词。

学校通常按照字母顺序教拼读法。因此你的孩子将会先学字母"c"发出的音像"see"（实际上这个字母的真正发音应该是"cuh"），而后再学"s"发音就像"circle"中的发音一样。你可以帮助他们在家练习这两个发音，帮助他们理解字母与发音之间的关系。那些字母的名称（如"c""a""t"）的使用对拼写能力的培养很重要，但发出音素（如"cuh""ah""t"）的音对于他们学会阅读则是最重要的。

将音素与一些情景和行为联系起来看看。最明显的是"s"。你可以一边把手弯成蛇的形状一边发出蛇的嗞嗞声。学"d"音的时候您可以做出敲门的样子，不断地一边敲一边发出声音："笃，笃，笃。"

有些学校采用一套完整的体系，每个音素都配上一个特定的字符。如果你孩子是这样学的，那就要搞懂这个体系是怎么一回事，而后在家里进行强化。如果不是，就跟你孩子一起玩着将一些发音和容易记忆的东西相联系。

发"p"音的时候可以想象在用针刺气球："噗，噗，噗"，直到气球爆炸。

练习"r"音的时候可以假装成一只咆哮的狮子，腕关节弯曲，"爪子"向前做成字母"r"的形状，发出："Rrrroar（吼）!"

孩子的老师会跟他们一起探讨复杂的拼读法，帮他们掌握发音和拼写。可以鼓励他们用一些关键的听力技巧和发声技巧，混合使用图像、声音和运动，通过更多的大脑刺激，丰富他们的学习过程。

老师还会向孩子展示有关字母的一些重要规律：例如，"神奇的e"能使字母"a"在单词"rat"和"rate"中发不同的音；或者像"c"后面加"i"或"e"通常发为"s"音。请帮助孩子们在理解发音过程中使用这些有关字母的规律。

当你和孩子们一起阅读的时候，鼓励他们构造那些容易弄错的词。学习阅读的早期阶段非常累人，而且令人气馁。因此帮助他们弄清楚每个音本身就是胜利，这能帮助他们一步步接近成功。

在我儿子身上我发现，当我对他每次的发现进行表扬时能极大提高他的自信心。一个像"children（孩子）"这样的词，我会说："对，这是个有'ch'的词。棒极了，我们现在开始学会了。

对了，下一步呢？太聪明了，这是个有'chi'的词，再多加一个字母：对，这是个有'chil'的词……"

如果我们在拼"caught（抓住）"这个词，我们的成功是从"c"开始的："你真行，你知道这是个有'c'的词。再看下一步。对，没错，'a-uh'听起来有点怪。你记得'au'是什么音吗？非常棒，是'aw'。你是用了在学校学的拼读法，是不是？因此这是一个有'caw'的词。继续努力，你马上要成功了……"

不要怕在孩子们面前使用"拼读法"和"音素"这类术语。你的做法有助于使学校教育和家庭教育结合起来，从这两个方面强化培养他们的阅读能力。

鼓励他们找发音规律。玩押韵游戏非常适合于这种练习。你可以说一个句子，然后让孩子随便接着说，只要押韵就行，不管他说得多糟糕，例如：

★ *父母："我刚刚从商店里回家。（I've just come back from the shop.）"*

★ *孩子："我希望我已经跳下。（I wish I'd decided to hop.）"*

★ *父母："我们准备喝喝鸡肉茶。（We're going to have chicken for tea.）"*

★ *孩子："我准备把我的扔进海里。（I'm throwing mine into the sea!）"*

你可以试试他们能否想出10个和"面包（bread）"还有"鞋子（shoe）"押韵的词。告诉孩子一个音可以有多种拼写方法：如shoe, loo, through, pew, true……

你可以说一些关于名人押韵的句子或给他们取个绰号："西蒙·科威尔围了一条围巾（Simon Cowell wears a towell.）；鲁尼小

妞（Puny Rooney）；斯皮尔斯，狗头军师（Spears the Ears）。"

让孩子在单词中找单词。"词素"是最小的有意义的语言单位，因此像"carboard（橱窗）"这种单词就有两个词素，"card"和"board"。你可以在这个词中找到其他的词，像"car"和"boar"，但是它们跟"carboard"这个词的意义没有什么关系。有些词素是前缀，像"pre-"和"un-"；有一些是后缀，像"-ful"和"-ness"；有些词则是独立词，如"work-man-like（精工细作的）"。如果孩子知道"-ology"是"学问"，或"-ly"是"像什么"的意思，那么他们就具有能发现这一类词的能力。孩子们认识的词素越多，词汇量越大，他们的阅读就越流畅。

记忆力的一个关键工作原理是整理、归类，因此找到成组的词汇是记住它们的很好办法。孩子能告诉你一些有"light-"或"-box"的词吗？鼓励他们主动思考词素的意思，尽量发挥想象力，然后在自己的词汇库中搜索符合规律的单词。这能增加信息间的联系，也能强化大脑用有效的方法对材料进行分类、整理的能力。

通过发声拼读单词和使用词素帮助他们阅读，孩子们将会通过视觉学到更多的单词。

100个最常用的单词占据了英语书面语的53%。一定要让孩子尽快认识这些单词，这对提高他们的阅读能力起着极其重大的促进作用。这些词如下：

★ *a, about, after, all, am, an, and, are, as, at, away*

★ *back, be, because, big, but, by*

★ *call, came, can, come, could*

★ *did, do, down*

★ *for, from*

★ *get, go, got*

★ *had, has, have, he, her, here, him, his*

★ *I, in, into, is, it*

★ *last, like, little, live, look*

★ *made, make, me, my*

★ *new, next, not, now*

★ *of, off, old, on, once, one, other, our, out, over*

★ *put*

★ *saw, said, see, she, so, some*

★ *take, that, the, their, them, then, there, they, this, three, time,*

★ *to, today, too, two*

★ *up, us*

★ *very*

★ *was, we, were, went, what, when, will, with*

★ *you*

有些父母和孩子喜欢用生字卡和电脑程序考察这些基本单词，而且这对于快速认识常见词是很有用的。但阅读并不仅仅是处理孤立的单词。孩子把单词放在真正的语境中练习越多，他们就能越早在阅读中使用意义所提供的线索，开发其他相对次要的关键阅读策略。

使用意义

通常我们喜欢告诉孩子不要猜单词的意义。但这实际上恰恰是流畅阅读者总是在做的事。他们在自身期望的基础上，使用很多提示对单词的意义尝试着进行预测。

句子的成分可能会对下一个是什么词有暗示。例如，"我正准备往＿＿去。"这里空白位置的单词肯定是一个名词，而不是像"漂亮"这种形容词或"玩"这种动词。我们的大脑能很快排除各种可能性，使我们从合适的单词中做出选择。

文本的意义可能也很有用："罗比在他上学的第＿＿天觉得很紧张。"阅读能力强的人在这里会最大限度地利用意义去预测空白处可能是什么词。这个词更可能是"第一"和"最后"，而不是其他普通数词。

我们也用自己的常识帮助阅读："守门员在扯自己的手＿＿。"如果我们知道守门员是戴手套的，我们通常更可能优先选择手套这个词，而不是选"手指"或"手掌"。

孩子们也会运用记忆力去预测他们阅读的文本，通过想起某一特定文本，比如"灰姑娘的马车拐进了一个＿＿。"还有他们不断增长的阅读类型，比如"从前有个……"

孩子们在阅读中越有信心，他们越能运用更多的提示。胡乱的猜测没有用，但是这种有根据的预测恰好就是阅读中所使用的方法了。这种预测能将各种提示结合起来使阅读变得很有意思。

你可以跟孩子玩找单词的游戏。开始的时候可以用他们熟悉的书本，把便利贴剪成纸条盖住单词。选取句末很有意思的单词，让孩子来读句子并告诉你纸条下是什么单词。如果他们猜错了，可以给他们提示第一个字母再让他们猜。告诉他们一些可能用到的提示。

随着他们的阅读不断进步，可以不断增加文本的难度。为了好玩，你也可以建议他们在空白处填充那些最不可能的单词，并偶尔让他们填一些无法寻找线索的单词："萨沙转过去，然后说了句让他们都大吃一惊的话来，'我已经丢掉了我的____'。"

阅读中第三个关键策略涉及的是文本看起来是什么样子。

视觉提示

父母经常担心他们的孩子靠看图片猜单词的意思。但是他们将这和其他类的线索（字母、发音、句子结构、意义和记忆力）一起使用的话，这也是很有效的一个阅读技巧。

给孩子看有漂亮图片的书本。他们喜欢看理查德·斯卡里书里的图片细节，或者探索安东尼·布朗作品中的符号和图片。

他们看单词的方式也很有用。你可以帮助孩子发现那些大写字母，比如让他们找书里面的名字。米莉·格雷和罗瑞恩·柴尔德的作品常常用不同的字体制造特殊效果，帮助孩子们在句子中找到重要的单词或让他们看清楚有不同的人物在说话。这种方法非常有利于提高孩子们对其他视觉线索的注意，如标点、空行、段落结构。跟他们讨论那些加下划线、粗体或斜体的单词。

通过发音、意义、结构、记忆力和外形等渠道进行阅读，这种方式向我们展示了一种大脑处于最佳运转状态的方法。好的阅读者在当前的时间点对文本进行处理的同时也在探索过去的经历，还在对将来进行想象。他们的语文学习结合了多样性、多层次的思维能力。

孩子只有一次机会学习阅读，因此他们要抓住机会努力。如果你感到他们读得很吃力，一定要记住孩子们的进度是不一样的，但也要问问他们老师是否有特殊问题存在。对孩子的阅读能力越了解，你越能清楚地知道他们会有什么样的问题。而且，你要找到解决问题的办法。

孩子们在准备学习阅读的时候，既需要学校，也需要你的帮助。你有很多的工作可做去帮他们充分享受阅读带来的好处。例如：

★ *出于多重目的，让他们看你阅读*

★ *给他们提供各种文本：文学的和非文学的；纸质的或屏幕显示的；自己的或借来的*

★ *讨论你们都看过的书，鼓励他们发表自己的看法并与他们分享你自己的观点*

★ *即便孩子们自己已经很会阅读了，你依然要给他们阅读。让他们知道你喜欢跟他们分享你的书*

★ *有时候让他们读读难度稍低于或稍高于他们水平的书本这*

有助于帮助他们有意识地培养阅读技巧以及关键的元认知能力。他们能告诉你为什么有些文本特别容易，而有些特别难吗？阅读那些很幼稚的书或很难的书的时候，他们心里是什么感觉？

提高写作能力

小学阶段的写作主要包括：

★ 用写作进行交流、安排、解释、评论、劝说、探索经历、创造想象世界；

★ 选择和变换形式、内容和风格以适应不同的读者和达到不同的目的；

★ 掌握大量的词汇；

★ 写越来越复杂的句子，组成句子，再组成篇章；

★ 为了表达清楚和达到不同效果，使用标点符号；

★ 有很多好的拼写策略；

★ 写作清晰，容易辨认；能用不同的书写方式达到不同目的；

★ 能进行写作的整体规划，写出初稿并进行修改。

作为好的读者，孩子们需要善于思考。作为好的写作者，他们需要能充分运用思维技能和阅读技巧。他们需要使用自己对语言的理解力，利用从其他作者和其他文本那里学来的理念以及他们所有的想象力。

看着孩子经历写作的各个阶段是很有意思的事。他们开始仅仅是信手涂鸦，显示他们知道意义可以用符号来表达。他们对阅读本身理解的不断成熟刺激着他们进行自己的写作：曲曲折折的线条，奇怪的小图形，貌似文字的符号。你要对他们这种行为表示鼓励，让写作成为你们游戏的一部分。如果他们假装弄了个咖啡店，让他们替你下单。在你真的去逛商店之前，建议他们写下自己的购物清单。信手涂鸦是理解写作目的和开发实际写作能力的第一阶段。

书写

注意观察孩子拿铅笔或钢笔的方式。他们刚学写字时不要干涉他们，但要尽快鼓励他们用那种写得快、握得舒服的方法。向他们展示你自己是如何握笔的，并解释为什么。只要他们握得像大人一样就要加以表扬。

当孩子在学字母时，让他们在空气中写、在沙滩上写，或用手指在你手上比画。训练他们尽可能清晰准确地画出简单图形。画一些点，让他们来连线。

随着能力的增长，他们开始在纸上书写，显示他们已经在文字上入门了。老师会告诉你学校使用的具体书写规范，而且遵守这种规范很重要。你实际上已经很清楚地知道那些基本练习技巧，像"e"这个字母是从左往右写横线开始，而"p"是先写上面的再写竖线。

我们经常忍不住告诫孩子要写漂亮点，但实际上如果能向他们展示什么才是漂亮的书写更有效。可以写一些漂亮的字母和单词让他们模仿，但也可以充分发挥他们的想象力。例如：

"你的大写 T 需要像塔一样再高点、直点。"

"把'Y'想象成酸奶杯，而把本子上的直线想象为放酸奶杯的桌子。"

> **感 悟**
>
> 平时，偶尔对他们的书写予以更正。不要采取粗暴方式或让他们有挫败感。但一定要帮助孩子避免形成难以更正的身体习惯。强调你在帮助他们写得又漂亮又快速，这样就能吸引他们把自己的聪明才智放在这上面了。

拼写

这个理论同样适用于孩子们的拼写。在信手涂鸦之后的阶段，随之而来的是"半拼读"阶段。在这个阶段，他们的阅读能力帮助他们选择一些正确的字母组合。每次他们写了什么你能够看懂的东西就用表扬来帮助他们。当你不理解的时候就要他们告诉你是什么意思，这时要显示出你感兴趣、很兴奋。随着拼读能力的增长，他们常常会很有逻辑地、创造性地造出一些新的拼写法来：如把"shoe"写成"shoow"，"people"写成"peapull"，"box"写成"boks"。在这个阶段，他们的拼写错误实际上显示了他们对语言的理解已经得到了提高。他们的阅读面越广，做出的拼写选择就会越好，因为他们会发现模式和类别，并增加他们所熟悉的词汇。他们会越来越接近正确的拼写。在你的帮助下，进步会变得快乐而自然。

　　本书中所有的技巧都能让你帮助孩子提高语言能力，帮助他们用一种非常合理的方式形成并结合各种思维技能。但我们也有一些具体策略可以提高他们对于掌握单词的信心。

感 悟

　　鼓励孩子在心里给某个单词照个相，然后在心里尽量去把这个单词看清楚。考考他们究竟在他们脑袋里面这个单词是什么样子并让他们从前往后拼写。

　　建议他们给单词涂上浓色，并把重要的地方用夸张方式凸显。例如，可以把"White"中间容易被忽略的"h"用远高出其他字母的白色大字母制造出醒目的效果；单词"ball"的两个"l"可以用特别颜色进行凸显，可以考虑用孩子们喜欢的艳红色，并且只要他们愿意可以写得很长或很宽。他们甚至可以把这两个字母变成足球门的两根边柱。

鼓励孩子尽量使用他们尚在开发之中的记忆能力帮助他们掌握单词。尝试用下面的技巧。

如果他们在单词中看到其他单词，他们可以用这个单词作为自己拼写的记忆提示。他们在单词"relevant（相关）"和"jewellery（首饰）"中可能会看到自己的朋友"Eva"和"Elle"的名字。如果他们不能记住究竟是"different"还是"differant"时，他们可以想象，如果租不同的房子就要付"不同的房租（different rent）"。

他们可以想象把一个单词写在某个特别的或适当的东西上。这就需要他们用到更多的感官和情感，使记忆得到强化。想想用一个软牙刷在大象的腹部侧面写"大象"这个单词，或者拿一个生锈的钉子在价值连城的橡树桌面画"淘气"这个词。

那些特别难的单词可以用特别的记忆提示。尝试玩一玩把记单词变成记句子的游戏，例如：用"Your anchor could have tangled（你的船锚可能被缠住了，5个单词的首字母组成yacht）"，或用"Big elephant are useful to Indians for unloading logs（大象对印度人卸木头很有用，首字母组成beautiful）"。促使孩子们对观念形成直观图像，并帮他们设计自己的句子。

词汇

单词拼写和意义都可以用想象的方式变得栩栩如生而形成深刻记忆。试试用用下面这些技巧。

★ "Truncated"意思是截取：因此你的孩子可以想象一头
大象的鼻子（trunk）很短或一棵树的树干（trunk）被砍
掉。"goanna（巨蜥）"是一种蜥蜴，这个单词的发音像
"Joanna"：因此可以想象有一只叫Joanna的宠物巨蜥。

★ 让孩子边看单词边读出来，让单词与意义形成容易记忆的
联系，并且尽量使用所有脑力发挥创造力和灵感对语言进
行探索。

★ 除了尽情发挥想象力，鼓励他们用稻草、建筑玩具、叶子
或泥土等工具拼关键词，以调动动觉学习技能。

★ 运用肢体活动拼写单词有助于形成"肌肉记忆"，让孩子对
某些具体的单词书写形成较强的感觉，进而对语言形成总
体感觉。鼓励他们书写的同时，心里想该单词的样子并回
忆所有他们自己创造的线索，激活整个大脑。

就像以往一样，跟他们谈论正在学习的技能，鼓励他们对思
维进行思考并参与他们自己的进步和成长。

随着孩子逐渐掌握写作，他们所有的思维能力能够反映在他
们自己的作品上。在家里给他们机会的话，孩子们通过激活大脑
各个关键区域将会对语文更有兴趣，并且会有更大提高。

刺激他们的视觉和想象：他们能够对自己某个完美的花园进
行描述吗？看看公共汽车上的那个男人，他的人生是什么样子
呢？如果我们在度假的时候房子倒塌了，我们会怎么做呢？

通过图画书，凭想象画海报，和电脑游戏中逼真的虚拟景象，

让他们接触五彩缤纷的想象世界。让他们用嘴和笔描述他们所看到的东西。在他们描述的过程中还考考他们综合应用其他感官的能力。

帮助他们把自己的经历和记忆用写作的方式记下来。当你们在林子里散步的时候，试试让他们写首诗，诗中要包括他们听到的、摸到的和闻到的。在剪贴簿上贴上明信片，各种票和行李标签以及度假游记。给他们买个日记簿使他们可以记下每天的经历和重要的日子。

用肢体活动刺激创意。在他们描述自己故事里的老婆婆时，让他们示范一下老婆婆穿过客厅的走路姿势；在他们把坐过山车的经历写入剧本之前，鼓励他们模仿坐过山车的样子。帮助他们尝试用动觉技能（触摸、运动、表演）使他们的写作变得生动活泼。

鼓励他们在别人所创造的东西的基础上，发挥自己的想象力。此外还可以结合不同的媒介发挥想象力，如借鉴他看过的电影和玩过的电脑游戏。

考考他们，让他们尝试写写应用型文本和创作型文本。他们能为公用的新电脑制定一些使用规则吗？当你们外出的时候，邻居将帮你们照看宠物兔，孩子们能给他们写一份说明书吗？

通过让写作变成家庭生活的一部分，你在鼓励孩子们在自信和能力增长的同时也同步开发了其他技能。

上述理念涉及想象力、逻辑推理、记忆力和交际能力。所有这些方面共同促成了他们的思维和学习方法的形成。各个方面都在写作中起着重要的作用。反过来这些能力在被用于语言的读、写、说的过程中都得到了强化，而且适用范围也得到了增加。

技术术语

随着孩子在语文能力方面的增强，你可以鼓励他们使用那些有用的记忆诀窍学习词汇和概念。

Adjective（形容词）是描述性单词。他们可以想象一个DJ在演奏音乐之前，对他的音乐进行描述。让孩子模仿一下DJ的声音并说说他们所喜欢的曲子。

Ellipsis（语法省略）就是"……"。你的孩子可以想象他们老师的嘴唇（lips）变成一条虚线，然后画一幅嘴巴是虚线的漫画头像。

单词simile（明喻）与smile（微笑）很像。试试让孩子列出许多有关微笑的比喻：他的微笑像阳光/像字母U/像一排弯弯的墓碑……

家庭语文

家庭成员对孩子语文各个方面的支持有许多共同点。伊利诺伊州立大学的教育学多洛里斯·德金教授的详细研究表明阅读能力开发早的孩子通常有如下特点：

★ *父母会给他们阅读，跟他们交谈并回答他们的问题*

★ *既有学校的阅读计划，也能自己有足够的书*

★ *每天有机会接触印刷品*

★ *家庭成员有阅读、写作的习惯*

许多其他的研究证明了父母参与孩子阅读过程的重要性。当父母阅读、写作、一起交谈、上图书馆，并把文学引入日常生活中的时候，他们在对孩子的语文能力的整体提高方面有帮助作用。他们这么做是在培养孩子的正面情感和灵感，他们对孩子的关键思维技能进行探索，促进了孩子的长期进步。

数学学习

小学的算术主要包括：

★ *解决问题：寻找关联；用简单步骤分解问题；选择新颖方法；估算和检验*

★ *用精确而适当的方式交换答案；具有解释力和说服力*

★ *数数和计算*

★ *描述数字的模式和顺序*

★ *进行心算和笔算；需要时可用计算器*

★ *解决抽象问题和生活中的问题；解决二维和三维图形问题*

★ *测量和画出各种图形及各种角*

★ *对曲线图、图表和示意图进行解释说明*

南非科学家和教育家西摩尔·派普特提出家庭应该给孩子奠定基本数学知识。他说家庭生活应该反映出对数学的兴趣和对数学的理解，要在不同的活动中对数学问题进行讨论和探索。数学应该要自然而然地渗入孩子的生活，帮助他们培养数学所需的能力、信心和创造力所需的智力基础。

跟语言能力的开发一样，数学能力的提高也是各方面的有机结合。孩子所处的环境起着重要的作用。作为孩子的父母，你需要意识到，思维能力的自然提高能帮助他们在恰当的时间、以恰当的方法学习知识和技能。日常的家庭活动可以帮助孩子为应对学校的正式学习而做好准备。给他们提供难得的机会来应用他们所学的知识，强化他们的技能，丰富他们的理解。

四个月大的时候，当孩子们面前的东西在数量上发生变化时，他们就能表现出惊讶了。你可以玩一些简单的游戏，考考他们早期的数字意识。

把一块砖放在垫子上，你在上面加一块并用夸张的方式装出吃惊的样子："发生什么啦？有什么变化了吗？"当你把其中一块藏起来的时候，跟孩子一起激动地去找："这次有什么变化呢？到哪儿去啦……会到哪儿去了呢？"

孩子们1岁的时候，他们开始展示一些对加减的简单理解。如果一大群东西中有某个东西被移走了，他们能发现有地方空出来了，而且能把这个东西放回原处，恢复原样。替孩子清点数目：可以是游戏场的玩具，农场的动物和桌子边的人。让他们熟练数字的发音，训练他们熟悉你念数字的方式。这有助于帮助他们形成一一对应的观念：每个数字对应于一群东西中的一个。让他们明白物体的加减是总数发生了变化。

当孩子们开始讲话的时候（2岁左右）帮助他们在情景中学习数字。强调说现在有2个玩具娃娃或3辆火车，并让他们摸一摸、玩一玩你说的这些东西。用熟悉的东西让他们搞清楚数字的真实含义。

★ "玩具娃娃换了位置后，发生了什么呢？是不是还是2个呢？"

★ "如果你数的是3辆火车，那么拿走1辆，你还能说剩下的火车数是'3'吗？"

你并不是在进行真正的教学，而仅仅是用一些有意思的问题激发孩子的兴趣，拓展他们的思维。这实际上是让他们对一些重要的概念产生了兴趣。

孩子们需要学会的是，数字是一组东西的一种性质。不像描述性语言那样既可以描述某个东西也可以描述几个东西，数字适用于整体的集合。即便有2只泰迪熊或现在所指的是上次数过的第2只，你也可以指着泰迪熊说"2"。只要是泰迪熊现在实际的数量就行。

另一方面，书架上的3本书即便顺序做了改变还是3本书。数字的顺序不会改变。同样的数字可以用来数任何东西。

拿一套玩具做工具，边问边模仿，让孩子边观察边思考其中的规律和规则，这能帮助他们建立关键的数学思维技能。

3岁时，孩子们可以开始尝试做除法游戏。你可以用实物来做，像面包或片状食物。用一些像"分配""除以"和"分组"这类单词作为核心词。边说"你一份，我一份"，边给你们两个人分食物，然后再过渡到一大群人中去分。

纸牌游戏对于强化除法概念很有用。拿一叠纸牌分给任意数的玩家，你只要一轮一轮地发牌直到发完。对于那些多出的牌，你可以跟孩子谈谈"剩下的数"甚至"余数"的概念。鼓励孩子看看每一叠，是不是一样的数量呢？这个游戏公平吗？如果把他们又加到一起，那么跟原来那副牌看起来还是一样吗？试试让不同数量的玩家参与，让孩子明白玩家越少，每个人得到的牌越多。虽然离他们正式地做除法问题还早，孩子就已经可以对除法达到较好的理解水平了。

4岁的孩子可以数到10或20，并且能玩简单的数字游戏。试试另一种数数方法：你说"一"，他们说"二"，你再说"三"，这样数下去。这不仅能强化他们的数数能力，也非常有助于提高他们的注意力和交际能力。

孩子学说数字的时候，可以给孩子制作简单的、色彩丰富的数字线帮助他们练习读数。一定要让他们从0开始读。下面这个办法很不错：把有些数字线水平排列、让孩子从左到右念，而有些垂直排列的则按从下往上递增。鼓励孩子跳过两个、三个、四个或五个地读，给他们介绍乘法的概念。

　　试试用不同大小的数字线。这个方法能很好地展示数字线上的数字才是最重要的，而不是数之间的实际距离大小。比较一下不同大小数字线上0和10之间的距离。为什么有一个就比另一个距离大了很多呢？在数与数之间的距离很小的线上，为什么1到20的距离比大数字线上的1到5的距离还小得多呢？这是一个需要掌握的关键概念。小孩子常常会经历这么个阶段，他们相信某个东西越长，它的值越大。因此一排距离较宽的5粒扣子看起来比一排紧密相邻的5粒扣子要多。通过结合实物和数字线，逐渐帮助他们发现真相并帮助他们真正理解数字的含义和用途。

　　5岁的时候孩子可能既能顺着数也能倒着数了，而且你应该要帮他们顺延数字，甚至加到100以上了。在这个年龄，要建立的基本原则是：最后一个数到的数字是一组物体的总数。因此当他们指着玩具车一个一个说"1、2、3、4、5、6"的时候，数到最后的数字就是玩具车的总数。

　　让孩子看你数东西，偶尔故意犯点错。"1、2、3、4、5……"孩子喜欢找符合规律的空白部分，这个活动能帮助他们明白按顺序数数的重要性。有时候，不要按从左到右的清晰顺序指着东西数数。让孩子们看到你数东西的顺序并不会改变数字，数字本身的顺序才是关键。有时候明显漏一个数。孩子会问你："刚才数错了吧？"

　　6岁的孩子可以做一些简单心算加法。鼓励他们说抽象数字的同时，让他们想象实物。这样，使他们既能运用创造性思维也能用逻辑性思维："3辆艳红色小车再加1辆……总数是多少呢？1加3是多少？"

让他们试试与加法相反的减法。给他们足够多的小道具玩，并建议他们使用生动且容易记忆的图像，充分调动他们的动觉学习能力："3只毛茸茸的小鸭子在池塘里，突然有1只被坏狐狸叼走了……现在还有几只呢？""如果你从一栋20层楼的顶楼往外看的时候，电梯往下降了5层，现在是在第几层呢？"

等号

一个需要早点掌握的重要概念就是等号是什么意思。很多孩子都认为等号就是做计算，因为这就是他们看见很多问题中等号的用法。他们认为只要做等号左边的计算，再在右边写上答案。可是，孩子后来会碰上这种问题：2+3=7-？

为了让他们长期受益，应该告诉他们等号是"与……一样"的意思。左边的数字与右边的一样（相等）："2+3等于7-？"你可以用一组老式称重天平砝码做模型告诉他们："3块加4块的重量等于5块加2块或10块减3块。"

感 悟
随着孩子计算能力的提高，尝试用各种不同的词汇表示加法（增加、多了、和）和减法（减去、拿走、少了）是一种很有用的方法，但要确保孩子一次掌握一个。当他们弄懂了"拿走"的意思后，拿走一块饼干后要他们再数数还剩下多少，然后再教"减去"这个概念。

数字

鼓励孩子有意去感受身边世界的数字。让他们数不同的东西：物体、活动、声音、事件。玩玩数字版的"我看清"："小眼睛，能看清，我看见2个/4个/3套……"试试让他们到商店里或大街上的某处去找数字1，然后找数字2，等等。

测量

帮助孩子理解关键数学术语，像"多于"和"少于""大于"和"小于""比……大""加"和"减"。让他们在实际生活中使用这些词，"让我们加点温度，好吗？""看着，我们把塞子一拔，水就在减少了。"用一些容器向他们展示相同量的东西可以看起来不一样。一个细瓶中的牛奶跟宽瓶中的果汁可能高度一样，那么为什么将果汁倒入同样大小的杯子中是时候比牛奶多呢？泡澡的时候使用塑料瓶和浴盆是个很好的能刺激实际操作探索的方法。

形状

开发孩子对形状的意识。同往常一样，在告诉他们形状的名称时，让他们去感受，去玩这些相应的不同形状的东西。让他们体验为什么有些形状能拼在一起，而有些不能。他们能猜出形状序列中的下一个是什么吗？他们能根据自己的方法按规律摆放形状吗？试试让他们到图画书里面和著名的美术作品中找到尽可能多的形状。当他们准备好了后，跟他们介绍那些他们能认识的三维形状：长方体（鞋盒）、立方体（骰子）、球体（球）。他们能通过触摸辨别出不同形状的东西吗？

让数学进入生活每一天

家里是掌握很多重要数学概念的最好地方。

要想熟练地在学校解决厘米、小时、千克和毫升问题，孩子需要有在实际生活中使用它们的经验。他们需要弄懂一千米究竟是什么样子，50克是什么感觉，否则他们在应付许多这类抽象词汇的时候会很困难。

告诉他们地图上的距离、包裹上的重量和衣服标签上的尺寸。用强有力的例子来激活他们的记忆。他们喜欢的一包薯片重量可达30克，走路到游泳池有1.5公里，一集电视热播剧大约20分钟。

　　孩子的良好时间感尤为重要。掌握时间可以先从"以前"和"以后"概念开始："吃午饭以前你做什么？""爸爸回家以后接着发生了什么？"接着可以开始将他们所经历一天的重要时刻联系起来。可以为他们买一个或做一个钟让他们体验。"喝茶的时候钟的指针是什么样子的？""时针指着7，分针垂直朝上的时候你在干什么？"给他们提出一些有意义的时间问题，这些问题需要跟他们相关。"如果你还打算踢1个小时的球，那么你进来的时候是什么时候了呢？""我们要在中午走，飞机将在下午2点45分降落，那么要飞多长时间呢？"帮助孩子使用数字钟和类似的钟。他们的第一块手表对他们掌握时间和自信地将时间用于自己的实际目的非常重要，可以让他们在学校能够做抽象的计算。

　　钱可以作为另一个提高孩子数学思维的有用工具。数他们的存款，或者计算他们还要多少钱才能买某个特别的玩具，这类办法能够成为促进他们学习的有用方法。用钱币来鼓励他们发挥创造性思维和逻辑性思维：例如，选择如何花零花钱，计算分配什么项目花多少。钱是学习小数的最好方法。当孩子解决像3.09+5.7这类问题时，如果他们对钱有较好的理解的话，他们就很容易对3.09 + 5.70形成视觉化形象而且计算出数字。2.1和2.01之间的不同如果跟钱币联系起来的话会显得更为清晰。

> **感 悟**
>
> 　　帮助孩子们使用数学技能探索生活中的数字。鼓励他们阅读报纸上的天气预报表和体育统计数字。告诉他们如何用笔和电脑技术管理存款，制定假期预算或记录他们的曲棍球队比赛的结果。跟他们讨论哪些方法最好，为什么最好，并让他们展示自己所做的有趣结论。

数学思维

　　尽可能用生活中的机会讨论数学，尝试让孩子解释自己的思维并说服你他们是对的，例如：

★ *"你怎么知道4个人没法平分这些三明治？"*

★ *"我认为1英镑（约为人民币9.80元）买三个冰激凌比70便士（约为人民币6.90元）买两个划得来。你同意不？"*

★ *"哪一个更可能：去掉奇数还是偶数？"*

　　能在数学方面提出具体而有说服力的观点是小学阶段所要掌握的关键能力。让孩子自然地形成这种思维能力，把它作为另一种加强他们元认知能力的方法。这会考验到他们这几个方面的能力：准确使用词汇、进行创造性思维和逻辑性思维、分析他们的数学思维是否准确而实用。

　　让他们说说他们是如何研究问题的。你不必要知道答案。实际上，你在不知道答案的时候，给孩子机会真正去发现尤其有用，例如：

"我想我们可以用多少种摆法把凳子放在桌子周围呢？"

"有没有办法给每个人分配不同数量的巧克力呢？"

"我们有一个4升的桶和一个7升的桶，我们能用他们量出1升的水吗？2升、3升、5升呢？有没有我们不能量出来的呢？"

尝试让孩子们充分运用他们的思维技能找到答案并向你做出说明。鼓励他们将问题形象化。用他们的直觉进行预测，进行系统计算，使用小道具或用笔记整理他们的思维并看看他们是不是尝试了所有的可能性，尤其是当他们准备做结论的时候。

让孩子们意识到有时候数学是用来证明某观点是错误的，这有利于解放他们的思维。这是关于检验理论、找到规律、得到发现，当然并不总是你所期待的正确答案。

这类问题给孩子们大量的机会使用并强化他们的数学技能。结合创造性思维和逻辑性思维，试验、分析、形成观点、证明观点并检验观点就是数学思维所包含的内容了。

数学中的神奇记忆法

记忆技巧在数学中也起着重要的作用。鼓励孩子用他们的创造性学习能力去记住重要的概念、规律和词汇。

锐角/钝角（ACUTE/OBTUSE）

"机灵CUTE"意味着小，因此孩子可以将它作为提示自己记住那些锐角是最小的、不到90度的角。让他们量一下，画一个锐角，然后在里面画一个机灵的小动物。

相对而言，"钝角（obtuse）"听起来就像"肥胖（obese）"。这很有用，因为钝角都大于90度。他们能先画一个钝角、再添上一些线条画成一个大肚皮和细胳膊细腿的胖子吗？

周长

通过一些练习，孩子就能开始在单词内部找到一些有用的记忆提示。"perimeter（周长）"中的"rim（边）"能提醒他们这个单词的意思是：图形周围的长度。通过把这个词形象化，把"rim（边）"部分放大点或涂上亮色，然后想象测量杯子或瓶子的边沿，他们就会在心里形成难忘的记忆了。

平移

孩子能在学习数学时采用多种记忆方法对他们来说很重要。

平移图形意味着将它们从一处运送到另一处，因此他们可以将单词"translate（传送）"稍加改变而成"train's late（火车晚点）"："火车晚点啦，因此人们必须快速将火车沿着轨道准时移到车站去。"

想出生动的大脑图画能让孩子真正地启动大脑。他们可以将这种难忘的景象形成画面，加入声音和情感，然后形成一个强有力的提示让我们记住数学中的传送是什么。

你可以教孩子自己一个记数字的简单的方法，既可以是个别的数字，也可以是一长串数字。

激活创造性思维和逻辑性思维是一种技巧，它能将抽象数字变成生动图像，然后将图像联系起来形成容易记忆的场景和故事。它能帮助孩子们对数字认真思考，找到规律并建立联系，使数学学习变得既高度系统化又充满创造性。

数字图形法

这个方法涉及选择图像代表从0到9之间的10个数字。每个数字的关键图像是基于它的形状，这使它很容易记忆。

0 像一个圆球

1 像一支铅笔

2 像一只天鹅

3 侧面像小山

4 像游艇上的帆

5 像弯弯的钩子

6 微微前倾像加农炮

7 像一盏灯

8 像一个雪人

9 像一根棒棒糖

跟孩子们谈论这10个形象。他们可以根据这些画一些有趣的彩色图画，做成贴在他们墙头的海报。鼓励他们不仅要用眼睛看这些生动画面，还要想象摸摸、听听、闻闻、尝尝这些东西会是什么样子。

用这个方法记数字只需要将每个数字变成合适的画面，然后将画面用一种容易记忆的方式联系起来，例如：

★ *记住他们朋友的门牌号13，孩子可能想象用铅笔在他们的前门画一幅有几座小山的图画。*

★ *如果他们新密码锁的密码是7253，图像就应该是灯、天鹅、钩子、山。因此他们可以想象把自行车停在街灯下，上面停着一只天鹅。天鹅垂下一只锐利的金属钩子勾住自行车飞到山上去了。*

★ *孩子有个下午4点看牙医的预约，你可以让孩子想象诊所在一只豪华游艇上。*

★ *若孩子被邀请去参加28号的生日晚会，他们要想记得更牢固，只需要在大脑中形成一幅天鹅袭击生日蛋糕上的雪人的画面就行了。*

只要线索清晰、牢固，画面很容易就可以被还原为数字：

★ 用铅笔画山就是1和3。把它画在朋友的前门上，因此他们
一定是住在13号了。

★ 灯柱上有只天鹅，鹅的钩子和鹅飞过的山，让你想起7、2、
5、3，这就是你放在灯下面的自行车锁的密码了。

数字组合

帮助孩子学会所有重要的"相加等于10的数字组合"，两个数
相加恰好等于10。

因为"十全十美"经常被看做"最高分"，你可以假设一个竞
赛中，下面所有表现都拿到了满分：

★ 画了一幅棒棒糖的画（1+9）

★ 喂冰激凌给天鹅吃（2+8）

★ 拿着火炬在山村散步（3+7）

★ 在船上打加农炮（4+6）

★ 每只手拿一个锋利的钩子（5+5）

由于这些图片成对地组合起来，因此不用管这些代表数
字的图片边上是什么东西。把它们用作记忆辅助手段能帮助
孩子在心里牢牢记住它们。同时，还能激活孩子们关键的思
维技巧。

最好的数学家们在解决难题和应用知识的时候使用逻辑和想
象力、创造力的比重一样多。这种技巧能激发并检验他们的创造

力，而且能将这种创造力直接用于数学上。在他们将抽象信息变成具体、生动、容易记忆的信息时，这个技巧也能帮助孩子们成为积极的学习者。孩子们在发挥才智为成功努力的时候，它能让孩子们更加自信地做出正确选择。

当孩子们彻底掌握了这个基本方法后，他们可以通过一系列与10相关的创意形象，将它推广到其他地方。

0　与球和体育相关的东西：高尔夫球、网球运动员、球门柱

1　钢笔、铅笔、画——以及任何原创性工具和艺术家、雕刻家等人物

2　鸟、植物、风筝

3　除了山还可指任何在乡村看到的东西：树、花、兔子

4　各种船、船锚、水手、鱼

5　起重机、电梯、小型挖掘机及任何其他带钩子的、抓牢的、能举起来的东西

6　任何武器：枪、弹弓、弩

7　台灯、火炬、激光——甚至最大的光源，太阳

8　不仅指雪人，也指任何冰的和凉的东西：雪、雪橇、北极熊、圣诞老人

9　选择任何你喜欢的甜食：蛋糕、饼干、太妃糖

每一种原来的形象都变成了一大堆可能性的标记。只要你选的东西与关键形象有清晰的关联，新奇图片总会将你引到原来的信息上去。为拓展这个方法使创造力能发挥的范围更大，可以加

入更强烈的感觉和情感。

为什么不试试让孩子学更多的数字呢？看到自己能记住10位或20位的数字，会让他们更有信心，从而进一步完善校内外都能用来应付数字的方法。我本人已经见过这个方法的确非常有效地增加了孩子在数学上的自信心。这个方法活泼、有趣，而且会给孩子们一种从未体验过的做数字主人的感觉。用这个方法让他们被别人刮目相看会成为一种很好的动力，让他们继续寻找其他方法，不断提高。

他们需要做的就是把数字转换成图片并编进故事中去。他们越能编出有趣、奇怪、活泼、乱糟、吵闹、难听的故事，这个方法就越能发挥作用。

第一次的时候跟他们一起尝试——至少要让他们用起来。

如果数字顺序是5,8,9,3,2,4,0,5……那这个记忆故事就应该是这样：你在一个速度很快的电梯上，身旁有一个雪人在舔冰冷的草莓棒棒糖。电梯把你带到山顶上去看鸟。但是一只豪华游艇"砰"的一下撞在山顶上，把高尔夫球撒落到山坡上了。孩子能用一个小挖掘机把它们都捡起来吗?

乘法表

乘法表的作用是让孩子们很快就能掌握乘法。算术总体上就是找规律，用逻辑思维和创造思维认真地进行运算。但乘法表需要在心里记住。其中的信息在数学领域相当有用，孩子如果能够不假思索地回忆出那些关键乘法表，对他们来说是一个巨大优势。要达到这个目的，有几个重要策略，这些也是家长们可以在家里完成的。

理解

孩子需要知道乘法表是什么东西。你能给他们越多的实际乘法问题，他们越能理解是怎么一回事。向他们展示5个人中每个人有2个土豆就是"2×5"，并证明与"5×2"一样。让他们习惯乘法的表达方式，如"几倍""很多""几组"，甚至是"个"这个词（如：3个4）。

规律

10倍乘法表的规律很清楚：只要在数字后加一个0就可以：1×10=10,2×10=20……孩子也会学会这是怎么回事。但对于乘法表来说，他们仅仅需要很快地学会使用这个有用的规律就行了。

鼓励他们找到其他的规律。11的倍数表具有明显的规律。9的倍数表，答案的数字和都为9，如9（0+9）、18（1+8）、27（2+7）、36（3+6）……

技巧

孩子可以用一些乘以2或除以2的技巧快速得到答案。如果他们知道 3×6 等于18，那么 6×6 一定是两倍，36；$10 \times 5 = 50$，因此 5×5 肯定是它的一半，25。他们可以用知道的答案帮助他们解决那些相对较难的问题：$10 \times 8 = 80$，因此 12×8 肯定是 $80 + 2 \times 8 = 96$。

记忆辅助

数字图像法是一个很好的方法，用米填补孩子的乘法表的空白。我们都会发现有些很难的乘法，即便经过多年的练习后也是如此。因此有必要发明自己的方法来提示自己找到答案。

鼓励孩子在用这个方法的同时结合任何其他可能用得上的技巧。他们可以尝试用押韵法或跟实际联系的方法，加上数字图像法一起来帮助建立一些记忆线索：

★ 在记 7×8 的时候，他们可以想象一盏灯（7）在一个雪人（8）头上发光直到它融到只剩下一双脏袜子——56！

★ 如果你住在49号，就可以想象两盏灯（7和7）挂在你家的前门（因为 $7 \times 7 = 49$）。

★ 想象边在山上（3）吃棒棒糖（9），边看鸟（2）朝着太阳（7）飞，用来记 $9 \times 3 = 27$。

帮助孩子每次记住乘法表上一两个他们觉得难记的地方。

重复

一旦孩子已经知道了为什么要充分利用乘法表，他们在重复使用或练习实际的乘法问题时就能使用上面的其他策略。他们在朗诵或唱读乘法表时，或你用认读卡或电脑游戏对他们进行快速测试时，他们能用这些技巧迅速得到答案。抄写乘法表听起来有点老套了，但曾经这是一个很好的加强记忆和激活肌体记忆的方法。要想让孩子们能在学校里自信而迅速地回忆起来，就要将这些方法结合起来在学习过程中进行各种练习。

十件要记住的事情

1. 充分发挥谈话、游戏和家庭活动的作用，培养孩子听、说能力。

2. 鼓励他们在阅读中使用一些提示：字母和读音、意义、记忆力和所有可用的视觉提示。

3. 给孩子们一些"全脑"拼读策略。

4. 通过游戏激发他们关于人物、场景和情感的创意。

5. 一定要让读写（娱乐和学习两方面）成为家庭生活的重要部分。

6. 从很早就可以通过玩游戏来提高孩子的数数、计算和比较能力。

7. 想办法把数学应用于真实情境中，尤其是有关时间和其他度量的概念、货币、数据处理和解决问题。

8. 教孩子一些技巧用于学习数学的关键词汇并鼓励他们将该方法用来解释自己的思维过程。

9. 告诉他们怎么用数字图像法使数字记忆变得更容易。

10. 帮助孩子通过创造图像和场景来掌握乘法表。

第7节

轻松学习其他学科的知识和技能

在本节你将会学到：

● 小学其他科目涉及什么

● 提高孩子各门课程的办法

● 让孩子对每门课程都产生兴趣的策略，帮他们了解各门课程的相关性和重要性

● 如何让每门课程都能增强孩子的记忆力和学习能力

虽然语文和数学是小学占教学时间最多、最重要的课程，但是孩子也需要能学好很多其他的课程。现在的小学忙碌得令人难以置信，学校的教学日程表排得满满的，给孩子带来了很多的机会和挑战。

除了语文和数学，还有两门主要课程：科学课和信息交流技术（ICT）课。这些都穿插在每周的教学里，通常它们分布在

各个主题并与其他课程结合在一起。温度变化的实验可能作为数学课的数据处理的一部分，或者把孩子语文上的神仙故事变成电脑动漫。教师们在将各门课程联系在一起的时候越来越具有创造性了，而且他们能充分地利用时间表。尤其是信息交流技术（ICT）课被当做其他课程的一部分，而不是当做独立课程。而且科学课也不仅局限在某个特定的时间，而是分布在各门课程中。

现代小学教育支持更有意义的学习。而且能让孩子用实用而令人印象深刻的方法应用他们的技能和知识。同时这也意味着他们必须准备充分利用这些机会，朝气蓬勃、热情洋溢地迎接每一天的学习。他们需要充分发挥思维技能中的创造力、想象力。

有些学校仍然有专门的地理课、历史课、美术课、设计技术课和音乐课，但很多也穿插在其他课的主题教学中。即便没有一学期或半学期的专门课程，只要可能老师们也会将不同课程相互联系起来。在学科学的过程中，孩子画水果的时候也能学习美术，在学某个特定时期的历史时也可能需要欣赏名画；他们建的住房模型也可能是来自语文课上学的某篇重要文章中的场景；而他们的音乐作品可能源自地理课上的极端天气专题。

现代外语教学在小学中起着越来越重要的作用。孩子可能学法语、德语、西班牙语、意大利语，甚至汉语。他们的学校可能开设专门的外语课，将外语融入各种话题中，或以课外兴趣班形式的教学。

体育课在每个小学的课表上都有安排。孩子们每周在学校至少要安排两次（室内的和室外的）体育课，也会安排去当地泳池游泳或附近郊游。

宗教课在每个小学都有，但形式不同。父母甚至可以选择不参与宗教课学习。政府支持学校教孩子们不同的信仰，以及帮助孩子们培养必要的技能对自己的信仰进行探索和交流。有些学校因为自己特定的信仰背景把宗教课作为教学大纲的核心部分。

除了这些核心课程，学生们还学习研究自己和他人，作为人际教育、社会教育和健康教育以及公民权教育的一部分。这些课程可能以不定期的交谈和活动来进行，每周的时间不固定，用来关注学生的情感培养；这些课程也可以是大范围的话题，如上初中之前的过渡教育，或性别教育。

这就是孩子接受小学学习和培养的环境。既有能帮助各门功课学习的思维技能，也有在课程上取得好成绩所需的具体方法。

本节将解释为什么现在在小学阶段要学习不同课程。为你提供了一系列在家里帮助并丰富孩子学习的办法，帮助他们充分利用每天的学校学习，成为自信、熟练和有见识的学习者。它也展示了为什么所有目前研究过的思维技能对学校的成功如此重要。

很多的活动对一些不同课程都有用，因此尽管放心地用来帮助你的孩子。作为贯穿本书的内容，这些方法可以很容易地适用于各个年龄阶段的孩子。

轻松学好科学

小学阶段的科学包括：

★ *开发科学提问的关键技能，包括了提出问题、设计实验和调查研究、观察、测量、比较和得出结论*

★ *学习科学的三个核心领域：生命过程、生活在栖息地的生物；材料及其性质；电、力、光、声，以及那些影响地球、月亮和太阳的物质过程*

★ *使用一系列科学设备，包括数码仪器和计算机软件*

★ *通过一系列的书籍或电脑研究科学发现的历史*

★ *开发创造性方法研究问题和陈述答案*

★ *知道如何安全地进行实验*

通过鼓励孩子凭借他们天生的好奇心和求知欲进行检测、实验，能给他们在学校提供一个真正超前的科学启蒙。从他们出生起开发他们的感官就很关键，同样给他们提供机会探索自己感兴趣的东西并跟你讨论他们的发现。

感 悟

　　科学就是一门有关提问的学科。使用好的提问技巧帮助孩子自己去找原理，而不是只知道问答案。这也能帮助他们认识到所有的科学家仅仅是通过他们所发现的每一个信息，在寻找更好的解释身边世界的方法。这能激励他们进行创造性思维。而这种思维方式正越来越为学校的科学教育所采用。

除了学会使用设备以及进行准确地观察和测量，孩子将会被要求尝试用创造性方式陈述他们的观点。老师可能会问某首关于撒播种子的诗歌，有关磁力的歌曲，或能对血液循环做出解释的舞蹈。结合了创造性和逻辑性的思维技能是在科学上取得成功的必备条件。

用"为什么"这类问题考考孩子：

★ "为什么你现在的影子比两个小时以前长呢？"

★ "为什么我们把湿衣服放在暖气片上？"

★ "为什么你的植物枯萎得这么厉害？"

在你进一步深入研究孩子们的知识并尝试让他们解释自己所了解的东西时，他们最开始的答案可能会进一步引出其他一些问题：

★ 父母："你跑步的时候为什么脉搏会加速？"

★ 孩子："因为心跳加快了。"

★ 父母："是的，那是因为什么原因呢？"

★ 孩子："嗯，因为你锻炼时心脏有更多负担。"

★ 父母："为什么呢？"

★ 孩子："它必须以更快的速度把血液输送到全身。"

★ 父母："你知道血液为什么必须要输送得更快呢？"

★ 孩子："因为它在把氧气输送到需要的地方。"

★ *父母："氧气起的作用是……"*

★ *孩子："……释放能量，跑步的时候为你能补充能量。"*

这种谈话在衡量孩子对某个具体领域的科学知识的了解的时候是一个很有效的方法。你在鼓励他们用一个想法引出另一个，并将不同的知识联系起来。你在教会他们不断深入研究直到问题获得圆满答案。你在跟孩子们交谈的时候所表现出的兴趣和相互协作的方式就在向他们展示科学研究中讨论的重要性。

也有这么些时候，你的确不知道下一个问题的答案。这个时候，要充分利用这种机会向孩子展示你是如何到处寻找答案的。不管是向其他人求教，到书上找或上网查，当你得到一些可能的答案时，让孩子一起来参与决定它们是否有道理。

科学词汇

这种提问鼓励孩子使用精确的科学词汇。帮助它们使用创造性记忆方法，与他们一起为那些关键科学词汇想出有用的提示线索。

例如，他们想象一个小囚犯被困在电池包装里，可以提示他们电池的科学术语是"cell（电池或小牢房）"。

他们可以想象看见两个足球场（pitch）：一个在高处，一个在低处。高处球场的支持者用"米老鼠"的声音尖声喊叫，低处球场的支持者唱着深沉、低婉的曲调。因此琴键音的高低肯定是

"pitch（音调）"。

让他们习惯自己找单词中的提示线索，例如：碳水化合物提供能量（fuel），就像汽车需要前进的燃料（fuel）一样；门牙（incisors）是用来切割的牙齿，就像剪刀（scissors）一样。

这种形象化方法逼着孩子们仔细思考单词的意义以及他们为什么需要记住它们，然后就学会了把握学习过程并牢固地储存信息。孩子们在自己学习的过程中越能发挥创造力，越可能找到联系，得出创新性原理并用很有意思的方式来陈述他们的发现。

无处不在的科学

让孩子接触许多科学仪器，从简单的昆虫盒到显微镜，乃至化学仪器。一定不要忘记烹饪就是科学，而且从帮忙烤蛋糕或煎蛋开始就有很多值得学习的东西。每个人家里都有很多实验工具：旧收音机、弹簧、磁铁、乐器。让孩子帮助你拼装、修理，学会认真、安全地使用工具。鼓励他们进行预测，然后根据实际情况修正观点。当他们自己注意到了科学规律和模式时，要予以鼓励并帮助他们探索事实真相。

喂养宠物是一项长期的科学工程。即便你自己没有地方喂养宠物，当朋友和家人外出度假时，你主动提出帮他们喂养宠物兔或偶尔帮忙遛狗，他们也会很乐意的。孩子们需要广泛地去感知动物，理解动物的需要，动物的生长和变化，以及动物与他们自己的相同点和不同点。

尽量积极对待孩子的科学学习，鼓励他们自己去解决学校的科学问题。确保他们能回顾记忆内容，在回答物质的问题时能想起自己收集石头的情景，或者在学习动植物的时候能想起他们的鱼池。

让孩子们知道科学无处不在：球落入他们手套的方式；他们的冰激凌融化的速度；他们新跑鞋的设计。鼓励他们不断提问并寻找更好的方法去找答案。让他们知道科学既有趣、又有用，而且他们具备了所有能帮助自己进行科学探索、做科学汇报的思维技能。

信息和通信技术（ICT）

小学阶段的信息通信技术涉及：

★ 找东西（用光碟、互联网资源、录像和录音）；

★ *形成创意并付诸实践（研究信息；设计机器人程序；创立并控制虚拟世界）；*

★ *交流、共享信息（在线通过电子邮件，在荧屏上做演讲）；*

★ *在所有课程中都用信息通信技术，例如：在体育课上给体操运动录像；在美术课上创建电脑动漫；在音乐课上用电子音乐编辑软件；*

★ *对作品进行评价，提出改良建议和进行改进。*

现代信息通信技术教学并不是真的要教会孩子怎么使用特定的软件程序或特殊设备。这方面的教学更多的是关于信息交流技术能力这个理念：拥有学会使用任何仪器设备的技能、意识和自信，而且能熟练地、有创造性地使用仪器设备完成系列任务。

在不使用说明书的情况下，现在大多数仪器设备都设计得很好用。我们使用下拉菜单，根据屏幕指令，马上就能学会使用任意一种手机、相机或音乐播放器。大部分小孩子认为他们能学会操作所有的信息交流技术仪器设备，将他们使用某个设备的经验用在其他设备的操作上，而且不怕犯错。这种自信精神需要鼓励和引导。你可以帮助孩子明智地决定什么时候、怎么使用信息交流技术，帮助他们享受这类技术带来的好处，但也教他们学会注意安全、避免犯错。

充分利用家里已有的信息交流技术设备：电脑、录像机、照相机、MP3播放器和手机。让他们在出门之前检查是否拿对了电池、存储卡或磁带，并先试试。

选择一个仪器（如摄像机），跟孩子一起试试至少找出你从来没有用过的三种功能，这是一个很有意思的活动。通常我们买一个东西只会使用基本功能。也许你会发现照相机既能拍摄高清静止影像也能拍摄移动影像；也可以用来拍摄低速移动的东西；或在摄影的时候还可以增强视觉效果。可能你从来没有试过在MP3播放器上播放录像吧？你让孩子越多地接触信息交流技术，他们越能自信地采用聪明、新颖的方式使用它们。

有些仪器设备需要在监督下使用，但另外一些则完全可以让孩子自己进行体验。一定要清楚那些使用须知。你可能会找到一些还能使用的旧东西。可以把它们给孩子玩，而且在使用中不必那么严格地管理。有时不妨让他们玩玩能防刮伤或防水的照相机或录音机。让孩子养成保护使用中的设备的责任感。

让孩子知道好的信息交流技术离不开好的思维技能。仅仅会登录互联网或使用摄像机本身并不重要。重要的是使用信息交流技术的方式和使用之前、使用之中和用完之后的思维过程。考考孩子：

★ *"你能做5分钟的演讲，回忆一下我们的假期吗？"*

★ *"我们怎么才能永远记住爷爷呢？"*

★ *"把你新的笔友介绍给我们家里人的时候，采取什么方式最好呢？"*

★ *鼓励他们问一些关键问题：*

　■ *"我究竟想取得什么成就呢？"*

- ■ *"使用什么仪器设备才是最好的呢？现在怎么用呢？"*
- ■ *"我需要做什么准备呢？谁能提供帮助呢？"*
- ■ *"我还能用其他什么仪器设备呢？"*
- ■ *"我的作品最好的用途是什么呢？"*

★ *在他们开始之前，引导他们用创造性思维技巧研究各种可能性，帮助他们改良设计并想想自己准备干什么。鼓励他们想象自己从哪个角度摄影或准备录什么样的声音。他们最好能对自己在活动中或活动结束后所取得的成绩进行评价。*

★ *引导他们把最后的成果和最初的设想进行对比。跟孩子们讨论他们所做的事情。讨论要具体到什么有效，什么无效，并对他们的能力予以表扬，还要提出改良建议。*

键盘技术

有些学校教孩子打字和键盘技术，有些则完全让孩子自己去操作，自己进行技能训练。虽然声音识别软件现在应用比较广泛，但键盘很可能还是未来一段时间信息输入的主要工具。因此我们有必要检查看孩子是否学会了必要的技术：

★ *检查看他们是否知道怎么用键盘；他们能否用大写字母、找到常见符号、在文本中上下移动。*

★ *考考他们的打字能力。他们打字母表，打自己的名字，打*

他们在幼儿园喜欢的儿歌能有多快呢?

★ *他们在打自己选的句子的时候会用几个不同的手指头?*

★ *他们闭着眼睛能摸到键盘上的一些常见字母吗?*

帮助孩子认识到用两个手指击打键盘是一个很有局限性的方法。让他看那些熟练的键盘技术并鼓励他们养成自己高效而舒适的打字习惯。

互联网

确保孩子能安全地上网。这可以是在家里、地方图书馆、博物馆或咖啡厅或家庭中心或学校的电脑俱乐部。互联网是理想的信息和创意来源,以及强大的交际和共享工具。当然它也可能是个危险的场所,有些不适宜的材料和人可能就在鼠标的那一头。市场上有各种维护网络安全的产品能帮你控制孩子上网的级别,保护他们远离网络危险。但是你也要给他们明确的安全指南去遵守。

这儿有些关键安全原则:

★ *让他们上网之前进行仔细思考。你们究竟是要找什么东西?怎么样才能从一开始就尽可能的具体?*

★ *如果没有值得信赖的大人监管,一定要确保你没有在网上泄露个人详细信息。*

★ *在网络上,永远不要相信某些人就是他们说的那样。即便*

你可以看见照片，听见声音，还是要小心为上。

★ *如果有什么让你困惑，担心或不安，马上关闭屏幕，关闭显示器或干脆不看了，而且要马上告诉那些你所信任的人。*

培养孩子的信息交流技术信心的同时，帮助他们安全上网。

趣味历史学习

小学的历史课包括：

★ *把事件和事物按时间顺序安排；*

★ *理解过去的东西如何不一样，为什么不一样；*

★ *解释为什么随着时间的变换发生了重要的改变；*

★ *研究用不同的方法对历史进行记录、陈述；*

★ *使用一系列资源，并学会判断它们的价值；*

★ *用新颖的方法交流自己对历史的理解。*

在孩子们的小学时代，他们将会探索一些不同时期的国内史和国际史。除了通过历史积累知识和理解他们刚好学到的东西，他们还能培养基本思维和学习技能。

孩子对时间的理解是从他们自己的生活体验中开始的，并在各种经历中得到发展，例如：

★ *"我上床之前发生了什么？"*

★ *"我们昨天吃完午餐做了什么？"*

★ "从我幼儿园开始我能记起什么来？"

★ "关于奶奶小的时候曾经发生过的战争，我想向奶奶了解什
 么呢？"

通过跟孩子们交谈并结合他们的生活，教他们有关时间的词
汇。不管孩子多大，都可以用故事来考考他们的记忆力和对时间
的理解，问：

★ "故事开始的时候发生了什么？"

★ "接下来女王干了什么？"

★ "她在下到地底之前跟谁见了面？"

★ "她睡了多久？"

★ "她最后说了什么话？"

让孩子接触一系列的历史资源：书籍和杂志、录像、光碟、
网站、物件、书信、日记和朋友、家人的回忆录。鼓励他们质疑
自己使用的任何东西的价值，同样问这些问题：

★ "这是谁写的？"

★ "他们为什么写？"

★ "什么能说明这就是准确的呢？"

★ "为什么有可能不可信呢？"

★ "它与其他记录有什么不同呢？"

★ "我们还可用其他什么方法知道后来发生了什么？"

帮助孩子理解他们自己的记忆能让他们对历史的准确性有很
好的领悟。

　　试试让他们想想小时候的回忆（包括你们两个的）。鼓励他们闭上眼睛，想象那个时候的样子并在心里回忆当时的景象、声音、气味、味道，或与回忆内容相关的情境。告诉他们让某个细节勾起另一个细节的回忆，帮助他们深入当时的情境。

　　让他们告诉你当时是在哪里，什么时候，他们有几岁了，现场还有谁。引导他们回忆出尽可能多的细节。

　　当他们完成后，告诉他们你自己对当时的回忆。找出旧照片或录像并与其他人谈论当时还有谁在现场。讨论你们相同的回忆，以及不同的回忆。让他们知道每个人的记忆力都是这样的，而且每个人的回忆都是非常的不准确。主要的特征可能是对的，但细节则很容易与其他时候的回忆弄错；不同的记忆会因模糊而变成相同的，而且有时相当重要的细节都仅仅是想象出来的。记忆是很有创造力的、相互联系的，会提供不同的真相版本。亲身体验能给孩子上一堂重要的课，那就是不同历史资源的价值是什么，甚至所谓的目击者的报告也是如此。

历史游览

　　家庭出游是很好的加强历史知识和技能的机会。参观城堡，豪宅和外国的遗迹当然具有很好的作用，但游览本地的公园或市中心也有启发教育作用。

　　鼓励孩子从不同的角度看问题。通常建筑的上半截能保存更多显示它古老年代的证据，但有时候脚下的地面也能提供曾经发生过变故的证据。

在那些明显的历史性地方，试试让孩子们多找一些信息源。可能有人造物品可以摸摸，有指南或地图可以看看，或有人可以问问。什么才是最有帮助的呢？为什么结合几种不同来源是很重要的呢？

在一些更熟悉的地方你可以谈到与你儿童时代相比所发生的变化，以及相比你青年时代记忆的变化。我们留下了关于生活方式的什么线索？将来的历史学家如何才能了解我们？他们要知道的什么东西才是最重要的？

时间密封舱

孩子可能想做一个时间密封舱。你任何时候都可以做一个，尤其在你搬家或翻新房屋的时候显得更重要。

让孩子自己选择一些将来后代用来了解现在信息的有用物品、文件和照片。让他们谈论自己的选择并提出你的建议。筛选出一些你们俩都认为是最重要的东西，然后用防水防空气的密封盒子埋在花园里、地基下或阁楼后的石头后面。

在你还生活在这儿的时候，过一段时间有些密封舱会被挖出来，给你们早先的生活提供非常有趣的回忆片段。还有一些可能会留给后代了。这种活动会帮助孩子对历史形成一个非常全面的理解，并找到自己在历史中的位置，还能形成一种对历史记录和物品真正尊重的态度。

记忆日期

鼓励孩子使用自己的记忆技巧学习历史事件。除了关键的历史技巧，他们的工作需要有很强的知识基础。

教他们将数字图像方法推广到记忆日期，这样就更容易。就是说给每个世纪标上不同的颜色：

- ★ *1300s 所有14世纪的日期都标上绿色，因为"3（three）"与"pea（豆子）"押韵，而豆子是绿色。*

- ★ *1400s "4（four）"与"roar"（狮子）押韵，所以给它标上狮子的颜色：黄色*

- ★ *1500s "5"与"hive（巢穴）"押韵，因此标上木制蜂巢的颜色：褐色*

- ★ *1600s "6"与"bricks（砖）"押韵，因此标上砖头的颜色：红色*

- ★ *1700s "7"与"heaven（天堂）"的押韵，因此标上云的颜色：白色*

- ★ *1800s "8"与"weight（重量）"押韵，因此标上表示大块头的颜色：黑色*

- ★ *1900s "9"和"fine"押韵，因此标上晴朗天空颜色：蓝色*

为了记住某个特定的日期，你只要加上两位数，用数字图像法将它们变成另外的两位数，然后给它们标上适当的颜色。例如：

★ *议会爆炸阴谋事件的日期是1605年，你可以帮孩子想象一个亮红色（16）的沙滩气球（0）被推到锋利的钩子（5）前直至爆炸（发出火药的声音）。*

★ *内尔·阿姆斯特朗1969年登上月球：如果孩子想象他们自己坐在蓝色（19）加农炮（6）里面，在登月发射前吃着棒棒糖（9）平静情绪。*

颜色标记能使同时期的日期更容易关联起来，而且这个方法的所有其他元素都有助于激活记忆，还能激发创造性思维。当然并不是所有的日期都要这样记，但这个方法在学习一些关键日期时很管用，能有助于使孩子的其他知识都形成有机结构。它还能让他们对思维进行思考并在学习的道路上发挥积极性。

趣味地理学习

小学地理内容有：

★ *就民族的地方提出问题；*

★ *认真而有创意地进行观察、记录；*

★ *结合自身经历和二手资料；*

★ *弄明白那些地方是什么样子，它们是如何变化而来的，为什么发生变化；*

★ *对环境和气候的积极变化和消极改变都能认识。*

孩子们在小学阶段会花很多时间用于观察自己周围的环境，但是他们也会对其他的地方进行研究，如乡村和国外，尤其是那些与自己的居住地不同的地方。

帮助孩子很好地理解空间和距离。开车出去的时候，可以让他们看仪表板上的距离计算器和地图。在去国外旅游之前，在地图上或地球仪的表面计划好路线。鼓励他们使用表示距离的词汇并形成估算旅行时间的意识。

当他们去参观新地方的时候，让他们充分发挥自己的思维能力。看他们是否能够发挥想象力想象100年前这个城市会是什么样子？能否把海岸轮廓变回到遭受几千年侵蚀之前的样子？

用外国电影、电视里的旅游节目、互联网和书籍激发孩子对国外的兴趣并教他们相关知识。他们可以发挥自己的想象把自己带到那儿，想象所有可能经历的感觉和情绪。引导他们去思考那些与自己所处环境和生活的相同点和不同点。

给孩子机会与来自其他国家和其他文化的人进行交流。你哪些朋友可能会给他谈到有关他们在澳大利亚或波兰工作中获得的特别见解呢？你能不能帮孩子加入某网络团体与来自冰岛或巴基斯坦的孩子进行交流呢？要让他们不仅成为听众还要成为主动分享者。谈论他们自己的家庭和日常生活不仅可以增长地理知识，也可以了解其他民族完全不同的生活。

> **感 悟**
>
> 鼓励孩子充分利用旅游经验。帮助他们将旅游过的地方做成剪贴簿。建议他们装订成册，画成图册，将分散的信息栏装订起来或用电脑演示等方式在学校给大家看。

对于那些有趣的旅游和特殊的地方，孩子们记下来的东西越多，他们越能更好地使用"回忆旅程"方法回顾各种信息。鼓励他们想象那些曾经去过的地方和旅游的路线，并使用这些心理结构储存有用的信息。他们可以通过整理那些度假旅馆的东西来学会列购物清单，或想象在去海边的路上看到朋友们站在不同的界标旁边来记住朋友们的名字。除了能帮他们提高空间意识和对去过的地方形成详细的记忆，使用这种和地理相关的方法在总体上能极大地提高孩子的学习。

记忆技巧将会帮助孩子学会关键地理信息。如果他们学会了针对学校学习和自己的研究如何去掌握有用且有趣的信息，这将在很大程度上提高他们的自信。

跟以前一样，这要综合使用创造性右脑和逻辑性左脑，并结合不同学习方式的优点。

如果你的孩子想要记住地球上5个大国的国名，这是你可能用到的帮助他们的方法。

★ 根据国土面积大小排名，那些国家是：俄罗斯，加拿大，中国，美国，巴西。

★ 想象……现在是交通拥挤时间（rush hour发音与Russia近似），你在闷热的车里遭遇了堵车。你打开饮料罐（can是Canada的前三个字母）但没有冷饮而是一些碎瓷器（China）。为了打发时间，你用碎瓷片拼了个马赛克式的美国（USA）国旗，同时吃着巴西（Brazil）坚果让你有能量集中注意力。

这种学习容易、有趣而有效。只要花上几分钟就可以准确地记住顺序，帮助孩子打下坚实的地理知识基础。

奇妙外语课

小学阶段的现代外语教学包括：

★ 能专心听并利用线索正确理解意义；

★ 说的过程中发音、语调准确；

★ 能将外语应用于许多真实目的；

★ 培养学习单词和短语的技能；

★ 了解不同文化人群的生活；

★ 能用印刷的和电子的字典和短语词典学习。

除了读写能力和一些关键的地理学习技巧，孩子的记忆技能还会对他们的外语学习产生大的影响。

小学阶段强调单词和短语的学习而不是语法规则。孩子越快记住学过的新词汇，他们就能越快地将它用于交谈和游戏过程之中。这有助于他们体会说一门新的语言是怎么回事，并让他们的大脑准备好应付将来所有的语言学习。在他们练习听说技能的过程中，这给他们提供了形成观点和学好发音的核心结构。而且还能使他们更加自信地利用自己所有的思维技能用一种新的方式进行交际。

学校的语言学习经常是从孩子知道的词汇入手：

★ *英语中的网球是tennis；法语中是le tennis；德语中是das Tennis*

★ *英语中的收音机是radio；法语中是le radio；德语中是das Radio*

★ *英语、西班牙语、丹麦语、法语等语言中三明治都用sandwich！*

掌握一套常见词是一个很好的办法，能使语言学习看起来不那么令人畏惧。利用国外旅游、书籍、电影和歌曲告诉孩子有很多词汇的意思很容易猜：

★ *法语词lettre明显就是一封信（letter）*

★ *德语词privat就是私人（private）的意思*

★ *西班牙语词hamburguesa肯定不会是其他东西，就是汉堡包（hamburger）*

还有些词的意义可以通过发挥创造性思维从英语词推导出来：

★ *提示一下孩子德语词Hund与英语词hound相似，他就会发现记住这个单词的意思"狗"就不难。*

★ *法语中的"门"是"porte"。如果您孩子也许从电脑游戏或虚构故事中知道什么是"portal（入门）"，那么这个信息就可以有效激发他们的记忆。*

当不同语言中的词汇看起来似乎没有什么联系时，那就要靠自己去创造联系了。通过仔细思考某个外语词汇的外形、声音或让他们想起什么，孩子们可以用任何记忆技能将这个想法和单词的真正意思联系起来。这是一个强大的技巧，因为它能激发他们的想象力并使用能记住的联想帮他们形成清晰的结构和顺序。它让孩子们在学习外语单词的时候发挥全脑工作模式。

每一次孩子听到一个新的外语词汇，就鼓励他们在脑海里形成一个容易记住的图像：

★ *德语的"帽子（英语是hat）"是"Hut"。他们可能会想象看见自己花园里的棚屋变成了帽子；去学校的时候带着棚屋形状的帽子或者将棚屋里塞满各式各样的帽子。*

★ *德语中的"Leiter"意思是"梯子"。这个德语词的发音像"lighter（更轻）"，因此孩子可以想象站在梯子上，觉得越来越轻，越来越轻，直到被微风吹起，带走。*

★ *德语词"Loch"是"洞（hole）"。也许孩子想象自己的卧室地板有个很深的洞，用一扇上了把大锁（lock）的门盖住了不让每个人进去。或者他们可以想象把崭新的单车锁*

（lock）掉进了人行道上的一个洞。或者想象有一个巨大的动物（尼斯湖（Loch Ness）水怪）从花园的洞里钻出来。

除了在两种语言之间想出这么些联想词（如hut, lighter, lock），孩子还要能创造他们自己能以清晰形象呈现的场景。这个场景要与众不同、夸张，而且容易记住。

★ 法语词soeur意思是"sister（姐妹）"。这里也许可以用联想词"sir（先生）"。如果他们的姐妹被封为骑士便称为"sir"，或者打扮成一个严肃的男老师呢？有点怪异，但容易记住。

★ Main在法语中是"hand（手）"的意思。写在纸上这个词像英语的"main（主要的）"，但法语的发音听起来与"man（男人）"更相象。因此为什么不想象用你的手和你的法语老师"举手击掌"，并说"你就是我的老大（main man）"。

★ Sud意思是"南方"，其发音像"sued（起诉）"或者"Sudan（苏丹）"的前半部分。孩子可以想象每次他们去南方旅游都被起诉，或者看见法国南部变成了苏丹。再在他们的想象里加一些肥皂泡就更会使它们难忘了。

创造一些这样的提示线索能鼓励孩子们认真思考某个外语词的外形、发音和意义。他们将生词与自己的语言和学过的生词联系起来。他们想出的联想词让他们通过联想词激发的相似读音或书写在大脑中创造出难忘的场景，使得记忆内容很快就成为一种自动反应。

语言标签

这个方法可以推广应用。首先你们可以把家里的东西都贴上标签。所有的东西都用外语名称标记，还要画上图像提醒孩子们想起那些关联词。这个方法对于让孩子们熟悉新单词和强化他们的创造性联想能力很有用：

- ★ *如果他们在学西班牙语你可以在一包面包上写上单词pan（面包），而且还要在标签贴上画一个卡通煎锅图像。看见面包就会让孩子想起煎面包，或用锅子把一块块面包打得满房子飞，或者其他任何他们设计的容易记住的场景。*

- ★ *Pastel（英语意思是彩色粉笔）是西班牙语中的"蛋糕"的意思。你可以用彩色粉笔在标签贴上画一个蛋糕，然后放在蛋糕盒子上。孩子可以想象用彩色粉笔装饰蛋糕，把它们插进像冰一样的蜡烛里；或者想象把已经掉在蛋糕上的彩色粉笔插进去。孩子每次看见标签贴都会激发起他们这些令人难忘的联想。*

鼓励孩子自己主动想出一些图像和有联系的东西。这有助于他们成为积极的学习者，对外语产生兴趣并兴致勃勃地投入外语学习。给他们提供机会使用新学的单词。孩子们正在学习的这门外语，周围有朋友、亲戚或社区成员能说吗？你能够把度假安排到某个地方让他们能表现自己掌握的词汇和短语吗？

创意美术学习

小学阶段的美术包括：

★ 通过观察、体验和想象对某些理念进行探索或进一步发展；

★ 学习使用各种素材并尝试多种美术和手工技巧；

★ 对作品进行评价并给出改进建议；

★ 研究不用时期，不同文化的艺术家和工艺名家的作品；形成艺术观，与他人交流艺术观。

每个艺术发展阶段你都可以为孩子提供力所能及的帮助，这些对孩子来说都很重要。

2岁左右

孩子们开始给他们涂鸦的作品命名。有时他们会在画画之前就定好了，有时画好了才定，但都是鼓励他们发挥想象、建立自信的机会。尤其要饶有兴趣地关注画中能与名字匹配的细节，但对他们所有的艺术尝试都要感到高兴。给他们提供一些画画用的钢笔、铅笔、蜡笔和颜料。

3岁时

孩子们开始更有目的地画画，尝试画一些物品、人物和地方。不断地增加他们画画的工具和材料。鼓励他们选择自己最好的画向你展示。跟他们交谈为什么他们更喜欢其中一些，而不喜欢另外一些。

4岁时

孩子们开始根据逻辑画画。他们可能会画一座"画里的房子"，有4个方形窗户和弯弯曲曲地从烟囱往外冒的烟，或画一个放射出笔直光线的"画里的太阳"，而不是他们看到的实物。这是一个重要的发展期，你应该继续为他们所做的事情感到高兴并对那些好的表现予以表扬。但是要鼓励他们在画画的时候更加发挥创意，帮他们跨越这个阶段。让他们欣赏不同的艺术风格。跟他们讨论不同的房子是什么样子的，或者怎样才能将太阳画得像真正的日出或日落时的太阳。

5岁以及更大些的时候

孩子们的画通常会超出真实，但仍然是基于他们所理解的实物之上。

★ 让他们告诉你他们画了什么，为什么这么画。

★ 鼓励他们思考画的风格和主题。

★ 当他们画人物的时候，跟他们说你认为画里的人在干什么、说什么、想什么以及有什么感觉。

★ 指出画里面有趣的地方并表扬画得对的地方和有想象力的地方。

★ 找到跟孩子所画的主题相似的名作并跟他们讨论不同的素材和风格。

7岁时

孩子们能够更细致地观察生活，在他们的美术作品上增加更多细节。给他们不同的物体进行研究并画出来：水果、画、汽车零件、装饰品。试试让他们画家里的宠物、亲戚和在图片上以及电视上看到的人物。每次都以肯定的方式跟他们讨论自己的作品，尤其关注画得成功的地方，并引导他们说出自己所喜欢的以及需要改进的地方。

画家兼儿童桂冠诗人安东尼·布朗建议给任何年龄的孩子们玩"图形游戏"。一个人随意画一个图形，然后让其他人仔细看并添加一些线条使这个图形成为某个能识别的东西。这个技能需要两个人都既有清晰、逻辑性强的思维，也要很强的想象力。它能帮助孩子对他们所画图中简单的线条和图形的重要性进行思考，并找到更抽象的方式来表达他们的思想。

> **感 悟**
>
> 让孩子尝试用他们不常用的手。右撇子会发现用左手画画是有趣的经历；而且有时画画的时候虽然更多地依靠观察力和创造性思维，而不是靠逻辑思维和记忆力，但画出来的效果很好。

另一个刺激大脑的活动是画物体之间的空间而不是物体本身。画的主题以一种完全不同的方式呈现，几乎是完全颠倒的方式。整个画面构成经常比直接画物体本身更有趣。阴影和倒影通常让图画有更强的深度感。

给孩子展示安迪·格兹华斯那些以自然为主题的画和录像。把石头、树叶和贝壳画成令人感兴趣的美术作品，这种户外工作是非常惬意的。跟他们聊聊他们创造的模式和他们的作品与旁边的自然世界之间的相同点和不同点。

像吉雅柯梅蒂和亨利·摩尔这些雕刻家们能给孩子们的写实画作品提供非常好的灵感。鼓励他们去发现这些艺术家的技艺，然后将这些技艺融入他们自己的作品中。

同样可以用毕加索、莫尼特、基思·哈林这些画家的作品进行实验。跟他们讨论大量不同画家的主要特点，他们所感兴趣的主题，他们想要用的素材，然后让孩子着手去画。帮助他们在培养自己个人风格的同时学习不用的理念。

让孩子用相片进行实验。给他们一部便宜相机，让他们拍任何他们喜欢的东西，然后就相片跟他们进行讨论：他们所选的主题和他们是如何被吸引的。鼓励孩子们从不同角度、不同细节和颜色给你带来惊喜。向他们展示专业摄影作品并让他们谈谈那些最让他们感兴趣的、最有意思的、最奇怪的或者最令人感动的作品。

工业与设计学习

小学的设计和技术课包括：

★ *在纸上和电脑上进行理念设计；*

★ *用工具和材料制作优质产品；*

★ *选择设备器材和零部件；独立或与人合作进行安全操作；*

★ *对作品进行评价并改良；*

★ *对那些熟悉的作品进行研究，看它们是如何设计和制作的。*

所有这些技能都可以在家里得到练习并提高。你不必要用那些昂贵的材料或把客厅变成工作车间。尽你所能给孩子提供实践机会进行设计和制作。跟孩子们讨论设计理念和制作技能对他们的设计和技艺会产生很大的影响。

跟孩子讨论你自己的设计偏好。为什么你要买某个烤箱、冰箱、某件无袖套衫或某辆小汽车呢？关注某个东西为什么能完成某个任务，以及这个东西给你什么感觉。讨论材料、形状、颜色、质地。试试让孩子找找家里的那些具有相同风格的东西。让他们蒙上眼看看是否能只用手的触摸就能对这些有趣的东西进行探索。

给孩子一些具有挑战性的趣味设计任务，如：

★ *设计一种新型足球；*

★ *设计一个自己梦想中的卧室；*

★ *找一个更好的方法来打开锡铁罐头；*

★ *计划一次完美的野餐。*

试试这样去引导孩子们：

★ *结合逻辑和创造力；*

★ *结合现实的、审美的和情感的需求；*

★ *为了提出其他替代的方法，认真思考现在的事情是怎么做的；*

★ *在他们做出最佳选择之前、在思考各种不同的可能性时问他们自己一系列问题。*

让他们把自己的想法告诉你。你要给他们提出建设性的反馈，并问他们自己是如何评价的。

任何时候，只要可能就让孩子把最后的计划付诸实践。当他们年龄够大的时候，他们可以做自己想做的三明治，自己制作T恤或跟你一起用木板和废旧轮胎做一个微型赛车。让他们不断地发挥自己的思维技能并让大脑里的想法付诸实践。让他们明白当纸上的计划变成现实的时候会发生什么，并让他们自信地去改进，从错误中学习，而且让该过程取得好的结果。

让孩子使用多种材料的体验：纸张、木材、纸板、纺织品、泥巴。给他们买建筑模型让他们按说明书上的指示去做，或让他们发挥自己的新奇想法玩建筑设备。

抓住每个机会让孩子明白怎么制作东西。在你把旧的真空吸尘器丢掉之前，帮助他们把它拆开并研究它的工作原理。当你在修理汽车的时候，告诉他们如何安全地进行观察并给你帮忙。鼓励他们在进行激动人心的设计时，要结合左脑的实用性和右脑的创造性。

如何让孩子学好音乐

小学的音乐课主要包括下面内容：

★ 学会使用乐器，包括发声，排练和表演；

★ 选择音乐和创作音乐模式；评价和改进；

★ 听音乐并分析音高、节奏和音质的特征；

★ 研究个人对音乐的不同反应；

★ 欣赏不同的音乐（现场的和录音的，不同时代、不同文化的）；

★ 用电子设备捕捉、改进并合成音乐。

有研究表明孩子从生下来就能很好地识别音高。如果他们能轻松、认真地听音乐，而且在发声的时候没有紧张感和害羞感的话，孩子能准确地模仿他们听到的音乐，并用纯净、自然的方式唱出来。他们很容易就能记住曲子和节奏，而且他们听和唱的歌曲对形成他们的思维技能具有重要作用，能很早就给孩子机会来取悦大家，还能让他们很好地体验亲密关系和娱乐活动。

给孩子唱歌。教他们儿歌和民歌，而且有时候加以改写，在歌中加入他们的名字。让他们看到即便最古老的乐章都可以用于新的目的。和着节奏跟他们一起拍手；用口哨或哼的方式唱他们知道的曲子；带他们去合唱团体，让他们跟别人一起接触音乐。

让他们接触不同的乐器。年纪小的孩子喜欢敲锅盖和摇盒子。他们长大些后，给他们买便宜的乐器如哨子、沙球、铃鼓、木琴和口琴。鼓励他们弹奏所听音乐的同时自己编曲。他们可以制造多少种不同的声音呢？跟他们讨论声音的高低、强弱。试试让他们编出表达生气、疲倦或神奇的曲子。

让孩子们听多种不同风格、不同时期和不用文化的音乐并给出反馈。鼓励他们在听的过程中对每一种音乐进行评论并找到他们喜欢的类型。从朋友那里或从图书馆借音乐作品来听。抓住每个机会让他们体验现场表演。跟他们讨论音乐让他们产生了什么感觉。

用音乐刺激他们的想象力。给他们弹奏某首能唤起他们情感共鸣的曲子，并让他们闭上眼睛，发挥想象力，让音乐在他们的脑海里形成图像。他们不要试图猜作曲家想要表达什么或想着这个乐曲是关于什么主题的，而是要发现乐曲所表达的理念。鼓励他们去想象乐曲在大脑里所能产生的形象、颜色、轮廓和结构。它能魔术般地变出人物、场景和故事来吗？看看他们是否能在自己想象的内容中加上一个符合逻辑的框架，并告诉你有关乐曲的故事。

帮助你的孩子学会弹奏一种乐器。你可以自己教他们，或让某个亲戚、朋友或花钱请一个专业教师。很多学校在上学时间或课后兴趣班能租借乐器，还开设音乐课。

★ 找一些教学书籍、录像和在线资源。

★ 让孩子们欣赏那些跟他们用一样乐器的最好的音乐家的作品，从而产生灵感。

★ 跟他们一起制订一个你们都乐意接受的练习计划，有机会就让他们表演。

★ 给他们的演奏录音，并把他们的作品放给家人和朋友听。

对于各个学习阶段取得的成功都要庆祝，并尽你可能让这种庆祝目的明确，令人激动和充满乐趣。

轻松应对体育课

小学阶段的体育课包括：

★ 培养一些身体技能；提高控制力和协调性；

★ 将技能与各种活动结合起来；制定活动的先后顺序；

★ 在一系列运动和游戏中研究策略并学习规则的重要性；

★ 评价并提高运动能力；

★ 知道如何保持身体健康和健美。

小学阶段孩子们参加体育训练、舞蹈活动、体操训练、游泳训练，相对冒险一些的活动如爬山、坐帆船和其他一些团队运动：像板球和垒球这种击打、场地运动；像网球和排球这类网前运动；像足球和曲棍球这类对抗性强的运动。

当你挠孩子痒，或玩拍手游戏，或帮助他们抓住勺子或把泰迪熊朝你甩的时候，你在塑造他们早期的技能，这些技能对他们后来的运动能力具有重要的作用。在他们发育的每个阶段你都可以帮助他们增加身体运动意识，手眼协调能力、灵巧度和准确度。

从很早开始，孩子们就能对音乐做出反应，能随着节拍和旋律舞动身体。小孩子常常喜欢玩猜手抓东西的游戏。通过这种游戏学习抓东西、递东西和放下东西。试试让他们看移动中的物体，通过你自己发明的能让他们竞争性格开始萌芽的活动来开阔他们的视野：他们用手指向球的反应速度有多快呢？他们猜东西在哪只手的时候能赢得奖品吗？

所有的运动技能都可以通过日常游戏和活动培养：在花园里丢东西，抓东西；在大厅里踢球；听收音机的音乐跳舞；在公园里攀爬。鼓励孩子尽可能多地参加各种活动，让他们每天都能接触自然，抓住每一个机会练习平衡、跳绳、跳跃和攀爬的技能。

　　向孩子们展示即便用最简单的装备也可以很容易地发明一个游戏。把棋盘筹码用来玩挑圆片的游戏；在桌上用杯托玩曲棍球；用拐棍和装豆子的布袋在后门玩射门游戏。试试让孩子自己发明有得分方法和有规则的游戏。让他们有足够多的机会在游戏中获胜，但也要让他们习惯失败，并让他们因为游戏的趣味性、刺激性、锻炼作用和与人互动的机会仍然保持对该游戏的兴趣。

感　悟

　　利用家庭生活帮助孩子理解健康和保健。告诉他们不同食物和饮料的优缺点。一起讨论锻炼的重要性和锻炼给他们什么感觉。用例子告诉他们什么是值得学习的饮食结构和身体活动。

　　让孩子们在电视上或现场看各种运动。帮助他们培养某些方面的兴趣，同时也让他们尝试新的运动。跟他们谈论那些看过的运动员。在他们所看的运动中，什么样的能力、技术和策略才是关键的？将不同的活动进行对比并找到联系。

　　★ "哪项运动更需要协调性：平衡木还是一级方程式赛车？"

　　★ "高尔夫球需要的准度高，还是箭术需要的准度高呢？"

　　★ "足球中有没有什么技巧可以用在排球中呢？"

　　跟孩子探讨形象化的好处：很多著名运动员就是这样用大脑进行技术演练的，他们在大脑里想象跑步，想象完美跳水动作的每一个细节。在学校足球比赛、舞蹈比赛和游泳比赛之前，帮助他们自己先在心里演练。

　　让他们闭上眼睛，想象他们将要表演的场地，并通过想象使自己置身于现场。跟他们探讨实际比赛那天最能帮他们取胜的感觉，并让他们现在就想象那种感觉：激动、自信、平静、专注。帮助他们从生理和心理做好所有准备：穿上足球鞋，检查标枪，深呼吸，专心于将要面对的挑战。

　　告诉孩子想象能量充满全身，每一根肌肉都准备应对挑战。帮助他们分析运动中每个步骤所需的技巧并在心里进行演练：听到清晰的枪响，完美地启动，在进入最后的弯道时抢占好的位置。让他们谈整个过程，就像比赛就在发生一样，解释他们的身体和大脑需要怎么样才能真正进入最佳状态。训练他们将思维能力用在各种运动中。

　　这种练习能提高孩子的想象力并将它转化为身体经验。他们将能更好地记住运动过程所发生的真实细节并在之后能重新做，有助于他们评价自己是否成功并提出下次做得更好的方案。

　　小学阶段的其他课程，PSHE（个人，社会和健康课，及公民权利课）将在下一节进行探讨。孩子无论在校内还是校外接触这些科目的方式对他们的情感、道德和精神发育都有很重要的影响。帮助他们取得成功的知识和技能对他们在学校的整体表现、情感表现以及与他人成功进行交际都很重要。下一节将解释如何在这些关键领域帮助孩子，使用他们学到的这些策略帮助他们应对小学阶段面临的最重要的挑战。

如果孩子在某门课具体的某个方面遇到了困难，鼓励他们把问题进行分解。专注于那些真正的难点，并跟他们探讨，也可以跟他们老师进行探讨，找到能使他们提高信心所需要的关键技能或知识点。

心理学家埃文·贝尔德曼对一些鸡的性别识别专家进行过一项很有意思的实验。这些人非常厉害（通常其能力来自其多年的一手实践经验和大量相关二手知识），能在鸡很小的时候就识别出它们的性别。把他们的方法浓缩成一套关键规则后，贝尔德曼能教一群大学生任何他们所需要的专业水平的相关知识。通过具体化和系统化，在很短时间内他们就学会了通常需要多年实践经验和学习才能学到的东西。

有正确的态度，还有重要的思考和学习技能，以及他们老师和你所提供的必要帮助，孩子可以学会任何活动的简单规则。进入某门课程的核心能帮助他们理解这门课，反过来能帮助他们记忆并应用所学的东西。他们掌握的科目越多，他们越能找到关联性。产生这种效果的时候，孩子恰好达到了现代小学想要实现的目标：通过将不同的领域联系起来使知识和技能变得丰富。这意味着孩子能带着很多彼此密切相关的知识回家与你分享。他们可以在任何课程上找到兴趣，并且不断提高他们探索、学习和应用的能力。他们对自己所学的内容和方式进行思考，并且他们在现有的基础上兴致勃勃地不断增加新的知识和能力。

在将两类具有相同经历和态度的人进行比较的基础上，著名的心理学家威廉·詹姆斯写道："那种最能对自己的经历进行回顾，并将它们整理得条理清晰的人是记忆力最好的人。"

十件要记住的事情

1. 鼓励孩子探索周围的世界，就他们的创意进行讨论，检验并丰富他们的科学性思维。

2. 向他们展示拓展ICT能力的新方法，以及教会他们如何很好而安全地使用各种形式的技术。

3. 充分利用机会培养孩子对历史的感兴趣，帮助他们研究、探索并记住有关过去的信息。

4. 孩子们可以结合真实旅游经历和想象的旅游经历对不同地区、不同民族的地理进行研究。

5. 教会他们将不同语言中的词汇进行创造性联想。

6. 培养孩子的艺术天赋，让他们具有使用新策略和新技术的自信心。

7. 找机会让他们用各种方式进行计划和构思，兼顾创造性和实用性。

8. 通过让孩子在日常家庭生活中演奏、欣赏音乐，使他们展示自己的音乐天赋。

9. 利用体育活动帮助孩子学习，通过大脑想象演练运动过程提高他们的运动能力。

10. 帮助孩子找到不同课程之间的关联，培养探索和学习任何东西的有效方法。

第8节

学会掌握规则、担任角色、承担责任

在本节你将会学到：

● 为什么PSHE（个人，社会和健康课，及公民权利课）对孩子的成功具有如此大的影响

●如何让孩子形成正确的上学态度

●如何让你在孩子的小学生活中发挥作用

●帮助孩子在行为、思想和情感上做出最佳选择

PSHE课程的重要性

PSHE课程都是小学课程的重要组成部分，有助于孩子们的知识、智力和技能等各个方面关键领域的学习与发展。他们是非常

重要的课程，因为这是教会孩子们有关自己和他们所接触的人的知识。他们培养的思维能力有助于他们的行为、友谊、自尊和解决一系列情感问题的能力。

PSHE课程让孩子们探讨自己的思想、情感和选择。这门课鼓励孩子们去探索作为个体和不同群体的成员的自身。它们引出了一些大问题：我是谁？我来自哪里？我到哪里去？在精神、情感和实际的日常生活层面，他们对孩子的思想和行为有很大的影响。

小学的PSHE课包括：

★ *学习有关情感、情绪和冲动念头的知识，并学会调控它们的策略；*

★ *了解和处理他人的情感；*

★ *研究健康的人际关系：如何形成这种人际关系和影响这种关系的因素；*

★ *应对变化，包括成长过程中的身心变化；*

★ *选择好的行为表现；培养决断力；应对他人的侮辱；保持健康和安全；*

★ *建立信心、韧性和树立远大目标的能力；*

★ *研究有关学习的有效态度和技能；*

★ *考虑群体中其他人的权利和学会在本地和全球层次全方位做贡献。*

学好PSHE课程的技能也对孩子在学校里其他领域得到快乐和成功具有深远的影响。这些技能首先需要在家里得到培养。

帮助孩子轻松准备上学

你孩子对学校和他们在学校的角色必须要有正确的态度。作为父母，你对孩子的思想和情感的影响非常大。在离上学第一天还早着的时候，孩子就会在心里想学校是干什么的，对他们而言学校具有什么意义和他们在学校应该怎么想、怎么说和怎么做。不管你自己有什么教育背景，你都有很多能做的事情帮助孩子取得成功，让他们有积极而有用的方法去充分利用好小学生活。

孩子们需要感觉到学校就是他们该去的地方。在他们上学之前，用他们在家里的表现证明他们已经做好上学的准备，例如：

★ *"哇，你今天自己就把衣服都穿好啦。你肯定已经能上学啦！"*

★ *"我要告诉爸爸你数那些田里的牛数得真好。这就是在学校数学学得好的表现。"*

帮助孩子明白学校就是他们所喜欢和擅长的东西的自然延伸。告诉他们在学校将要学习的有关烹饪、美术和阅读的内容。用各种新奇的可能性刺激他们，给他们一些确切的例子让他们能发挥想象，并将学校与他们所知道、所理解的东西联系起来。通过介绍将就读学校的各个方面让他们产生安全感。

★ *"学校有跟这个一样的彩色图书。"*

★ *"学校的挂衣间你也有这种挂钩。"*

★ "小学也有很多这样的游戏。"

请记住孩子的脑海里将充满了各种与学校有关的想象和猜测，可以从中帮助他们选出最有用的。

> **感 悟**
>
> 　孩子们需要明白上学的目的是什么。给他们提供很多你自己对学校的美好回忆，并描述学校生活的那些重要方面。谈谈你与朋友相处的快乐，你喜欢的运动，你参加过的旅游，你的学习，你喜欢的科目，你让老师刮目相看的时候。

孩子们很快就会对学校形成清晰的概念了。一定要让他们形成一幅和谐的图画，那就是在以学习为中心的前提下他们还能享受各种其他的有趣活动。用那些他们即将探索和学习的不同东西让他们产生兴趣。帮助他们去学校感受学习很多新东西所带来的挑战，并期望享受学校提供给他们的一切事物。用你所了解的有关孩子们作为学习者的特征给出具体例子，说明他们将会如何享受学校学习，例如：

★ "我知道你喜欢听故事，你在上课的时候就会听到很多故事呢。"

★ "你在用建筑设备完成任务的时候做得非常棒。你这种能力上学时会对你很有帮助呢。"

提高孩子自身的期望值和责任感

孩子们需要知道他们想要什么。机会来的时候，责任也来了，而且你可以帮助孩子把这些责任看做一个表现自己已经长大的机会。用自己的表现让其他人刮目相看的这种挑战（尤其是处理与他人的关系），是上学能够让他们激动的大部分原因。

- ★ *"如果你像那样在班上与其他人讨论，老师会对你刮目相看。"*
- ★ *"我们需要帮你学习分享玩具。那在9月的时候是非常重要的。"*
- ★ *"你在桌前坐得非常好。那就是学校要求男孩女孩做到的。"*

帮助孩子觉得学校是一个安全、有序的地方并且尽你所能让他们能做到遵守学校规章制度。很多小学对不同年龄段的孩子要求遵守的规章制度不一样。找到你孩子那个年龄段的规章制度并确保他们知道怎么做以及这么做的原因。

> **感 悟**
>
> 学校喜欢用确切的方式表述他们的规章制度，这是非常有道理的，因为这会让大脑很快地形成清晰概念。这有助于孩子们对要做的事形成清晰概念，因此他们能学习该行为并知道什么时候他们的行为才是正确的。

跟孩子讨论规章制度，帮助他们将这些清晰概念形成图像，并且尽可能的具体一些。实践中什么是"友好"或"尊重"？这种行为究竟是什么样子的表现呢？

激发孩子们的逻辑思维也同样很重要：

★ *"你要拿好衣服、书包而且不能动别人的东西，因为……"*

★ *"在走廊上行走须小心谨慎，因此……"*

鼓励他们从不同的视角理解规章制度。用这种方式跟他们说："为什么老师希望看到你们这样做呢？"或者"想想其他孩子会怎么想呢，如果他们看见你在做这种事？"帮助他们认识到规章制度是为了所有人（即整个群体成员）的团结以及每个人自己安全、快乐和成功。综合创造性图像思维和逻辑性推理将有助于孩子对他们需要所做的每一件事情形成深刻印象。

师生关系

孩子们需要与教师之间建立正确的关系。对孩子们的学习生活予以帮助的很大一个部分就是帮助他们与教师相处。在他们开始上学之前，他们需要知道师生之间是一种不平等的关系。教师帮助维护他们的安全，帮助他们学习和鼓励他们使用自己的能力和天赋在学校成功、愉快地学习。但他们的教师也有应负的责任。教师的作用很重要，他们希望学生专心听讲，尊敬老师，能很好地完成学习任务并表现良好。

除了祝贺他们在学习上、体育上或戏剧表演上取得成功，你要确保自己经常问孩子有多少次他们表现良好，做出正确的选择并因为遵守规则而得到老师的表扬。

一项有趣的实验把50年内不同时期出生的孩子进行了对比。50年前，孩子们拿到纸张包装的书籍时觉得拿到这些东西非常激动，非常信任为他们选择书籍的成年人。完全相反，现在的孩子们一点都不相信那些神秘的书籍对他们来说是最好的选择。他们觉得自己选择书本会更好。尽管他们是小孩子，他们却觉得自己能够像掌握权力的大人一样做出明智选择。

虽然我们想要孩子具有自信并能维护他们自己的观点，但有一点也很重要，就是他们需要适度对教师和学校表现出应有的尊重。如果父母和孩子们假设教师的选择是正确的并且是出于良好目的而推行规章制度，那么完全有理由相信它的安全性。当然如果出现了问题，孩子们和家长们都可以要求老师解释这些规章制度或者再进行深入讨论，但无论如何这么做也要建立在尊重的基础上。

只要稍微发挥点想象力就不难理解这一点。对父母来说意味着只要花点时间从教师的立场想象一下教室的状况。32个学生看着他们，32种复杂而不同的需求要得到满足，32个不同的家庭需要交代，那将是什么样子呢？将是什么样的感觉呢？

综合考虑教师和孩子们自己的想法和感受，这种通过引导让孩子们尝试改变视角对孩子们来说可能是非常有用的：

★ *"你认为在老师眼里它会是什么样子的呢？"*

★ *"为什么老师让你这么做呢？"*

★ *"老师认为那很重要：你能想想是为什么吗？"*

激发想象力和逻辑推理能力仍然非常有用。你孩子可能还是不喜欢做过的决定，但他们能让自己理解这个决定并采取下一步行动。

听指令

跟孩子玩游戏，帮助他们练习听力并执行指令。"西蒙说……"就是一个很好的游戏。一个人发出指令，另一个跟从指令行动。但跟从的指令仅限于跟在"西蒙说"的后面的时候，例如："西蒙说摸你的脚趾头……西蒙说把手放在屁股上……原地跳。"任何在原地跳的人将会被踢出局，或者丢一分，或者在游戏中交换角色（因为没有说"西蒙说"）。逐渐加快速度以鼓励快速思考。再试试更复杂的指令如"西蒙说不能停止跳"。

"这么做，那么做"是另一个用来提高听力、视力和思维能力的有用游戏。你用双手做很多活动，像拍拍肩膀，打开或夹紧手臂。每一次的活动指令中都必须要有"这么做"三个字，每个人都要跟着做。但如果你说"那么做"，他们必须要做原来的动作。

还有第三个游戏你可以用来刺激孩子的记忆力。他们必须模仿你手的动作，但他们要做你之前的动作。因此他们只需要看你拍三次手就行了。然后当你拍脑袋的时候，他们必须拍手三次；

当你把手放在膝盖上的时候他们拍脑袋……就这样依次进行。大一点的孩子甚至可以试试以落后于示意人两个步骤的方式进行。通过在学校跟着大人指令做动作是一个很好锻炼注意力的方法。

教师们知道用某种方式帮助学生记住并遵从指令是非常重要的。他们尝试将指令分成简单步骤，而不同时发出过多指令，并使用视觉引导来提供更多提示。但学校生活很繁忙而且要求较高，并且孩子们常常需要用他们所有的思维技能处理复杂指令。新的研究表明很多行为问题和学习困难根源在于很难记住指令。记忆力差很容易与偷懒和不懂尊重混为一谈。

记住指令涉及贯穿本书的所有关键学习能力。开发好策略也有助于孩子们学会在团体中团结协作，认真关心他人的需求并对活动进行分析和有计划地执行任务；有助于PSHE课程大纲所有的核心技能的学习。

孩子们需要首先通过听或看学习指令。他们的听说能力以及现有注意力在这里都是非常重要的，此外还需要他们有信心去问那些他们所不理解的东西。

当你给孩子发出指令时，要确定他们在听。而且他们要有所表现，表明他们正在听。鼓励他们问那些不明白的问题，让他们形成收集所有自己需要的信息的习惯。回答问题的时候要帮助他们自己去找问题的答案，例如：

★ *"你能猜猜我想要你把脏衣服放在哪吗？"*

★ *"我打赌你能猜到'脱掉鞋子'之后接下来要干什么！"*

他们自己重复指令（不管是小声还是在心里默念）对提高他们的记忆非常有用。他们还可以在指令中任何时候伸出手指或触摸手指给自己身体提示。这种技巧有助于确保他们听到了所有的指令并思考到了要求的每一个步骤。

在给孩子发出指令后，引导他们重复。他们能给你用手指表示自己听到了多少个不同的指令吗？

鼓励孩子对指令的每个部分创建形象刺激。开始的时候让他们看实物应该有所帮助。如果教师让他们走到盘子那儿去或者把绿色书本堆在一起，他们可以只要看看盘子、书或准备堆书的地方。这样他们心里已经把这个观念强化了，而且他们可以通过发挥想象力更加强化印象。那些盘子可能在想象中热情洋溢地在招手，也可以想象书被磁力吸到了书堆上。

如果指令更抽象或更难理解，孩子们可以通过画画来创建形象，例如：

★ *"请读你搭档写在报纸上的报道，然后告诉他们做得很好的三件事情和你想要提高的某个方面。"*

孩子可能会想象一张大报纸塞满整个房间。他们朋友的相片可能在首页，还有三个巨大的绿色钩钩（积极点）以及金色箭头表示需要改进的方向。另一个使用形象刺激的例子是：

★ *"请走到办公室，问他们午餐订了什么，然后你和杰克去四年级拿所订的食物。"*

可能这次你孩子可以通过压缩信息的办法画出午餐订餐清单

的图像。他们可以用数字图像法把四年级想象为一艘快艇。艇上的水手想吃什么午餐呢？而且他们的订餐如何才能写在这么小小一张纸上呢？

孩子们常常一开始就会不知所措。这个技巧能让他们整个过程都有提示可以参考。

当你给出指令的时候，问孩子他们使用了什么线索，并给他们提供一些你自己的线索，例如：

★ *"请问你可以上到睡房来找找上学的衬衣和裤子吗？想象如果你发现衬衣满屋子乱飞，而且裤子着了火的样子！"*

★ *"我认为你应该把泰迪熊和球整理好。想象要是泰迪熊都活了的话，它们踩着那些弹力球就会伤到自己。"*

这些策略对于任何年龄段的孩子都是有用的。随着他们年龄的增长，给他们的指令也要相应变得更长更复杂。让他们早些养成正确的习惯，帮助他们处理每套指令的要求。

记住规范

相同的技巧可以用于学习很多套行为规范。很多PSHE教学是关于如何在棘手的环境中形成好的规范。思考和学会任何一套规范的能力是学校学习的重要思维技能。

也许你孩子需要提醒才能把衬衣穿整齐，才会让别人共同参与操场游戏，以及在走廊上不大声说话；这是三类不同的规范。

你可以跟他们一起设计三个触发记忆的图像，然后将它们都用容易记住的方式联系起来。试试让他们想象清单本身写在衬衣的下沿，因此他们必须把衬衣放到裤子里去否则就被别人发现了私人信息。但衬衣可能变得不可思议的又长又大又重，因此他们不得不让朋友们来帮忙，这样就变成了一个有趣的折巨人衬衣游戏。他们可以在走廊上玩，只要他们玩的时候不发出大的噪音。

完成工作

一个相似的思维过程能帮助孩子完成学校布置给他们的任务。

除了记得指令，他们需要清楚地知道自己想要达到什么目标。他们教师可能会帮他们制定一个目标或给他们看一些榜样。而且，当孩子们在想象自己会取得什么结果的时候，教师的这种做法很有帮助。他们应该尽可能地想象自己将取得的成功结果，并想想那个时候他们会是什么感觉。

他们可以将完成这个任务必须要做的事情编成一些幻灯片一样的情景提醒自己。

也许他们被要求设计一个房子的模型，然后用铅笔和尺子将设计画在纸板上，再剪下来做成模型。想象着做好的房子模型，满载着荣誉和自豪感及满足感，他们可以想象自己坐在遥远的星球（planet与plan it发音基本相同，用于提醒自己设计模型）上并在皇后（指"统治者"，因为ruler既有"统治者"也有"尺子"的意思）的帮助下用巨大、尖锐的铅笔把纸板（工具和材料）做成模型。

他们在做的过程中可以用这些记忆提示，即便要花上几天时间也没关系。最后，当他们看到自己真正的房子模型时，他们可以将它与自己当初想象的模型进行比较，检查看他们是否完成了每一个重要步骤并思考下次可能用得上的改进方法。

目标

这个方法将帮助孩子计划自己的活动并确立自己的目标。PSHE课程一个重要组成部分就涉及确立目标。因此如果他们已经掌握了这些思维技能，形成自己的想法并将它们分成能实现、能记住的步骤，那么他们就拥有了巨大的竞争优势。

帮助他们勾画那些代表他们"步入成功"的场景。也许在他们成长为专业音乐家的计划中接下来的三个阶段如下：

★ *每天练习小提琴：他们可以想象手里拿着小提琴蜷在床上；这是他们每天看到的第一件东西和最后一件东西，提醒他们每天练习；*

★ *通过下一阶段的小提琴考试：小提琴旁边放着一张纸，就是他们通过考试的资格证书；*

★ *加入学校管弦乐队：也许他们将资格证书折成能乘坐的纸飞机，然后飞到学校去，停在管弦乐队练习场的中央。*

仔细计划是个十分有效的办法。要记住每一个重要的步骤并在脑海里牢牢地记住最后的目标。像这样练习思维能力是让孩子们学会将理想变成现实的一个非常实用的办法。

集中注意力对于你孩子取得成功以及他们在学校赢得尊重具有非常重要的作用。创造性思维和学习能力都能很好地帮助他们记忆，并将需要遵守的指令进行排列，而且他们还能从中自得其乐，并充分利用他们活跃的想象力。他们能够帮助同学集中精力，避免分心，对自己的成功进行评价并充分利用每个机会成长、提高。

提问和回答

帮孩子准备好在学校中可能会遇到的那些问题。现在教师们的方法都不同了，要求学生"举手"、或者直接问某个学生，或者告诉每个学生在迷你小白板上展示他们的答案。在家里，当你们在谈话和讨论的时候，变换你提问的方式，例如：

★ *"有人知道吗……？"*

★ *"阿卜杜尔，什么是最佳办法……？"*

★ *"克里斯滕，你先给我你的最佳答案。"*

★ *"我们把自己的选择都写下来吧。"*

灵活做事

很多小学现在对于孩子们如何做作业没有固定的模式。有些任务，他们是自己独立做。他们常常两个一组讨论自己的想法并一起完成任务。还有很多活动是分小组进行，有时是能力相近的，有时则是混合在一起。还有些时候，当整个班都在解决一个问题时，让所有的学生用不同的方式。

这就是为什么PSHE课程教的这么多种能力对于所有课程的成功都具有不可或缺的作用。

你的家庭生活越能像学校一样采取灵活的方式做事，孩子越能更好地适应学校。除了跟他们一起完成家庭任务、计划、游戏和活动，要确保你也给他们机会跟兄弟姐妹、朋友一起参与或者独立完成。跟他们讨论那些在每次成功的经验中使用的不同技巧。在PSHE课堂上，他们会学习交际策略（团队合作、轮流参与、协商），所有这些技能都能在积极的家庭生活中得到灌输。

跟孩子讨论不同工作安排所需的不同技能：

★ *"做得非常好，不但注意力集中，还能自己独立想出这些主意。"*

★ *"你们俩的谈话很棒，而且能达成很好的妥协。"*

★ *"你们都轮流发表了自己的看法，然后很好地完成了各自的分工。"*

从经验中学习

在每个任务中，鼓励孩子回顾自己之前的成功经历。他们可以发挥想象力，在心里清晰地回忆，然后认真思考现在的任务与之前经历的联系。

在学校孩子可能发现自己一会儿要表演亨利八世的仆人，过一会儿又得要安静地考一个小时的数学考试，再一会儿要与三个朋友计划烤蛋糕。他们会发现如果花些时间思考一下每个任务，搜索过去那些有用的回忆，然后选择知识，选择理解方式，以及选出那些他们认为用得上的关键思维技能，这样他们就会更有信心了。例如：

★ *"我从来没试过演什么角色，尤其在全班同学面前，但我在少年俱乐部有过表演经历。当我真的表演角色时，这的确很有帮助。我也需要点时间思考。我会用自己所知道的所有与亨利八世相关的历史资料来帮助自己揣摩所演角色的想法和感情。"*

新角色

这个方法能帮助孩子们抓住上学期间的所有机会并承担责任。这让他们有信心挑战自我，让他们相信自己有顺利完成任务所需要的所有技能。

不管孩子是被任命为班级图书管理员、钢笔监管员或校园协管员，他们需要记住自己应该履行的那些职责。这些工作可以分成适于管理的小步骤，想象各个步骤应该怎么做并使用能迅速调用记忆的触发媒介。

作为一个协助管理员可能需要做：

★ *从操场上集合一个班级*

★ *让衣帽间保持整洁*

★ *把登记簿交到学校办公室*

★ *管理操场活动*

你可以通过将这四个任务转变成容易记住的故事在孩子大脑中变成一个备忘录。一定要保证这个备忘录的开头很清楚，或许可以利用一下他们引以为豪的协管员金属徽章，例如：

★ *徽章变成了一个强大的磁铁，把整个班级的孩子都吸引到它边上（从操场上集合一个班级）。磁力把孩子们带进了衣帽间，但里边乱糟糟的一片：衣服和袋子堆成山一样高，人都走不过去。像施魔法一样，徽章变成了一把非常适合于把乱糟糟的东西铲走的大铲子（让衣帽间保持整洁）。当最后的衣服也被收好后，躺在地板上的登记簿出现了。铲子可以用来把登记簿铲到它应该去的地方（把登记簿交到学校办公室）。但办公室里发生了奇怪的事情。所有的工作人员都在玩游戏：跳房子游戏、跳绳、踢足球或捉人游戏（管理操场活动）。*

像这样思考问题有助于让孩子们认真思考、讨论自己的职责，必要的时候在细节上进行增添或调整，而且会查阅自己的大脑备忘录以确保他们做了所有该做的事情。

小一些的孩子可能只有一两个任务要记住，但大一些的孩子则有更复杂的职责需要担当。这些职责经常涉及跟大人一起合作：帮助午餐管理员；跟PTA（父母教育协会）成员一起整理信封；带来访者参观学校。随着孩子逐渐长大，本书中探讨的所有技巧将会帮助他们学会与各个年龄段的人处理关系：调整他们的交际能力，恰如其分地进行提问和解答，管理自己的行为以及在很多的任务中运用自己的天赋。

跟学校进行良好的沟通

父母们通过自己的良好交际和成熟举止向孩子示范如何与大人打交道。这对孩子学会与大人交流非常重要。这一点在你与孩子的学校打交道的过程中尤其正确。下面是一些关键的原则：

表示尊重

对学校每一个人表现尊重和关心，校长、班级任课教师、办公人员和门卫，一定要让孩子看见你积极而友善的说话方式。

清楚地交流

教师们没有读心术。孩子们如果能在写信的时候保证工整，打电话的时候保持发音清晰，当面交谈的时候能重点突出，那么他们将从中获益。花点时间思考一下你究竟想要什么。在见面之前，必要的话可以写便条帮助你记住准备说的具体细节。

选择你的解决方式

当你确实需要跟教师或校长见面交流的时候，要储存好体力做足准备。想想什么是最佳解决问题方式，并开始着手寻找解决方案，提出你能想到的任何办法。

> **感 悟**
>
> 尝试为见面交流或电话交流准备一个有积极意义的便条，写上下一步的准确行动。同意将来对监管和交流进行改善的计划。

让孩子参与进来

你在向学校提出任何问题之前一定要跟孩子交流，这意味着在提问题时能够采取恰当的方式专心交流，而且彼此能认真听，保证大家都情绪平静。请记住孩子并不总是会说出全部实情，而且他们说问题的角度有限。但是要向他们表示你想要尽可能把事情办好，因为他们的快乐和成功对你来说很重要。让他们给出自己的建议，使他们能主动参与进来。对于所有这些建议都表示同意，不管你会不会向他们老师提出。

除了会投诉，也要会表扬

留一个电话留言说谢谢老师们解决了问题，或者寄一张明信片说你对某件事的处理非常满意。这些东西对于繁忙的教师们的心理会产生较大影响，会直接影响到你孩子未来与教师的关系。让孩子明白只要诚实和决断，问题就会得到解决，庆祝胜利也就理所当然了。

在任何时候采取一切可能的办法提供帮助

学校经常要孩子带信给父母，要求你们去学校，帮助他们下厨，监管自行车训练或制作服装。PTA（父母教育协会）委员会可能需要足够的支持举办夏季市场、电影演出和新生的父母晚会。管理人经常选择一些父母来参与学校管理。你不能所有的事情都做，而且工作、家庭和其他任务会占用你大量时间使你不能参与学校所有的事情。但你能做的情况下尽量抓住机会参与。让孩子看到你的支持和对要求的认同。发挥你的特殊才能回报学校。你的帮助有助于学校的教育，更多地懂得学校的运转方式并与其他工作人员和家长们建立良好关系。而且尤为关键的是你将会给孩子展示作为群体中的一部分应该怎么做。

公民权

孩子们会从家长们对学校表现的兴趣中获益。它能让孩子们更强烈地感觉到学校是个重要的地方，值得多花力气。这让他们开始思考自己能给所属的群体做出什么样的贡献：学校、家庭、教堂、运动团队、青年团体、邻里和星球。它能支持所有的PSHE课程关于在校内外帮助他人的重要性和快乐感。

右脑的创造思维让孩子能发掘自己的天赋，并找到给他人提供帮助的办法。左脑的逻辑思维帮助他们维持与群体成员的联系，并找到将想法付诸行动的有效方法。在孩子发育的每一个阶段你都可以带给他们灵感和机会，这会让他们成就全新的自己。

教孩子如何用比喻的方法写诗来记录他们自己能力和信心培养的过程。在每一行诗里用比喻描写自己的新角色。在纸上写下一些东西，然后尝试用不同的方式排列。有些比喻能押韵，有些可能不好押韵。让他们写下自己能做的每一件事情，并从中感受到乐趣。而且，随着他们不断地长大，应该不断地加入新的内容。试看下面的例子：

铃铛摇手

沙堡堆手

走路好手

说话能手

数学算手

教堂帮手

朋友逗乐者

海报设计者

看地图能手

午餐帮手

兔子饲养员

就是我!

轻松应对学校的挑战

寻求帮助

思维和学习能力发育良好的孩子非常善于求助他人。他们不
会仅仅说自己不懂,而会说哪里是他们发现最难的地方,甚至可
能还会自己尝试提出解决的办法。

教师们非常希望每一个年龄段的孩子都能学会这个方法。而且，你可以鼓励孩子尽可能地细致，尽可能地眼光长远。"我不知道罗马士兵吃什么食物，那么我为什么不去查阅某本有关这方面知识的书呢？"这个想法与"我被难住了"或"我能做什么呢？"这种思维方式完全不同。训练思维技能有助于孩子们专注于任务，在自己所了解的基础上采取合理的方法完成任务，当他们遇到特别的困难时能寻求帮助、解决问题。

选择

正确态度和良好行为取决于选择方式。我们都时不时地会做出错误选择，而且我们都能对自己做出决定的思维过程加以改进。在学校的每一天，你孩子在说话和做事的时候都会面临各种选择，而且选择的结果将直接影响到他们能否得到快乐并取得成功。

我们的家庭可以采取很多措施帮助孩子进行选择。对选项加以认识、分析和讨论是非常重要的。用下面的任务来考考你的孩子：

> 你的船正在下沉，而且你是一个人在一艘小救生艇上，准备划船去地平线上的一个荒岛。在船完全沉下去之前你有时间拿一些东西下来。你只能从下面这些东西中选择5件放到救生艇上，因此要小心选择。你可能会被困在岛上一段时间……

★ 一箱烤豆罐头

★ 一箱书

★ 一副牌

★ 一包锡箔纸包的巧克力饼干

★ 一盒火柴

★ 斧子

★ 大毯子

★ 磁石

★ 饮水过滤器

★ 长绳子

★ 篮子

★ 手动调频收音机

★ 番茄种子

★ 一盒钢笔

★ 钟

给孩子时间去做出自己的选择，然后跟他们讨论为什么要这么选。他们能将自己所选的按重要程度排好顺序吗？如果他们只有时间从船上拿一样东西，那他们会选什么呢？为什么这么选呢？

像这种游戏测试的是孩子们综合运用理解力、逻辑思维和想象力的能力，以及他们对自己的了解。他们需要比较不同的东西，衡量每样东西的优缺点。他们会做出选择并认真思考那些可能一直搞不明白的结果。用语言对他们思维过程进行解释是很重要的，因为这会让他们听到自己处理事情的思维过程的声音。你一定要自己试试这个活动，而且说出你自己所做的最佳选择。

二选一的游戏

想象某个人物开始进入冒险旅程。例如：你可以想象有个叫鲍勃·布莱克的宇航员，他正在等待火箭发射信号。然后你给鲍勃两个选择：可以选择睡觉放松或绕着发射台跑步。接着让下一个游戏参与者替鲍勃做出选择。让他们说接下来发生了什么，然后又给下一个游戏参与者两个选择让他来决定选哪一个：

> ★ *"鲍勃决定跑步，但他摔倒了，把脚摔断了。所以，他是喊人帮忙并失去太空冒险机会，或者无论如何尝试着爬上飞船并发射出去……"*

游戏就照这样一直持续下去，每一个游戏参与者给出选项，做出选择并想象结果。

给孩子一些很有启发性的二选一选项。他们是不是更愿意：

★ *要么飞起来，要么消失？*

★ *要么住在潜水艇里面，要么住在树上的房子里？*

★ *做长颈鹿还是做企鹅？*

★ *每天赢10英镑（约15美元）或每天交一个新朋友？*

感 悟

讨论书本，电视节目和电影中的人物所作出的选择。孩子支持哪个，反对哪个呢？除了人们作出行动上的选择，还要考虑他们在面临不同思想和态度时作出的选择。

在PSHE课程上孩子们都要对他们作出的情感选择进行探讨，讨论对各种经历所作出的不同应对方式。他们的思维越灵活，就越能想出更好的应对方式。

如果星期天整天都在下雨，他们的话题可能集中在因这天不能踢足球而感觉很沮丧。或者他们可以选择更积极的思考方式：他们可以玩室内游戏，或者在下周的大型比赛之前有时间可以休息了，甚至可以想象下次他们踢球的时候草会变得更绿了。

当他们建错模型的时候可能会生气，认为自己真的不会建东西，担心别人会怎么想，自己会后悔浪费的时间……或者他们可以想想下次将要学的新东西；鼓励自己去尝试；或者想想整个模型倒下来时是件多么有趣的事情；又要跟新的朋友一起干活是个多好的机会。

帮助孩子明白一件事情常常可以用多个方式看。当他们担心的时候，鼓励他们在明智的选择和愚蠢的选择之间做出抉择。他们可以把各种担心写成两列：不正确的、不太可能的和没用的"无谓焦虑"（如"学校没有人喜欢我"，或"每个人都在笑话我的新眼镜"）；以及可能真正能帮他们做出正确选择、避免问题的

"合理焦虑"（如"我们可能赶不上飞机了"，或者"要是我记不住学校演出的台词怎么办"）。帮助他们使用"合理焦虑"做出正确选择并给他们提供方法忘记那些"无谓焦虑"。

孩子们非常熟悉白板。因此可以利用在白板上写完东西之后再擦掉这个过程的镜像帮助他们"擦掉"焦虑。这个原理在电脑屏幕上也是一样。告诉孩子将自己的焦虑显示到大脑屏幕上，然后想象轻轻点一下图像将它最小化或者干脆删除掉。

通过用虚构故事和场景来促进他们的学习，孩子们能学会适应选择不同的角度和观点。你在讨论孩子情感的时候可以利用这点。对于某个特定的情景或者问题，他们能发表其他不同的看法吗？

用孩子开发记忆力的技巧来寻找视角："记得你过去多么地怕游泳吗？"用生活实例来证明相同的事情可以用很多不同的方式来看："我们都看同一部电影，但是我们回到家时居然有这么多不同的感觉和想法！"

情绪测量仪

视觉想象的技巧可以帮助孩子们控制自己的强烈情绪。

让他们想象一条水平线的两端就是情感两极，例如："完全平静"和"控制不住"或"完全高兴"和"彻底伤心"。然后让孩子使用这个"测量仪"来测量他们对某个东西所产生情感的程度：

★ *他们对自己新学校的情感处在水平线的哪个位置呢？*

★ 他们对那次郊游是什么感受呢?

★ 关于下一周的集会表演,他们是什么感受呢?

准确对情感进行判断是好的开端,因为他们这样就能考虑如何消除它。告诉他们如何让自己的情感向情感水平线的积极一端靠拢:

★ 讨论实用的方法:"让我们另外安排一次,专程去参观你的新学校。"

★ 找到可能有用的记忆:"还记得那次在理查德家过夜,你是多么地喜欢吗?"

★ 提出可能有助于一点点沿着情感水平线改变情感的思维方式:"当你起身说话的时候为什么不想象你老师脸上带着微笑呢?"

这个练习能够成为帮助你跟孩子讨论解决他们焦虑的办法。它给孩子们提供技巧,学会控制自己的情感,并记住他们所做的每一次有益的调整。

情感颜色

教你孩子一个策略,让他用颜色来标注情感,然后发挥自己的想象力尝试改变。

跟他们讨论不同的颜色会给我们什么样的感觉。什么颜色让我们放松和愉快?什么颜色让我们烦躁或沮丧?跟孩子们讨论象征生气、快乐或平静等的颜色。

在出现极端情绪的时候，让他们看看改变情感的色彩以后是多么的不同。当世界看来很悲伤、很黑暗的时候，他们可能会想象颜色变成了深紫色，接着深蓝色，然后再浅一些，亮一些。亮红色代表生气的颜色可以变成橙色，然后黄色，慢慢帮助他们能更平静地对待身边的世界。甚至你可以试试帮他们发挥视觉想象来控制最强烈的情感。

讨论情感以及处理情感的方式能让孩子们在情感上应对学校的挑战：友谊、争吵、恐惧和变化。这有助于孩子们理解为什么他们可能产生特别的情绪以及选择正确的方式应对这种情绪。

PSHE课程将帮助你的孩子理解情绪是生命本能的一部分，尤其是在他们成长、变化的过程中。在小学的末期阶段，他们会探索因青春期来临引起的身体和情绪的变化。但在整个小学阶段他们将学会认识自己和别人的特定情感。

他们将花很多精力来处理自己与别人的友谊关系，这是本节所研究的技能中一个尤其重要的部分。作出重要选择，应对焦虑和处理情绪，这些都是相当重要的技能，能保证争吵、竞争以及更换朋友群体不会妨碍学习过程。

学校是一个复杂的地方，总有困难需要他们去克服。但具备认识、说出和控制情感的思维能力对于孩子们的快乐和成功具有十分重大的影响。当他们心烦意乱或不高兴的时候，世界上最好的教育技能都不起作用。但是如果他们精神放松，很有韧性，积极上进而且觉得安全的时候，他们将会取得最佳的学习效果。

十件要记住的事情

1. PSHE课能拓展思维技能并让孩子们处理那些最难的问题。

2. 对上学产生积极的、跃跃欲试的态度。

3. 用家庭活动培养孩子们对课堂的期待。

4. 加强孩子对学校教师以及其他工作人员的尊重。

5. 帮助孩子使用逻辑性思维和创造性思维确立目标并很好地完成工作。

6. 训练孩子们处理不同类型的问题和多样化的工作安排。

7. 想象性思维和创造性思维能力能帮助孩子们承担新的任务并完成职责。

8. 充分利用机会协助学校教学，与学校工作人员建立联系并表现出你的兴趣和支持。

9. 给孩子足够的机会练习如何做选择，发挥灵活的思维技能思考所有的可能性。

10. 让孩子们有信心创新性地探索思维和情感，确保没有什么问题会妨碍他们学习和享受快乐。

第3章

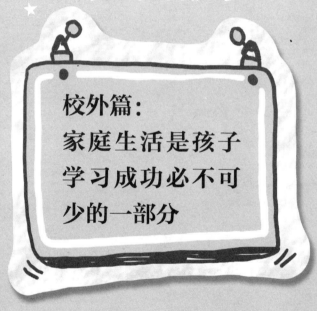

HELP YOUR CHILD
SUCCEED AT SCHOOL

校外篇：
家庭生活是孩子
学习成功必不可
少的一部分

第9节

健康家庭，健康心灵

在本节你将会学到：

● 如何培养和促进孩子的大脑发育

● 良好睡眠的重要性以及促进睡眠的方法

● 通过锻炼身体提高思维技能的策略

● 培养孩子信心和韧性的游戏

● 让孩子做家庭作业的过程变得高效率、有价值、零压力的策略

　　虽然学校给孩子们提供了大量学习的机会，但他们儿童时代实际上大部分时间是在家里度过的。家庭生活的质量对每一个孩子的发育都是至关重要的。最理想状态下，家庭能帮助孩子准备好应对小学阶段将面临的所有挑战，给他们奠定成功的基础，并在他们所做的每一件事情上都提供支持。

伦敦教育学院的EPPE（高效学前预备教育）研究小组对那些在学校表现特别突出的孩子进行了研究。他们发现了这些孩子的家庭生活的关键共性，并列出了在他们看来这些家庭十分重要的特征：

★ *按时睡觉*

★ *看电视的规矩*

★ *在家里和家外都有机会和其他朋友玩*

★ *家庭郊游*

★ *去图书馆、博物馆和公园*

★ *家庭就餐时间*

★ *在家里画画*

★ *唱歌的机会*

★ *家里整理房子的职责*

★ *自己阅读和听别人给他们朗读的机会*

要想在学校真的表现好，孩子们需要家庭生活给予他们很多的东西。家庭生活必须要帮他们进行有序安排，提供安全，在他们生活中的某些关键方面要有章可循，如睡觉和看电视。它也要能提供自由：让孩子能探索新的地方；带着创造性思维读书，欣赏美术和音乐。除了所有思考和学习的机会，家庭生活需要与人合作：游戏、旅行和与不同年龄段的人交谈，包括最了解你的人，还有对你成功影响最大的人。

每个小学都有"教学使命宣言"，表达学校的基本理念和目标。本节将讨论家庭学习的教学使命宣言的内容。你认为学习的价值是什么？学习最重要的是什么？学习的目的是什么？你能在多大程度将这些应用到家庭生活中去？

健康的家庭生活能改善孩子们的体力、智力和精神面貌。它能保证让孩子们以最佳的状态学习，然后回家后演练，再充实并拓展他们在学习做的事情。

关爱与学习效率

一个安全、宁静、稳定、充满爱和关怀的家庭对于学习来说是相当重要的。在老鼠身上的实验清楚地表明了情绪健康和思维能力之间的联系。那些在思维测试中表现最好的是那些被给予了足够的身体关怀，以及帮助成长的刺激环境。孩子需要你多给予他们拥抱和家庭的温暖关怀，以及那些能促进他们各方面的思维和学习的激励方法。

学前教育学家思安·威廉姆斯与联合国儿童基金会一起合作对培养儿童幸福感和成功感提出了5点计划。这项研究强调了身体关爱和条理性及日常生活的重要性，家庭生活加入阅读的必要性，以及食物和锻炼对孩子发育的重大影响。所有这些因素将在本节中探讨。

没有所谓的"平凡家庭"，而且肯定没有家庭是完美的，但培养出最成功的孩子的家庭具有明显的相似点。我现在提出的理念和活动设计就是为帮助你充分利用家庭生活、你所拥有的资源和你们一起度过的时间，让所有对孩子最重要的东西达到最佳的平衡状态。

♡

科学计划营养

罗马作家朱维诺发明了这句话"健康思想在健康身体中"。我们已经懂得身体健康和思想健康之间存在联系有几千年了，但只有在最近我们才开始研究营养对思维和学习的准确影响。

这是一个相当复杂的领域。我们的膳食不仅有助于大脑发育，也控制着它的运转，影响着它的长期健康，并给大脑运转提供需要的能量。同时它也影响到我们整体的健康，反过来健康又影响了我们思维的优劣……因此要揭开所有影响大脑发育和智力开发的因素是一个真正的难题。

第一项研究是有关营养不良及其对小孩发育的影响。我们很快就清楚地认识到智力和身体的发育都需要健康、平衡的饮食。但什么才是其中最关键的元素呢？在过去的50年里，科学家已经开始寻找我们饮食中的特殊元素，尤其是营养品和微量营养素，而且他们已经发现这些物质确实影响到我们大脑的形成及发育的方式，尤其在发育最快的阶段：

★ *孕期第7到第10个月*

★ *出生后的前几个月*

★ *2～4岁*

★ *6～8岁*

★ *10～12岁*

★ *14～16岁*

在此期间，大脑对于人所吸收的营养非常敏感。那些看来最具影响力的物质包括脂肪酸、矿物质和维生素。

脂肪酸

脂肪酸在大脑的形成过程中起着关键作用。它们是制造神经介质（大脑信息传递的化学物质）的基础，而且有助于神经介质的生成。它们形成了脑细胞用于思维和传递脉冲的东西，以及保持由它们帮助形成的无限复杂思维系统的长期健康。

脂肪酸有欧米茄3和欧米茄6两大类。这两种都不能够由人身体合成，而是必须从食物中获取。人脑中发现了大量这两种脂肪，并且我们了解到它们是聪明大脑不可或缺的。

大脑中97%的欧米茄3脂肪是被称作DHA。被叫做AA的脂肪酸占了欧米茄6脂肪的一半。DHA和AA的共同作用似乎对人的智力能产生相当大的影响。

有一项研究将两组孩子的智力发育进行了对比。第一组孩子喝含有DHA和AA的婴儿配方奶粉。第二组孩子的配方中则不含这两种元素。当这些受试者接受认知测试时，第一组孩子比第二组没有添加上述元素的孩子表现明显好得多，研究者为此主张给所有婴儿配方奶添加DHA和AA。

欧米茄3脂肪酸已经得到证明对思维和学习具有很多的好处。添加该元素已经被证明对那些早产儿（尤其是男孩）具有很好的作用。除了能提高大脑运转速度和加强神经细胞之间的联系，我们知道它们能减少敌意和怒气，消除影响孩子学习和心智整体健康的情绪障碍。

所以要保证孩子的膳食中有足够多的脂肪酸。这样孩子们就可以从膳食中尽可能地得到大脑所需的各种脂肪酸。

DHA主要存在于冷水鱼类体内，如三文鱼、鲱鱼、鲭鱼、金枪鱼和大比目鱼。实际上是这些鱼所吃的藻类给他们提供了这么高的DHA含量；藻类本身是一种可替代的植物来源。DHA也被发现存在于有机肉食中，如肝，以及少量存在于家禽和蛋黄中。动物身体可以用亚麻籽和亚麻籽油、黄豆和核桃中的化学物质自己合成DHA。

AA更容易从膳食中获取，它被发现存在于肉类、蛋类和牛奶中。

矿物质和维生素

铁被发现能改善孩子们的认知能力发育和提高注意力。研究发现它存在于各种红肉、鱼肉、豆类和绿色蔬菜中。

锌是大脑中另一种含量最高的矿物质。锌的来源包括肉类、鱼类、全麦面包和黄豆。

奶制品、绿叶蔬菜和豆腐中发现的钙除了对骨头的发育很重要，对学习和行为也具有重要作用。研究表明缺钙的孩子学习时精力不够集中或者表现为更容易兴奋过度。

大脑需要维生素C合成神经介质。它被发现存在于橙子和猕猴桃这些水果和西蓝花及花菜这些蔬菜中。

维生素B对于保护脑细胞的髓磷脂非常重要。它能通过吃肉、家禽、奶制品和鸡蛋吸收进体内。

研究表明容易发怒和疲倦与缺乏维生素B有关。维生素B包含在鳕鱼、金枪鱼、菠菜、芦笋、香蕉和甘蓝中。

缺乏叶酸会影响大脑的化学介质交流。叶酸少量存在于很多食物当中，包括橘子、西蓝花、豌豆、鹰嘴豆和糙米中。

埃塞克斯大学的一项研究表明，在小学的午餐中添加了这些塑造大脑的关键元素、脂肪酸、矿物质和维生素后，孩子们的测试成绩提高了8%。其他研究也表明这些营养物质能显著提高注意力和改善行为表现。

一定要让孩子的膳食中有足够的这些物质。尽可能给他们喂养未经人工改变的食物（尽量保持食物的天然状态），让他们能最好地利用其中的营养物质。虽然市场上有大量的营养添加物通常声称他们的益智产品是用铁和锌这些相当常见的元素加工制成的，但是很多父母还是想要他们的孩子能够摄入各种不同的营养产品才觉得安心。你要认真看标签，搞明白每种产品究竟提供的是什么营养。

碳水化合物

要想以最佳状态运行，孩子的大脑也要合适的燃料。糖分的燃烧会临时给他们提供能量并使大脑可能变得聪明一点；但是，最好的燃料是通过缓慢燃烧，在一个较长时间段内将糖分释放进入血液。食物的血糖指标含量越低，它所提供的能量越具持久性。早餐的时候尤其要吃那些血糖指标低的食物以提供整个上午所需要的能量。研究表明早餐中加入血糖指标低的食物在上午会减少脑力的自然衰退。

一定要非常注意让孩子的早餐能提高他们在学校的表现。找那些血糖指标低的食品如燕麦片、麦片粥和糠麸、全麦面包、西柚、苹果、樱桃和橘子。近些年袋装荞麦食品的含糖量已经降低了，但有一点很重要的就是你要认真看包装说明，看看究竟你孩子会摄入多少快速释放的能量。如果他们习惯了吃含糖量高的荞麦食品、全麦面包和调味料，那就要慢慢少吃这些食物，逐渐改善他们的能量来源。

大部分学校允许他们的孩子们上午加吃一顿零食。科学家们的研究表明，这会抵消没有吃早餐的不利影响。因此至少要保证孩子上午摄入了身体和大脑所需的营养，而且最好给他们提供血糖指标低的零食，这能给他们补充燃料并在午餐之前一直保持精力旺盛。

水

请留意任何对你孩子的行为表现和注意力产生消极影响的食物。近期一个报告列出了下面这些最可能引发问题的食品，因此如果你孩子看上去对它们具有不良反应的时候尤其要注意这些食物。

★ 柠檬黄（染色剂）

★ 安息香酸钠盐（防腐剂）

★ 牛奶

★ 巧克力

★ 葡萄

★ 小麦

★ 橘子

★ 奶酪

★ 鸡蛋

很多孩子们不管吃上述什么食物都不会表现出任何不良反应。但如果你认为孩子的膳食对他们的学习具有负面影响，可以检查一下是否含有这个清单中包括的食物。

当孩子的膳食能满足他们身体和情绪健康的时候，他们会感到更喜欢学习。他们因病缺课的时候会更少，而且他们会觉得更放松、更清醒，在忙碌而不断变化的学习过程中能保持注意力集中。

合理安排睡眠

除了膳食，孩子的睡眠习惯也对他们在学校的良好表现起着重要的作用。尽快让孩子形成良好的睡眠习惯，这样他们每天早晨到学校的时候就能精力充沛并且大脑就已经处于工作状态了，能够整天都保持精力旺盛。

我们所需的睡眠时间一生中都处于不断变化之中，而且每个人所需的睡眠各不相同。但所有的孩子都会从规律的睡眠中受益。每天晚上遵守的良好习惯模式能保证他们有最佳睡眠质量。在学校很容易就能发现睡眠不足对他们的影响。

孩子们需要父母帮他们养成良好的睡眠习惯。你孩子的夜间作息习惯应该要成为家庭生活不可或缺的一部分：避免吵架，避免分心，每晚只要目标明确，保证每个人都能睡个好觉。

感 悟

晚上不能玩电脑游戏。因为这会让孩子们更难让大脑休息并放松，通常会让他们遭受挫折感或过度兴奋。

睡前稍微吃点清淡零食已经被证明对长时间的良好睡眠具有益处。

试试晚上泡澡，喝点热饮，听轻音乐，听睡前故事，试试任何能让孩子平静、放松，和让大脑放下包袱的事情，使他们进入准备睡眠的状态。

确保他们的卧室环境有助于他们入睡。房间是否够暗？温度如何？有没有分散注意力的事情，像电视或录像？他们准备睡觉的时候这些是否还在播放？

虽然孩子们会争辩说他们还不想睡，没有疲倦，但他们会认识到良好睡眠的好处并对你给予的帮助表示感激。

如果他们白天在脑力和体力上都很活跃的话，他们当然会睡得特别香。本书中探讨的所有思维技巧都是精心设计好让他们能积极学习，并以精力旺盛的方式运用自己的大脑。他们的大脑用得越多，他们越能充分享受香甜的夜间睡眠。

适当锻炼身体

孩子们的脑力需要与体力活动相当。他们需要对生活有积极的态度，并且有很多机会进行体育锻炼。

美国索尔克学院的神经学家证明那些被迫跑动的老鼠在接受思维测试的时候，表现远远要好于那些整天基本都趴着不动的老鼠。运动能增加心脏将氧气输送到大脑的能力。该过程释放的化学物质使人体觉得舒适。我们知道运动能让我们精力充沛，大脑清醒，而且还能让我们从中享受友谊和乐趣，以及竞争的刺激，还能让我们有机会测试自己的技能、谋略、耐力和勇气。

孩子们需要参与很多他们喜欢的体育活动。学校会安排体育课和操场活动，这样孩子们就自然而然地在跳、跑和舞蹈的过程中学习运动并消耗能量。父母需要找机会带孩子去公园和泳池，在安全的情况下骑自行车、滑旱冰、玩滑板，尝试各种运动和游戏。加入运动队应该是个很方便的途径，能让孩子们得到很多训练，而且很多市政服务机构会资助（甚至免费）让孩子们参加运动。即便你孩子在接受收费课程，也不要忘记带他们去林中散步和去公园里玩球。不管是在家里还是在户外，鼓励他们找伴玩或跟一群孩子玩。而且跟他们讨论他们可能会喜欢尝试的活动。让锻炼成为他们生活的一部分，并成为保持健康和快乐的关键因素。

杂耍

教孩子变戏法的游戏。这是对智力和体力的发育都有益的一项技能。它有助于提高手眼协调能力和身体意识，还能培养很多重要的思维技能。因为两只手都要用到，而且物体从一边丢到另一边有助于刺激全脑思维。它也是一个很好的方法向孩子们展示坚持训练的好处。从中他们会不断应对失败，逐渐提高，直至掌握让别人、让自己惊叹的技术。

幽默与学习

笑声对你孩子的思维和学习都很有好处。它能帮助他们呼吸，感受血液循环，降低压力荷尔蒙（如皮质醇和肾上腺素），还能让孩子们处于一种非常放松和很有创造力的状态。吃饭的时候鼓励大家开玩笑。去看那些有趣的剧场演出或街头表演能让他们感受新的娱乐方式。还有很多很好的幽默诗歌集适合给孩子们看。这类诗歌特别重要的原因在于它有助于培养孩子们的幽默意识：那些词、韵律和节奏能引人发笑。

游戏是一种很好的让孩子们发笑的方式，而且孩子们从嬉闹、趣味和竞争性活动中能享受幽默。在游戏还能培养关键思维技能和帮助学科领域的时候，它们尤其有用，因为这更强化了一个事实，就是学习本身就能带给我们很多的快乐。

玩单词游戏就像"闪躲定义"。每个游戏者轮流用字典（儿童字典或成人字典都可以）找一个特殊词。然后他们花一点时间给这个词生造两个假定义。他们先需要你模仿这一词，但是即便是很小的孩子也会很快猜到答案。

一旦"闪躲定义"准备好了，游戏者就将自己生造的意思和单词真正的意思都告诉其他人。其他人就来猜哪个才是正确的。

在安排竞赛的时候，这个游戏可以采用多种方式，取决于人数和游戏者的年龄。用你的定义来迷惑人或被人迷惑是一件很有意思的事。孩子们在找到单词意思和规律的过程中能促进他们的交际能力并享受笑声和乐趣，这对他们的学习具有重要的作用。

另外一个很好的语言游戏就是用书本的第一句话和最后一句话来玩。找一堆孩子能读的书，给每个游戏者一张纸和一支钢笔或铅笔。

第一个游戏者选一本书（或者你给他们选一本），然后掷硬币。如果是"正面"就写这本书第一句话；"背面"就写最后一句话。所有的游戏者有一小段时间尽量符合逻辑地来写第一句话或最后一句话。

通常给孩子们演示一两次这个游戏以后，他们就能学会怎么玩了。告诉他们游戏过程中最好使用简单的句子，而且简单的句子会给其他游戏者一些提示线索。给孩子们一些建议，教他们用什么恰当的方式使用语言和提问，并鼓励他们想出一些可能正确但又不老套的话。

当每个人都准备好后，把纸都收上来。这一轮的负责人把这些句子都大声读出来，这中间包括那本书里真正的第一句和最后一句话。

其他人都来投票表决哪个是真的。如果他们猜对了那么就得分，或者如果有别人把他们写的句子当作真的也能得分。

这也是一个很简单的游戏，这个过程中你能很好地与他人享受快乐。游戏过程非常令人兴奋，你能通过所用单词和短语所提供的线索将自己所了解的人与其写作风格进行匹配。它既能体现激烈竞争，也能享受将朋友和家人所想的东西进行匹配这种愉悦感。

试试一个像"数学宾果"的数字游戏。你需要纸张、钢笔和筹码或代币。给每个游戏者一张纸并让他们画一个单格，分成九个相同的小格。然后将格子用从1到10中的任意九个数字填到小格中，选择他们想要安排宾果卡的方式。大一些的孩子可以用10到100任意的10的倍数，或者100到1000中任意的100的倍数。

当每个人都预备好后，其中一个游戏者被选为第一个游戏的说话人。他们想出某个数学问题，答案在某些游戏者的卡上。因此，如果你在用数字1到10，问题可能如下：

★ *"6-3是多少？"*

★ *"12的二分之一是多少？"*

★ *"40的百分之二十是多少？"*

★ *"灰姑娘的丑姐姐的数目加上金发姑娘遇到的狗熊数目总共是多少？"* （译者注：《金发姑娘与三只熊》是著名的英语儿童故事）

这都取决于游戏者的年龄和能力以及他们在提问过程中的创造力水平。在不看任何人的卡的情况下，说话人应该要记下所有的答案，以保证不会有重复。

每一次一个游戏者找一个答案后就在他们的卡片上放一个筹码。第一个集满一行（三个筹码一行，纵向或横向都可以）的赢得三分。第一个把四个角都占了的赢得四分。谁第一个排满九个格子就喊"宾果（胜出的意思）"并得满分10分。

每一次喊完"宾果"后，换一个说话人。你可以决定保留相同的数字，或者交换卡片，或者做一组不同的答案。由于只有10个可能的数字，所有的玩家都离胜利近在咫尺。这只会使局面更热烈，就更需要集中精力。

"数学宾果"是一个有效的方法，能练习游戏者的计算策略、数学词汇和思考速度。无论他们是提问还是回答，这个游戏充分利用了孩子们的思维技能，并结合了有益的心算练习和比赛的竞争性与趣味性。

还有另一个不需要任何工具的数学游戏叫做"猜猜我的……"。你们可以在任何地方玩这个游戏。它能强化你们在玩的任何一个方面的数学能力，对于提高逻辑思维和记忆能力特别好。

你可以先试试"猜猜我的数字"。其中一个玩家只需选择一个数字，其他玩家通过巧妙地提问，猜出这个数字——问题的答案只能是"是"或"否"。

有两个以上的玩家时，如果你的问题得到了肯定的回答，就可以继续提问。但是，如果回答是否定的，就意味着将轮到下一个玩家提问。

如果你们只有两个人玩的话，就要记录所问问题的数量。你可以设定一个上限（"你在猜我的数字的时候可以问20个问题"），或者比较你们的分数（"你猜我的数字的时候问了18个问题，而我只问了12个就猜出了你的数字，所以我胜了"）。

★ 玩家1："你可以问20个问题，猜我所想的数字。"

★ 玩家2："它是小于100的数字吗？"

★ 玩家1："是的。"

★ 玩家2："小于50吗？"

★ 玩家1："是的。"

★ 玩家2："它是一个整数吗？"

★ 玩家1："是的。"

★ 玩家2："是偶数吗？"

★ 玩家1："不是。"

★ 玩家2："那么，这是一个小于50的奇数。它大于10吗？"

★ 玩家1："是的。"

★ 玩家2："是3的倍数吗？"

当他们做这个游戏时，有些孩子将受益于做笔记，删掉那些被他们淘汰的数字。而其他人则可能会喜欢试试发挥自己的记忆力。

用这个游戏来练习使用关键词，如"更大""更少""在……之间""奇数""倍数"和"系数"。跟他们讨论那些使他们接近答案的问题和那些根本没有用的问题。"猜猜我的……"的游戏除了能提高孩子们的数学技能，也能教孩子玩游戏的策略。这个游戏让他们知道斗智本身就是一种乐趣。

当你们试过"猜猜我的数字"后，再玩玩"猜猜我的形状"，选择使用2D或3D的图形或二者的混合。这是一个好办法，可以练习所有关于形状的重要词汇，例如"平行""边""顶点""对称"。当他们正在琢磨的时候，鼓励你孩子想象各种形状，并选择最有效的问题。

★ 玩家1："让我们看看谁能第一个猜出我的形状。"

★ 玩家2："它是扁平的吗？"

★ 玩家1："是的。所以，你可以继续问下一个问题。"

★ 玩家2："它有四个以上的边吗？"

★ 玩家1："没有。所以，现在轮到别人来提问了。"

★ 玩家3："是否有平行线？"

★ 玩家1："有。"

★ 玩家3："它至少有两条对称线……？"

你们可以在任何地方玩"猜猜我的……"游戏：在车上、上学的路上，或者任何你需要又快又容易玩，而且还很有趣的家庭游戏的时候。

利用日常生活提高记忆能力

用家庭生活来加强你孩子的记忆技能。抓住每一个机会，跟他们谈论过去的事：不但是某些具体的细节，还有对回忆本身的体验。开发孩子的意识，让他们知道自己的记忆是如何工作的，并鼓励他们在日常生活中去探索。

感 悟

重温一些重要的或有趣的地方。你孩子还记得他们住在旧房子里是什么时候，上幼儿园是什么时候，第一次去当地的游泳池又是什么时候吗？问问他们所有能回忆起来的声音、气味和味道。哪个地方能引起他们什么感受呢？他们是否又回忆起了其他的事情？

取出你已经存储起来的旧玩具或书籍。我6岁女儿花了一个小时来摆弄她那些早就收进阁楼的婴儿书籍。她很高兴再次看到这些书，跟我谈起她熟悉的人物和故事。此外，她还提到了自己回忆起来的质感和气味。她还想起了陪她读书的人和我们第一次分享这些书的场景。这种感受让她又记起了其他几本她最喜欢的书。这几本书并不在我们找出来的第一个箱子里，而是在第二个箱子里。

利用歌曲来引发关于记忆的讨论。如果你们一起在家里或在车上听收音机，试试看谁能够记得上次听到某首曲子时，你们在做什么，或在哪里开车。你孩子还记得他们第一次听到最喜欢的歌吗？当听到一首新歌时，问问他们，这首歌让他想起了哪些类似的歌曲或歌手。

偶尔给孩子吃他们很久没有吃过的食物。这些食物可以是他们过去最喜欢的口味，或者度假时才吃到的特色食物，或者是有几年没有买了的食物。食物能够刺激很多感觉器官，并且是一个很好的记忆触发器。问一些能够深入探讨孩子记忆的问题，并让他们知道通过记忆对过去的经历进行回顾是多么令人愉快的事：

★ "这种食物让你想起了什么呢？"

★ "你还记得，你第一次吃这个的时侯，我们在哪里吗？"

★ "这个气味让你想起了那次度假的时候其他的东西吗？"

★ "当你在那个年纪的时候，生活是什么样子的？"

这样的活动能提高孩子的记忆技能，能帮助他们利用多种感觉器官，沿着大脑中相互关联的记忆路线进行回忆。这种活动还能促进他们对思维本身的思考，让你们的家庭交谈变得更有意思，而且增加了很多的乐趣。

让孩子接触一些低于或者略高于他们目前理解水平的书。图书馆就非常合适，因为孩子们挑选的书往往适合比自己更小点的孩子，或年纪较大的读者——甚至是成年人。让他们去尝试，阅读他们自己选择的文本，然后谈谈体会：

★ "你觉得这本书，哪些地方容易，哪些地方很难？"

★ "你觉得读婴幼儿的书有意思吗？"

★ "读这些大人看的关于火车的书，你有什么感觉？"

帮助他们思考自己已经掌握的阅读和思维技能，以及还需要提高的技能。让他们比较不同的书，并对某些塑造他们智力的特定方法进行思考。

思维游戏

与孩子一起玩那些能拓展他们创造力和逻辑思维能力的游戏。无论你是在等飞机，步行到学校，还是与朋友们在车上，都有许多方便、有趣的能促进关键思维技能的活动可做。

幸运与不幸

轮流进行故事接龙。你自己先讲，选择你喜欢的人物、场景和事件。在那之后，唯一的规则是，每一轮接续故事的时候开头必须先说"幸运的是"或"不幸的是"：

★ *"一个美丽的夏天，一个叫鲍勃的人走在路上。幸运的是，他戴着一顶帽子，以保护他不被太阳晒伤。"*

★ *"不幸的是一只巨大的海鸥落在他的帽子上，又不飞走。"*

★ *"幸运的是这是一只非常友好的海鸥，鲍勃很高兴交了一个新朋友。"*

★ *"不幸的是，海鸥有一个非常坏的习惯……"*

在这个游戏中，故事限定的框架很窄，所以能够提高孩子努力思考的能力。这个游戏有助于他们学会一边放飞自己的想象，一边寻找逻辑联系，还能给他们一个很好的机会发挥自己的想象带给大家惊喜和快乐。这是一个加强记忆力的好办法，因为这些不寻常的故事就是创造性学习的要点。这个游戏甚至还能培养孩子多角度看问题的能力和在现实生活中的应变能力，挑战他们去想象不可预知的故事中无穷无尽的波折起伏。

最好的和最差的

这一次是要开开心心地享受探索的乐趣，对各种问题和情况找出最好的和最差的答案。刚开始时，为孩子设置问题，并提出自己的想法来激发他们的想象力。鼓励他们要知道没有绝对正确或错误的答案，只有他们能想到的最聪明和最有趣的想法。不久，他们就会积极思考正反两面，提出各种各样的建议，还会主动要求自己来设置问题。

例如，说出最好的和最差的：

★ *做你老师的人*

★ *晚会的主题*

★ *要告诉皇后的一件事*

★ *作为宠物的动物*

★ *在沙漠中找到的东西*

你可以通过游戏的方式感受科学思维的乐趣：

★ *"毛毛虫的一生哪一阶段是最好的？什么时候它可以爬行并粘在别的东西上？它在茧里安全吗？什么时候它会变成一只蝴蝶？"*

★ "制作茶壶，什么是最糟糕的材料呢？巧克力？蛋奶糊？氧气？茶叶？"

许多最好的问题可以强化PSHE技能：

★ "谁与你一起坐牢最合适呢？你妈妈吗？一个最会讲故事的人吗？破纪录的表演脱身术的人吗？"

★ "当一个人的感觉很差的时候，说什么是最糟糕的事情？是说'我不再相信你了'？'我告诉过你不要喝水坑里的水'？还是'如果你死了，我可以拿你的游戏机吗'？"

甚至用这种有丰富趣味和想象的方式去学习数学也是可能的。

★ "对于一种新型的装鸡蛋的器皿而言，什么形状最好？是可以灵活放置的正方体？还是没有棱角的球体？"

★ "上课的时候，最糟糕的学生人数是多少？是27？因为那是一个奇数，你就不能做配对活动；是6吗？因为有人会被排除在五人制足球队之外；是52吗？因为老师可能会把你们分成四组，每组13个人，而13是个不吉利的数字，要么让你们每个人做他一个星期的奴隶，要么就用邪恶的咒语把你们都变成扑克牌。"

鼓励孩子从正反两个极端进行想象。夸张的想象往往会产生很幽默的效果，从这种极端的想象中你可以发现很多有意思的东西。试试孩子在超现实的、滑稽情境中运用逻辑的能力。

寻找超人

这个活动主要就是发明超人，并把他们放到有趣的情境里。孩子喜欢凭空设想超人的名字、服装和特殊技能，然后想方设法到处用他们新漫画书里的人物。

一开始先设想一个紧急情况——但不是超人通常应对的那种。这可能是他们日常生活中的一些事，或者与自己的兴趣爱好相关，或者以学校的一门功课为主题，例如：

★ *爷爷又丢了他的钥匙*

★ *曼联队再输一场就面临降级*

★ *哈罗德国王在战场上需要一些帮助*

★ *龙卷风正朝花园袭来*

★ *班上的女生都闹翻了*

因此你们的目标就是创造解决问题的完美超人。一起来构思一些重要的细节，如：

★ *名称*

★ *服装*

★ *特殊技能和权力*

★ *交通方式*

★ *死党*

★ *头号敌人*

★ *弱点*

★ 口头禅

那么，你们的超人将如何处理手头的紧急情况？说说"磁力超人"用他的电磁手臂从邪恶的"车库鬼"那里偷回爷爷的钥匙时，会发生什么情况；想象一下，"时光女超人"及时地飞回来，抓住了距离哈罗德的眼睛只差一毫米的箭。

叫"逗乐超人"行动起来，逗得四年级B班的女孩子们开怀大笑，忘记了她们为什么吵架。

但是，要是这些消息都搞混了怎么办呢？如果"逗乐超人"最后停留在1066年的海滩？"磁力超人"将如何帮助解决他们的友谊呢？"时光女超人"如何用爷爷的钥匙将曼联队从即将到来的飓风下解救出来呢？

让孩子明白把人物放在意想不到的情况下会是一件很有意思的事。鼓励他们创造最夸张、离奇和不协调的场景。让他们亲身体验分享想法和逗人发笑的乐趣，给他们足够的信心发挥想象力，自己来制造喜剧效果和混乱场面。

抓住灵感

无论是浴缸里的阿基米德，还是苹果树下的牛顿，卓越的思考者们在忙着做其他事情的时候常常会突然产生具有重大突破性意义的灵感。

想想，当你在刷牙、在公园慢跑，或修剪草坪时，有多少次你想到了一些好主意。天才的瞬间随时随地都可能出现，尤其是当大脑处于放松、随意的状态下时。当孩子在浴缸里玩耍的时候，他可能对自己的科学作业有一个极好的创意，或者他在后花园踢球的时候，突然想到了最佳的方法来解决一个棘手的数学问题。他们要珍惜这些时刻，并且要用实际行动来抓住灵感。

给孩子各种工具来记录他们的想法。告诉他们，除了笔记本和纸张，他们也可以写在信封的背面、充满蒸汽的浴室镜上，或写在自己卧室门上粘着的便利贴上。

感 悟

　　我的两个孩子都爱在自己卧室的墙壁上挂上留言板，在上面快速地记下他们的想法、提示线索、往事和笑话。你孩子可以写在走廊的黑板上，或用磁力字母写在冰箱上吗？

你的手机可能有录音功能，可以录下一些在假日回程的路上，或在树林里散步时的想法。你的手机或许还有摄像功能，那么，在拍他们的姿势的时候，让孩子把他的好主意表演出来。

这个过程中，你给他们提供了充分利用自己思维能力所需要的工具。更重要的是，你在告诉他们，一些有价值的想法可能会在最意想不到的地方突然出现。

思考帽

家人之间的对话和讨论是一个锻炼思维技能的极好方式。你可以尝试用不同方式去解决问题，探索各种不同的有效策略——对思考本身做一些非常有用的思考。

爱德华·德·波诺对"思考帽"的方法进行了推广。他采取准确的方式来运用不同类型的思维。他对六种关键的方法进行了定义，每种方法都标示为不同的颜色：

★ *白色代表中立的思想，考虑所有可能的事实。*

★ *红色涉及一些情感：预感、本能、情绪、直觉。*

★ *黑色是消极的判断，用逻辑对事物的缺陷和问题进行思考。*

★ *黄色是积极的判断：仍然是逻辑思维，但这次是识别事物的积极因素和一致性。*

★ *绿色指的是创造性思维：运用想象建立丰富的联想，探索一切可用的观点。*

★ *蓝色控制着事物的过程：监控整个项目，对思维进行思考。*

如果有足够多的游戏者的话，你可以给他们每人一顶这样的"帽子"，并对所讨论的话题采取相应的方法。

如果你们是在讨论去哪里度假，妈妈可以戴"白帽子"，列出日期、时间、距离和价格；爸爸戴"红帽子"，说说他的本能反应；10岁的玛雅戴"黑帽子"，发现计划中的问题；玛雅的哥哥戴"黄帽子"，指出他所听到的积极观点；爷爷戴"绿帽子"，提出有创意的思考，并促使每个人展开想象；凯特阿姨戴顶"蓝帽子"，保证每个人都有机会出力，并负责检查是否所有的方法都被考虑到了。

另一种方式是轮流试每一种思维模式，一起研究每顶"帽子"的好处。

当你正准备做一些家庭装修的计划时，可以尝试这种方式。首先，从中性思维开始。一起聊聊所有的具体细节：预算、时间表、空间和可提供的方便。接下来，转到感性思维，并讨论你想要的装饰风格，喜欢的颜色和对其他美丽家园的记忆。当你们准备好后，检查上述任何想法是否有问题。然后把重点放在恰如其分的建议上，并讨论如此做的好处。尽可能地创造性思考，寻找有趣的方式结合不同的想法，获得原创性想法。要清楚每一个解决问题的新方法，做到"控制过程"；通过重复这几个步骤帮你们回到最有助于解决问题的点子上，对它进行改进并形成最好的解决办法。

你们可能会在车上聊起孩子的下一个聚会，在饭桌上谈论他们宏伟的家庭作业方案，或召开"家庭会议"以解决在学校面临的某个特殊问题。和本书中其他一些策略一样，这种方法既可以帮助你解决手头的问题，又可以锻炼孩子的大脑，以应付其他的挑战。

诸如此类的协作思考能帮助他们学会团队合作。能使他们深深地意识到必须结合不同的观点，让他们准备好担任其中任何一个关键的角色。这也提高了他们独立工作的能力，使他们掌握各种策略，灵活地用于思考和学习中。

一起参与家庭作业

对于许多家庭来说，家庭作业是最具体的支持孩子教育的方式。学校对于家庭作业的做法有许多不同的方式，并且随着孩子的成长有所变化，但无论哪种形式的家庭作业都是让你能参与孩子的学习过程、让他们变得优秀的好机会。

你有必要弄清楚学校对家庭作业的态度。每个新学年都要做好准备。孩子们可能要到三年级或四年级才会有家庭作业。也可能学前班的孩子每晚也有事情要做。或者学校对家庭作业完全持反对态度。考虑下面这些问题：

★ *哪一天将会布置家庭作业？哪一天要交？*

★ *除了定期作业外，还有其他长期的作业吗？*

★ *完成作业的形式：写在纸上，夹在特定的文件夹里，通过电子邮件发送还是提交到学校的网站？*

与孩子谈论这一切，一定要让他们明确地理解功课对于他们意味着什么。一开始就要让孩子们知道功课是很重要的，需要认真对待。

制定一个适合的家庭生活制度。同样，得到孩子的认同是必不可少的。商量这一周的日程，并考虑如何把家庭作业安排进来。他们喜欢什么时候做功课？最好采取什么办法避免把作业拖到最后，搞得手忙脚乱？你怎样才能给予他们所需的帮助？

确保孩子有合适的地方学习，还有他们所需要的文具。

感 悟

　　我们给每个孩子都买了一个小塑料盒，里面有各种铅笔、钢笔、尺子、橡皮和他们可能需要的其他东西。这让做功课的麻烦要少得多，他们不需要满屋子寻找文具。

仔细想想，你孩子在哪里学习最好。他们可以把你的书房或客房当作他们的"办公室"吗？也许可以把餐桌打扫干净，把他们的书本放在那儿。如果他们需要用计算机，你是否在旁边随时能提供帮助（如果必要的话）呢？给他们提供一个尽可能舒适、明亮、通风和安静的地方学习，使他们能集中注意力，但又确保一旦他们有需要，你能很方便给他们提供帮助。

当孩子们开始做家庭作业时，帮他们设定一个明确的目标。不要仅仅只让他们学习多久的时间，而要把重点放在他们将能达到什么学习目标。他们需要大概知道完成作业需要多长时间，但真正重要的是，他们应该清楚自己是需要做什么。要他们简单地讲一下，并讨论你们如何知道该目标是否已经实现。家庭作业有可能是学习乘法运算，完成书面作业，或者是制作手工并涂色。

在学校，他们习惯于讨论学习目标和成功的标准，在他们做功课时，设定同样明确的目标和高标准也很重要。

跟孩子们谈论作业的细节能帮助你知道需要给他们提供多少帮助。有些作业需要孩子们单独完成，练习他们在学校学到的技能，并让老师知道他们能独立完成多少。给他们一些建议和鼓励是可以的，但如果孩子真的有困难，那就应该要让他们的老师知道这一点。在书中留一个便条，告诉老师他们确实尽力了，但还需要更多的帮助。

其他类型的家庭作业需要更多的配合。越来越多的学校选择这样的作业，他们希望家长能参与进来，给孩子提供机会和家里人一起学习。抓住机会做好你自己的那一部分，但要仔细想想这样做对孩子有什么好处。他们应该提高什么技能？他们是否打算先画一座城堡，然后再帮你盖一座，找好材料让你来组装，或者建好一些独立的部分，然后你来组装？如果他们想了解你的童年往事，他们是准备通过直接提问、把你的答案编成一个故事呢？还是给你一份现成的问卷来填写呢？如果要他们了解大熊猫，那么是要他们扩充在校已学的知识，还是想要你帮助他们从零开始呢？

你一定要很清楚孩子做每一个家庭作业的目的是什么。这非常有趣，一起取得进步也很值得，但这些都是孩子学习的机会，他们要尽可能地利用这些机会。如果你还不清楚，不要害怕开口向他们老师请教。

不要尝试由你自己来帮孩子完成家庭作业。家庭作业是孩子、学校和你之间共同的练习作业。它能让家长参与到孩子的学习中来，告诉家长他们的孩子在学校学了些什么，同时它还能激发有益的讨论和活动。这种方式有助于孩子们进一步培养自己的兴趣，并创新地运用自己的知识和技能。当老师不在他们身边时，这种方式还培养他们在学习上进行自我管理，并达到好的学习效果。所以要帮助他们采取正确的学习方法，给他们提供恰当的资源，就他们的想法进行讨论，但重要的决定要让他们自己来作。带孩子参观图书馆，但你不要亲自去帮他们选所有的书籍；给他们提供计算机，但不要你去设计排版或修改所有的拼写。帮助孩子很好地完成能让他们产生自豪感的家庭作业。

和谐生活

感 悟

时不时地给孩子的生活拍个"快照"。仔细琢磨本节和整本书所探讨的各个主题。

为孩子考虑他们的饮食、睡眠质量和身体锻炼。他们有什么样的机会独立学习或与不同年龄的孩子一起学习？哪个方面是他们学习的重点，是正在学习的知识和技能，还是他们学习的方法？他们能否正确处理学习和游戏的关系？他们在电脑、电视、棋类游戏或书籍上花费多少时间？你是否有机会跟他们讨论有关生活、学习、往事或观点的话题？有没有迹象表明他们对自己的思维和学习进行了思考？今天他们觉得快乐吗？

在各个方面要寻求平衡，并进行逐步的调整。为了培养孩子的关键思维和学习技能，一定要保证孩子的生活中各方面能合理平衡，而且有安全感。尽可能利用日常生活帮助他们在学校能有好的表现，而且要适当给他们制造一些惊喜，并给他们充裕的时间享受自由和各种乐趣。让家庭生活能提高孩子在学习方面的能力、热情和信心。

十件要记住的事情

1. 一定要保证你孩子的饮食中（特别是在长身体的关键时期）包含健脑的关键脂肪酸、维生素和矿物质。

2. 鼓励他们吃能量缓释型碳水化合物，以提供持久的能量，有助于集中注意力和保持良好的行为。

3. 孩子们白天需要健康的早餐、适当的零食和大量的水来滋润他们的大脑。

4. 要警惕对孩子的健康和行为有不良影响的食物。

5. 给他们制定明确的就寝时间，消除所有的干扰，使用浴缸、书籍和音乐来帮助他们放松和进入睡眠。

6. 确保孩子的脑力活动与体育活动和游戏保持平衡。

7. 让孩子的生活充满欢声笑语，利用家庭游戏来帮助他们记忆和提高学习能力。

8. 帮助他们运用想象力和视觉形象化技巧，学会灵活、坚韧和自信地面对新挑战。

9. 找机会让全家人都参与玩"思考帽"的游戏，学会合作探索所有不同的思维方式。

10. 给孩子们时间、空间和所需的装备来完成他们的家庭作业，提供有针对性的支持，帮助他们从每一项任务中取得最大的收获。

第10节

为小学毕业做好准备并着眼未来

在本节你将会学到：

● 学校如何评估和测试你的孩子

● 如何采取切实可行的步骤帮助孩子学习、复习、准备评估和测试

● 如何应对考试结果和成绩报告单

● 帮助孩子从小学过渡到中学的一些活动，处理一些实际问题和情绪上的问题

如何看待测试和评估

整个小学阶段，你孩子都会受到评估和测试。"形成性测试"或AFL（"对学习的评估"）包括老师对他们的进度进行监控的方

式并给予相应指导的方式。除了评判他们的学习，并与他们进行讨论外，现代教师还有一系列其他可自行支配的评估技巧：对谈话内容录音，为戏剧录像和研究计算机文件。小学的评估现在已经加入了一种新方法，就是让孩子们自己对学习进行评估并负责自己的进步。

形成性测试对孩子学什么及如何学产生影响，而总结性测试是对他们的表现做出判断的评估。总结性测试让孩子们完成具体任务，并把孩子的成绩只与班里其他人的相比较，而不管这个年龄应该达到什么标准。这种测试甚至会与国家或国际的同年龄标准不符。总结性测试包括对拼写或乘法表的测试，对专题教学或学期结束时进行的测试，或者是让外面的人来给孩子们进行正式的考试而且接受官方监督。考试形式始终是一个有争议的话题，它在很大程度上受政府管制并不断地有调整。但是考试本身已经成为我们教育体制的一个重要组成部分，它要求所有孩子能取得自己最好的成绩。

家长和老师也能感到考试带来的压力，因为考试结果可能影响到学校之间的排名并影响到孩子未来的教育。在将要结束小学学习的时候，他们面对的考试如果不是学校自己内部进行的话，考试成绩很可能会影响到他们将来上初中时候的分班。这些考试将在很大程度上影响别人对自己能力的评价和他们对自己的感受。

无论你的孩子能够达到什么水平，你都可以帮他们尽可能地在评估和测试中发挥最佳水平。无论你同意与否，他们需要知道如何在将要面对的各种不同类型的测试中好好表现，在短期内发挥自己的最大潜力，以及训练自己如何应对将来更重要的考试。早些让他们掌握正确的技能，这样他们就能成为自信的应试者，能冷静面对压力，尽力发挥自己学到的一切知识和从测试中积累的所有经验。

激发孩子的动机和兴趣

动机的重要性表现在两个方面。一方面推动孩子投入更多的时间准备测试；另一方面激励他们找到最好的方法取得好的成绩。

感 悟

为了帮助我们生存，人类的大脑自然地优先考虑那些与我们自身相关的信息。如果你孩子一点都不明白这样做的好处，学习自然就会是一件难事。

告诉孩子要好好表现的理由。从一开始就要为孩子找到平衡点。你希望他们表现好，因为你知道他们能够做好。考得不好只会带来坏处，因为他们没能证明自己的才能。考试的重要性在于这是一个表现自我的机会和享受考试带来的好处的机会。

因此，最大的好处就是带给你自豪和别人对你的羡慕。不要让他们担心自己会让你失望，而是要着眼于积极的一面。让他们知道，你想要他们尽力而为，而且你很重视他们的成功。你要表扬他们在学习上所付出的努力。如果考试的结果会带来重要的影响，那么你要让他们知道这一点，但是不要让他们因为害怕失败而有压力。特别是年纪小的孩子需要知道，考试并不是生死攸关的问题。重要的是，他们已经尽力了。

考试还有什么其他好处呢？你可以列出所有努力学习带来的好处，其中可能包括：

- ★ *充分发挥了自己投入的备考努力*
- ★ *给他们现在和以后的老师留下深刻印象*
- ★ *对自己的能力感觉不错*
- ★ *进入好的班级或最好的学校*
- ★ *学好对将来有用的学习技巧和应试技巧*

他们可以把自己的列表贴在墙上，利用文字和图像提醒自己成功的好处。

他们可以使用视觉想象技巧，在心里想象这些好的结果。他们的老师会说什么来表扬他们呢？当他们知道已经尽了自己最大的努力时，会是什么感觉呢？父母为他们而感到高兴的样子是什么样的呢？

要想做好某件事，孩子们需要对事情本身产生兴趣，而且可以添加一些额外的奖励刺激。我们都希望能实现自己的愿望，所以要和孩子谈谈怎样才能让他们保持注意力集中和充沛的精力，即便这个过程可能并不容易。他们的回答可能会让你大吃一惊。

也许他们会要求出去玩一天，或玩某个电脑游戏，或者一些不太切合实际的要求，如更高难度的任务和过分的自由。必要的时候就要跟孩子进行协商，并达成双方都能接受的协议。一定要让他们清楚，要想获得这个奖励就缺不了下面这些东西：精力、毅力和达到成功需要付出的一切。

当然，也可以在实现最后目标之前给孩子们的阶段性成果予以小的奖赏，尤其是如果孩子的准备工作和复习过程将会比较漫长的。同样，要与他们商讨细节，愉快地达成一致。如果他们哪一周表现得很好，你可以在周五下午用包装漂亮的小礼物给他们一个惊喜；或者决定每天晚上给他们机会赚取游戏时间、奖励新口味的奶昔，或者赢得一场电影。这些东西不需要花很多钱，却可以成为很有意义的奖励，使孩子们有继续的动力，并渴望尽自己最大努力。

为测试进行充分准备

检查孩子是否已经将所有备考的东西都准备好了。他们的老师应该把所有的细节都清楚地告诉他们了；如果他们不明白，就要他们去问清楚。什么时候考试？什么形式的考试？将涉及哪些话题？将会有一些什么样的问题？你通常可以从学校、网上或者书中找一些用过的考试卷。对于每一场能够预见的考试，市场上也有大量的复习指南。

> **感 悟**
>
> 在购买任何辅导资料之前，和孩子的老师谈谈，给孩子找到合适的资料。如果资料的难度和内容有错的话，很可能对孩子是弊大于利。

制订计划

帮助孩子安排好自己的时间，并利用这些时间制订一份行动计划。认真而符合实际地考虑俱乐部的活动、社会活动和家庭的常规活动，保证孩子有足够的机会放松和玩乐。进行有计划的复习，在他们注意力最集中的时候，尽可能地把时间利用起来。要了解每个星期中他们什么时候精神最好、精力最旺盛，并依此制订时间表。但这个时间表并不是硬性的规定，而仅仅作为参考说明他们什么时间能够比较有效率地工作。当然，在他们每完成一个阶段的任务后用钩或贴一颗星星做标记后，这也会成为他们的成绩记录。

学习场地

给孩子安排一个合适的地方做家庭作业。问问他们哪个地方最适合他们学习，但一定要确保他们说的是真的，而且是你能够满足他们的。有些孩子的确是要在有噪音的环境和播放音乐的环境中能更好地学习，但其他人显然需要的是安静的环境。如果他们的确希望边听音乐边学习，那么要注意他们选择的音乐类型。歌词清晰的音乐比单纯的乐器音乐更容易让人分心，而且那些谈话（如果他们听收音机或音乐电视）是最令人分心的。正因这样，电视是最不能让他们集中精力的。你可以建议他们在完成学习之后或学习过程中放松的时候看电视。让他们知道安静、整洁、轻松、舒适和令人喜欢（他们需要的东西都有）的学习环境的好处，尽可能地减少分心的因素。

复习方法

测试或考试的准备工作包括巩固知识和理解，能很好地回忆知识，并就如何最好地创造性地使用知识进行思考。

跟学校所有的课程一样，要想充分利用家庭学习时间，首先就需要有明确的目标。让孩子养成制定明确目标的习惯。这些目标可以是10分钟的乘法表练习，或者是花15分钟复习所有学过的绿色植物的知识，或者是用20分钟写几段极具感染力的作文开头。家庭学习结束的时候，他们需要掌握或提高什么知识？或什么将做得更好？你要关注那种积极、活跃的学习方法给他们带来的好处。

从他们所掌握的东西开始学习是一个不错的主意。鼓励他们大声说出自己能记住的最重要的信息，然后花几分钟看看这些信息会让他们想起什么来，例如：

> ★ *"我知道心脏输送血液，所以你需要保持心脏健康。当你运动时，心跳加速。有一些进进出出的血管、动脉、还有……我不记得其他了。心脏在你的胸部。吸烟对你的心脏有害……这就是我能记住的所有东西。"*

提问在记忆和学习过程中都发挥着关键作用。所以如果你的孩子现在能提问，这是非常有用的：

> ★ *"我已经知道动脉的作用和其他血管的名字了。我需要记住，为什么当你运动的时候，心跳会加速。"*

下一步就是弥补他们知识的不足。在这个过程中，他们能把从书本和笔记本上学到的知识运用起来。他们可以找出每个遗漏的细节，看看这些细节是如何与其他信息保持一致，并启动学习技能记住它们：

> ★ *"动脉把血液从心脏运送出来。静脉是另外一种血管，把血液运回心脏。"*

"动脉"（artery）这个词听起来像"射箭"（archery），或许他们想象血红色的箭头，从他们的心脏射出。如果他们注意到了在"静脉"（vein）这个单词中有个"里面"（in），他们就会把它作为很好的记忆提示线索——帮助他们想象看到所有静脉血管上都印着"里面"的标记，把血液带回心脏。

> ★ *"当你运动时，肌肉需要更多的氧气。氧气是靠血液输送*

的，所以心脏就加速搏动，把血液输送到所有需要的地方。"

理解是记忆的重要组成部分，像这样仔细地对概念进行思考就是学习的良好开始。但你可以做更多的事情让记忆更深刻。

鼓励孩子把他们所学的一切都形成思维图像。在这个例子中，他们可以对血液循环系统进行想象，在脑子里将尺寸放大、将颜色变鲜明，并把某些关键细微处进行特别显示。这能帮助他们把血液循环想象成电脑动画，中间配上箭头和标签来解释具体情况。

试试激发他们的动觉学习技能。他们可以去操场开始慢跑，感觉自己肌肉的运动，心脏开始泵血。他们可以把自己想象成一个血细胞，在房间里打转，解释这个细胞的职责，和它所走的旅程。

确保他们能将新的想法和已经掌握的知识衔接起来。让他们对一些例子进行思考并进行知识的应用：

★ *"记得那一次你从学校一路跑回家，气喘吁吁。你的心跳肯定达到了最高速度！"*

★ *"想象一下，现在那个足球运动员的心脏是怎么样的。"*

自我测试

告诉孩子，测试是学习的一个重要组成部分。信息在刚刚进入他们脑子里的时候，进行测试最有效。提醒他们在一段学习快要结束时进行自我测试（也许就在一小时以后吧）强化记忆，并确定他们已经准备好继续前进。

让他们养成从不同的"角度"进行测试的习惯，例如：

★ *"什么是动脉？"*

★ *"把血液从心脏带出来的血管叫什么？"*

★ *"肌肉需要多少氧气是受什么的影响？"*

★ *"为什么跑步的人需要心脏功能健全？"*

压缩信息

在我们完成上述过程之前，材料有时候需要被简化、压缩。

如果你孩子正在复习所有生物都具有的7个"生命进程"的内容，他们可能需要面对好几页教科书或笔记。一开始，他们需要考虑哪些是已经知道的，并再次阅读这些材料；然后，关键就是要把一些基本细节提炼出来，并把注意力放在那些需要掌握的信息上。

在这种情况下，信息可以被归结为7个关键词：运动、呼吸、应激性、生长、繁殖、排泄、营养。你的孩子应该能够运用自己所有的创造性学习技巧，记下这7个关键点。

他们可以想象自己在教室里走来走去（运动），喘着粗气（呼吸），感觉自己的肺部变得很敏感（应激性），然后意识到他们正在慢慢长大（生长），变得有他们原来的两个那么大，然后又变成三倍，再是四倍……（复制）。他们会惊恐万分地冲进卫生间（排泄），然后坐下来吃一片美味蛋糕（营养），以应对刚才的惊吓。

言语、名称、编号、指令……孩子已经知道如何学习所有这些，他们可以利用复习强化自己所学习的一切。他们还可以添加一些新知识。这是提高孩子们成绩的一个非常有效的方式。他们会就某个话题提出问题、继续探索、记住新的信息，然后与他们已经掌握的所有知识衔接起来。

联合思维

如果他们正在复习二维形状的名称，他们可能会问有十一条边和十二条边的形状的名称是什么。他们应该很快就能得出答案"十一边形"（hendecagon）和"十二边形"（dodecagon），然后他们可以把这个答案变成能够记住的内容：也许他们看见一只母鸡（hen）在甲板上（deck与deca谐音），带着一把枪（gun与gon谐音），又丢了一些面团（dough与do谐音）给鸭子（duck与deca谐音），并敲响一声锣（gong与gon谐音）。他们会借助想象调动所有的感官和情感，在大脑中将图像放大，并表演出来。最后把新的信息与他们旧的知识联系起来。

他们还可以把其他的形状（-gon），像"多边形"（polygon）、"六边形"（hexagon）、"八边形"（octagon）。他们也可能意识到在

"十二边形"（dodecagon）中的"dec"和"十边形"（decagon）和
"十进制"（decimal）中的"dec"是一样的意思，都意味着"十"。
这样的思考和学习从不同方面刺激大脑，创造了大量相互联系的
牢固记忆。

个性化学习

提示你的孩子尽可能把信息个性化。与往常一样，还是想象
力起着关键作用。比如你在黑斯廷斯战役中，或与尼尔·阿姆斯
特朗一起登上月亮，或即将被当做祭品供奉给阿兹台克人的神，
会是什么感觉呢？要是他们小得足以穿过植物根部，或像风中的
一颗种子被吹起，或挤过滤纸的小孔，会怎么样呢？让他们想象
自己"进入"了学习的内容，只要有可能，就大声把关键想法说
出来、表演出来。

创意笔记

孩子们也可以使用纸和笔来强化学习的内容。让他们不要只
是简单地复制细节或回答测试中的问题，而要画一些记得住的卡
通画、详细的示意图，或者多种颜色的关键字列表。给他们一个
特别点的练习本或者文件夹来保存他们的复习笔记。当他们进行
自我测试的时候，鼓励他们对自己记忆中的图像进行描述，例如：

★ "苹果的法语单词是'pomme'，我记得我画了一棵苹果树，上面挂着好多松软的绒球。"

★ "臼齿适合咀嚼和研磨。我画了一个卡通鼹鼠正在咀嚼太妃奶糖。"

如果他们的笔记既有趣又新奇，他们会清楚地记得某个具体的信息点在记在哪一页。这会给他们增加额外的视觉和空间记忆线索。

除了使用单一的图像、场景和长点的故事加强他们的记忆，当他们准备测试和考试时，孩子们还可以有效地使用前面所说的"旅行记忆法"。他们可以将图像放在熟悉的房间、建筑物和路线中，用来提醒他们相关的事实、人物、指令和观点。

他们可以利用卧室存储自己掌握的所有关于都铎时期建筑物的资料。他们可以利用当地的购物中心附近的一条路线来掌握所有他们在艺术作品评估中要使用的技术。

在课堂上，我告诉孩子们如何记住一些技巧，以便在写作测试中取得好成绩。比如，他们想象一个降落伞（parachute）挂在教室的门上，那么就要记得使用段落（paragraph）；他们想象有两个人在书柜上大声地谈话，就要记得在恰当的时候把谈话加进来；漂浮在水池里的字母"意大利面"是用来提醒他们检查拼写的……

训练你的孩子使用记忆框架，将测试和考试需要的所有信息都装在框架里。用生动的画面储存详细的信息，可以激活他们的创造性思维，帮助他们把想象注入自己的答案。与此同时，组织结构有助于逻辑思维，让他们高效、有序地应对考试。每一个"记忆旅行"都能激发全脑思维，并提高孩子们的成功概率。甚至在他们还没开始调动其中的重要信息之前，"记忆旅行"就发挥作用了。

头脑演练

跟运动员在真正踏进跑道之前想象自己正在比赛一样，你的孩子可以在自己的大脑里通过演练考试进行备考。这可以帮助他们注意到那些有用的细节以及演练那些对他们水平发挥最有用的策略。

★ *让他们想象自己正坐在考场，准备开始测试。*

★ *强调有助于他们取得好成绩的所有良性情绪。*

★ *提示他们想想自己做的所有备考工作及其所带来的信心。*

★ *建议他们在想象中用舒适的暖色调，使考试场面尽可能轻松、无压力。*

★ *和他们详细讨论一场取得成功的考试。帮助孩子认清自己：*

■ *仔细地听指令；*

■ *在动笔前，快速浏览整份试卷；*

■ *仔细阅读每个问题；*

■ *留意每个问题值多少分；*

■ *用最有效的方法获取记忆；*

- *心情平静、熟练地使用自己的文具；*
- *保持冷静，注意时间，快速、认真地写下每一个问题的准确而有创意的答案；*
- *留出足够的时间来检查试卷。*

在考试开始之前就让孩子能积累考试成功的经验。让他们养成好习惯，并帮助他们深入了解考试成功需要什么，以及有什么感觉。

他们甚至可以想象有人正在批改自己的试卷。这个办法能很好地帮他们记住有人会查阅每个问题的答案，想办法给他们加分。尽量从好的方面对这个场景进行讨论。评卷人在想象的场景中对好的答案予以奖励，并从中发现孩子掌握的知识点和能力。问问孩子：

"评卷人能读懂你写的是什么吗？"

"每个答案都解释清楚了吗？"

"当评卷人又发现一个绝妙的答案，并用一个大大的绿钩做正确标记时，他脸上是什么样的表情呢？"

感 悟

测试结束后，跟孩子讨论考得怎么样，要关注最积极的方面……然后帮孩子转移注意力，让他们放松并庆祝自己的努力学习。

充分利用考试成绩

当你收到考试成绩时，仔细想想这究竟意味着什么。成绩单上肯定能说明你孩子在某门功课上的能力，但这也只反映了某一天中某个测试的表现。和他们的老师谈谈如何看待考试成绩，以及家长和老师如何一起最大限度地对其加以利用。

孩子的每一次测试只是他们的学习过程中的一小步。成绩提供了一些线索让你了解哪些地方展示了他们的天赋，哪些地方需要多点支持。应试本身就是一种技巧，通过前面所述的所有策略，就可以提高这种技巧，但需要多加练习。从根本上来说，考试结果是很难预测的。帮助孩子正确看待挫折，从他们经历的每一场考试中吸取经验，利用成绩来指导自己今后的学习。

让孩子知道考试是终身的学习过程中有用而有挑战性的部分，一定要让他们享受前进道路上每次取得的小胜利。

♡

用好学习评估报告单

你孩子的学校至少会每年一次将书面报告送到家中。这个报告会有每门功课的学习总结，以及关于孩子进展情况的意见——包括有关他们的学习技能、学习表现和学习态度的总体评价。

各个学校的评估报告单的写法各不相同，但普遍的做法是用软件程序来提高效率。教师有一些预先写好的评估报告单，他们可以从中选择、修改并加入自己的话。班上每个孩子的报告单上的某些部分可能是相同的——例如，某些科目学习的具体细节——两份报告确实可能看起来非常相似，只是几个关键词有细微差别。一定要仔细阅读你孩子的报告单，注意说明孩子具体表现的那些详细内容。

和对待测试结果一样，你一定不仅仅要正确看待报告单上的信息，也要弄清楚任何不明白的地方。报告单的一些方面（好的或不好的）可能会让你大吃一惊。请记住，在你不在孩子身边的情况下，他们的老师花了整整一年的时间了解他们，把他们与其他人比较，看看他们是什么样的。

> **感 悟**
>
> 教师应该能为他们所作的每项评价提供具体事实材料。所以如果报告单中没有这些内容，而你又对此关心，那就要向老师请教。

尊重老师所写的报告单，以它为依据来改善你支持孩子的方式。但是要记住，报告单中的很多内容都是主观的——只是老师一个人的观点。如果有什么让你吃惊的东西，你得找找其他的证据。以前的报告中说了什么？其他大人会告诉你一些什么？关于孩子的学习、行为和态度，你自己观察到了什么？

如果报告单发生了些变化，或者评价有明显的不同，你就要认真思考一下为什么会这样，以及如何能知道更多。最有用的评估能帮助你的孩子进步。要想做到这一点，报告单内容要尽可能的详细、准确，而且各方面要均衡。

做好上中学的准备

在小学的末尾阶段，孩子、家长和学校之间的合作变得特别重要。测试结果和报告单有助于确定下一步该做什么，但是也有一些其他东西确保孩子们顺利过渡到中学。

小学老师努力为孩子们准备应对中学的挑战。在最后一年里，PSHE课程的内容往往集中在这些挑战带来的变化和感受上。学校也努力使他们安心，同时也教他们方法应付将来的挑战。这个过程也需要家庭的支持。

和孩子谈谈会发生在他们身上的具体事情。开始的时候，谈论那些不会变化的事情。列出一切在他们的新学校和现在都是一样的事情：家人和朋友们的支持，学习和成长的机会，作为学校群体的一员他们所需要的生活和学习，付出最大努力的重要性。尤其强调将会保持不变的家庭生活的各个方面、友谊和校外活动。

然后列出一些即将改变的东西：学校的位置、上学路线、上课时间、家庭作业、老师、朋友……只要有可能，集中谈论积极向上、令人兴奋的机遇。谈论你孩子期待的所有事情，还有那些将更可能成为挑战的事情。帮他们对教育的下一个阶段形成整体一致的印象是非常关键的一步。

应付焦虑

回到上一节所描述的"情绪测量线"练习活动。从"非常害怕"到"迫不及待"画一条线，用它来绘制孩子关于以下一些问题的感受：

- ★ *离开他们目前的学校*
- ★ *结交新朋友*
- ★ *尝试不同的功课*
- ★ *坐校车上学*
- ★ *自己买午餐*
- ★ *搞清楚中学周围的道路*
- ★ *有更多的家庭作业*

在对他们目前的精神状态进行思考的同时，跟他们谈谈对过去的感受——并且考虑他们可能对未来的反应。

所以，如果他们把"离开他们目前的学校"放在那条线的三分之二处（接近"完全满意"），问问他们是否总是如此。他们是否几年前就这么有信心了？他们是否能想象那种感觉，随着转校的时间越来越近，他们的感觉也越来越趋向于"迫不及待"？

或许"坐校车上学"引起了最多的负面反应。它可能现在很接近那条线的端点"非常害怕",但是当他们还是5岁的时候,他们是什么样的反应呢?那时候任何交通工具是不是都令他们兴奋?他们会不会认为,多坐几次可能就不那么害怕了?

情绪是变化的。帮助孩子明白这一点,让他们准备去掌控并开始改变自己。他们所有的关键思维技能,可以帮助他们把自己对初中的感受移向那条线积极的一端。

为了获得更多的信心去结交新朋友,他们可以回忆自己过去建立过的深厚友谊,或从逻辑上也考虑一下其他人的担忧,并想象自己先结交了一个新朋友,接下来又有第二个、第三个……那将是多么好的感觉。

还可以用不同的方式去思考问题,鼓励他们列出一些可能会有帮助的实际的事情,例如:

★ 至少有一个"体验日",去结识新同学

★ 他们的老师会帮助他们互相认识

★ 他们在学校已经有3个年纪稍大一些的朋友

他们怎么样才能对中学午餐的态度变得更积极些呢?他们可以记住很多自己喜欢的食物;想想自己是多么幸运,可以选择自己的食物;想象一下用钱的快乐;也可以提前做一些练习,自己在小餐厅买午餐,或者在超市里面对更多的选择。

使用"情绪测量线"让他们谈谈自己的感受,并给他们一些有关如何提高自己信心的建议。在他们接受教育的每个阶段(尤其是面临巨大机遇的时候），孩子情绪的稳定将会对他们的成功起到巨大作用。

实际准备工作

信息是关键。一定要让孩子能尽可能地了解到他们新学校的详细信息。孩子可以通过写信、传单、网站和亲自参观学校，以及和已经在那里读书的孩子进行交谈等方式进行了解。如果你的孩子仍然还有问题，你自己再做做额外的调查。

提早给他们买好校服，准备好所有他们需要的装备：书本、文件夹、书写工具、运动工具和书包。从容地帮助孩子培养信心，让他们相信自己已经进行了充分准备，能够适应新环境并表现出色。

为第一天、第一周和第一学期做个计划。讨论如何使家庭的日常事务适应新的路线安排、学校的上课时间和学校对家庭作业的要求。不要只是希望这一切突然发生。你孩子需要确切地知道，他们有能力面对自己新的学校生活，和他们的家庭将会如何支持他们。明确的计划可以帮孩子们消除很多的疑惑和压力。

视觉想象

尽可能发挥孩子训练有素的想象力来提高他们的信心。鼓励他们想象自己上学的第一天，在脑海里把从醒来的那一刻到晚上睡觉的整个过程过一遍。提醒他们一边注意自己有条不紊地处理这天的每件事情的同时，也注意自己的心理感受和行为活动。在想象过程中，他们可以选择柔和、欢快的颜色并利用其他感官感受使自己放松，从而产生安全感和稳定情绪。他们的大脑就像摄像机一样能够选择最佳角度：或许就是广角镜头，能同时看到同一情景中的所有其他孩子；或是将镜头放大停留在最好的朋友身上、注视着一个很酷的新包、或者在帮大家列队的老师身上。

只要是他们还缺少自信，就可以使用这个技巧。如果他们面临新的挑战（如第一次游泳课，在开会的时候发言，开设新的课后兴趣班），你要鼓励他们用自己的想象提前在心里进行"体验"。跟孩子们谈论他们感受，看看你能否提供其他的帮助。

这个活动结束后，跟孩子们再讨论讨论自己的视觉想象哪里做得好，哪里还有待下次改进。不断让他们进一步认识到情绪是可变的，他们灵活的思维和学习技能可以帮助他们应付学校的每一个新挑战。

条理化

在他们的整个教育过程中，孩子们需要有条理，并管理自己的东西、时间和所有需要完成的任务。当他们向中学过渡时，条理性就显得尤为重要。因为他们突然间要处理更复杂的时间表，面对更多的教师，还要找更多的教室。

他们的工作量增加了，不管是在学校还是在家里，还有许多新的机会进行体育运动，参加戏剧表演和其他一系列课外活动。井井有条地安排自己的生活是他们成功必备的重要条件，所以要趁早。他们一开始上小学，你就要帮他们养成好习惯，培养他们照顾自己的能力。

开发孩子的记忆力非常重要。记忆力使他们有信心提炼自己所需要的信息，并找到有效的方法记住这些信息。他们可以创造性地使用时间表和家庭日记，画上彩色的插图和写下令人难忘的笔记。他们有一系列的技能来存储自己所接触到的所有不同类型的有用信息。

有这么一个很有用的提高条理化的方法，就是把一个熟悉的地方变为记忆的"储藏室"。这个方法能很好地帮助孩子们管理自己忙碌的生活。

和他们一起，选择自己的个人记忆储藏室。它应该是他们至少每天可以看到的一个真实场景的"虚拟"版本。他们可以选择门前的橱柜，上学放学要经过的商店或者挨着他们教室的办公室。提醒他们尽可能清楚地把这些变成视觉图像，注意它的外观、气味和感受。

接下来，任何一个有用的信息都可以变成图像，并牢牢地固定在孩子的个人记忆储藏室里。与往常一样，使图像尽可能特别、夸张、难忘，想象力是非常重要的。

为了记住要上交一篇关于游泳课的作文，他们可以想象一条湿毛巾挂在他们记忆储藏室的门上；如果孩子需要记得带上自己的小提琴去乐队练习，他们可以想象一位著名的小提琴家站在自己熟悉的房子中间，第一次为全世界演奏一首新曲子；如果要记住带烹饪原料的话，就让他们想象地上有一堆黏乎乎的面粉和鸡蛋。

每次孩子经过柜橱、商店、办公室等这些真实的场所时，提醒他们搜索一下自己的虚拟记忆储藏室，看看那些记忆提示线索是不是还在原地。他们也可以养成习惯，每天在固定的时间去那儿：早餐的时候，打上课预备铃的时候，一天结束的铃声响起的时候。

当你要他们记住一些重要细节时，你要建议他们用一些印象深刻的方式，添加到他们不断增加的图像库中：

★ *"你记得今天要报名参加那个野外旅游吗？你就想象，在你记忆储藏室的墙上到处都是鲜花和蝴蝶，怎么样？*

★ *"一定要记得交你的法语作业。就想象巴黎的埃菲尔铁塔突然出现在房子中间吧？"*

★ *"今天放学后，你要去艾丽家。那么就在天花板上画一个她的大大的笑脸，以确保你不会忘记！*

"前瞻记忆"（指记住将来要做的事情）是最难掌握的一种记忆技巧，但它能给孩子们一个更好的机会获得成功。让他们认真思考每一个指令，并督促他们通过做一些事情去掌握这项技巧。

这让他们养成习惯，检查他们的记忆储藏室，使储藏室保持正确无误、及时更新，并用它来记住自己的好点子和令人兴奋的计划，还有学校里日常生活中的实际任务。

学会在群体中取得学习进步

有句老话这么说的，"培养一个孩子要靠一个村子"。本书中的所有技能都是关于如何利用家长和老师提供的一切帮助，使孩子能够塑造自己的成功。但也还有许多来自其他方面的支持：朋友、兄弟姐妹、大家庭和他们所属各个集体中的其他人。

你要随时抓住机会利用其他人的专业本领来丰富孩子的学习。如果孩子们对某个主题特别感兴趣，或者需要一些额外的帮助，你就要想想自己认识的人中谁能够提供帮助。一段简单的对话可能就足以加深他们的兴趣，或回答某个具体问题。你也许可以借图书或设备，甚至带他参观工厂。只要带着对某个主题的热情去请教其他的人，就可以让孩子们得到激励并获得力量。

如果孩子在学校正在探究某个课题，你可能知道哪些人可以分享自己的知识和经验。哪位朋友已经访问过这个国家，做过这项工作，拥有这种动物——或者他们自己就研究过这个主题？让孩子懂得如何寻求帮助。也许他们可以打个电话，或者发送电子邮件，或者至少表明他们想要这个人如何帮助自己。有可能是一次采访、一次旅游、一堂示范课、或者一个幻灯片。这位友好的专家可能会阅读他们的作品，甚至到学校跟他的其他同学交谈。

鼓励孩子尽可能广泛地、创新性地跟他人合作。让他们做实验，但同时也帮助他们如实反映实验的进展。如果他们集中精力并且目标明确，他们就会知道什么人能帮助他们学习，什么人会阻碍他们学习。

学习伙伴

理想的情况下，跟别人合作是一种令人愉快、充满生气的学习方法。这个过程中大家能交流思想、用新方法探索知识、考验自己的知识和记忆力。

你的孩子可以尝试与学校的朋友，他们认识的邻居，或他们所参加的俱乐部和球队的其他人一起学习——甚至是他们在网上认识的其他孩子。像监控电子通信一样，仔细监控这一切，给他们提供所有保证安全的工具。向他们的老师请教什么是有益的、合适的。一旦机会出现就不要放过。

感 悟

想想哪些机构能够帮助你的孩子联系上其他数学爱好者、年轻的作家和未来的科学家。想办法让孩子们和那些可以激发他们兴趣、深化他们知识的人进行沟通。

告诉孩子们如何拓展他们的学习，并抓住每一个机会利用知识、技能和他人的智慧。

通过他们在家里和学校积累的经验，以及来自其他各个方面的帮助，你的孩子一定能在竞争激烈的学习生涯中占有自己的一席之地。

十件要记住的事情

1. 要鼓励孩子们在学校里充分发挥他们的潜力，所以要向他们展示努力学习能带来的快乐和好处。

2. 教孩子好好安排自己的学习，认真计划好投入的时间和精力。

3. 给他们提供一个不会分心的学习、思考的场所。

4. 鼓励孩子们利用所有的思考和学习技能努力学习和复习所学内容，采取有创意的方法记笔记，用全脑思维对信息加工，用灵活的技巧记忆、有效地储存和获取知识。

5. 训练他们利用想象进行考试演习，培养对付学校的各种测试的策略并具有足够的信心。

6. 仔细阅读他们的考试结果和报告单，正确对孩子进行评价，与学校一起找到最好的方法帮孩子取得进步。

7. 利用视觉想象技巧可以帮助孩子们在向初中过渡时学习

领会和控制自己的情感。

8. 给他们实际的帮助做好向初中过渡的准备，一定要让他们知道自己想了解的所有有关初中的信息并给他们提供必要的装备，还要改变家庭生活来适应他们新学校的要求。

9. 教孩子"记忆储藏室"的技能，为他们不断增加的组织能力、时间管理和学习技能需求做准备。

10. 抓住每一个机会，让你的孩子和那些能帮助他们学习的人接触，让他们知道加入各种不同学习团队的好处。

后记

20世纪南极探险家欧内斯特·沙克尔顿（爱尔兰探险家，曾于1914年率领探险队发现南磁极——译者注）在无数场合中证明了他的领导才能。他是一位能鼓舞别人的人。他的团队成员都非常尊重他，并在他的带领下始终如一地发挥他们个人的最大能量。他鼓励大家，培养大家充分发挥自己的潜力，经常让大家用自己的独特方式在逆境中创造辉煌。

马戈特·莫雷尔和斯蒂芬妮·卡佩尔从沙克尔顿的领导方式中总结了8个关键的领导要素。这些要素也是能引导孩子们学习的许多必要的关键技能。

1. 沙克尔顿设法确保队员的工作环境尽可能地好：让大家都能很好发挥，同时也兼顾个人喜好。

2. 他坚定地相信，拥有健康的身体和心智非常重要。

3. 沙克尔顿知道，工作要取得好成绩，就必须给予具有挑战性的重要任务。

4. 他投入了大量的精力来了解他的队员，帮助他们尽可能地利用自己不同风格的思维和工作方式。

5. 他坚持及时给出反馈信息，对队员进行支持、引导和激励。

6. 沙克尔顿知道人际关系的重要性：对队员表示的关心和感兴趣会让队员感到受重视，因此愿意付出自己最大的努力。

7. 他认真地进行奖励，激励队员所付出的努力，同时也对成功进行庆祝。

8. 在任何情况下（在最恶劣的条件或最艰难的挑战下），他都表现得无限宽容。无论他的队员表现出什么样的个性，他都能够接受，而且仍然尽一切可能帮助他们获得成功。

让我们向欧内斯特·沙克尔顿学习吧！认真承担起你的领导职责。尽一切所能给孩子们支持、培养、考验、理解、赞美、评价、激励。最后一点，无论孩子在哪方面表现是否优秀，都要坦然接受。

尽量利用这神奇的几年，跟孩子们一起享受学习的过程！